"十二五"职业教育国家规划教材修订版
辽宁省职业教育"十四五"首批规划教材

高职高专
市场营销专业
精品系列教材

服务营销理论与实务

（第三版）

刘红一 于世宏 夏 冬 主 编
柳 莹 王国丽 解敬红 副主编

清华大学出版社
北京

内容简介

本书为"十二五"职业教育国家规划教材修订版。全书内容包括服务营销导论，服务消费行为，服务营销理念，服务营销战略，服务市场的细分、选择和定位，服务产品策略，服务定价策略，服务渠道策略，服务促销策略，服务人员策略，服务过程策略，服务有形展示。本书内容深入浅出，文中插入了案例导入、名词点击、知识窗、小问答、卓越实践等灵活多样的栏目，有利于激发读者的学习兴趣，开阔其视野，启发其思维，帮助读者理解服务营销理论，有利于提高读者应用服务营销理论分析和解决实际问题的能力。鉴于篇幅所限，知识窗和卓越实践栏目以二维码形式呈现。

本书可以作为高职高专市场营销专业及相关专业的基础课教材或专业课教材，也可以作为成人教育，以及在职职工培训和自学辅导的教材。

本书封面贴有清华大学出版社防伪标签，无标签者不得销售。
版权所有，侵权必究。举报：010-62782989，beiqinquan@tup.tsinghua.edu.cn。

图书在版编目(CIP)数据

服务营销理论与实务/刘红一，于世宏，夏冬主编．—3 版．—北京：清华大学出版社，2020.9（2024.8重印）
高职高专市场营销专业精品系列教材
ISBN 978-7-302-54304-6

Ⅰ．①服…　Ⅱ．①刘…　②于…　③夏…　Ⅲ．①服务营销—高等职业教育—教材　Ⅳ．①F719.0

中国版本图书馆 CIP 数据核字(2019)第 259219 号

责任编辑：左卫霞
封面设计：傅瑞学
责任校对：袁　芳
责任印制：杨　艳

出版发行：清华大学出版社
网　　址：https://www.tup.com.cn，https://www.wqxuetang.com
地　　址：北京清华大学学研大厦 A 座　　邮　编：100084
社 总 机：010-83470000　　邮　购：010-62786544
投稿与读者服务：010-62776969，c-service@tup.tsinghua.edu.cn
质量反馈：010-62772015，zhiliang@tup.tsinghua.edu.cn
课件下载：https://www.tup.com.cn，010-83470410

印 装 者：三河市科茂嘉荣印务有限公司
经　　销：全国新华书店
开　　本：185mm×260mm　　印 张：15　　字　数：362 千字
版　　次：2009 年 6 月第 1 版　　2020 年 9 月第 3 版　　印　次：2024 年 8 月第 5 次印刷
定　　价：49.00 元

产品编号：082795-01

第三版前言

《服务营销理论与实务(第二版)》自2014年8月出版以来,由于其体例独特,内容精简适用,注重实践训练和突出能力培养,重视利用图、表、例说明问题,注重双证沟通,注重解决教材的中国化问题六大特点,满足了我国市场经济对培养高职服务营销人才的需要,得到了高职院校广大师生的好评。近些年随着我国信息技术、网络经济和市场经济的快速发展,服务营销领域出现了一些新理论、新方法和新技术,需要对服务营销原有的某些理论、方法和技术进行更新、扩展和补充,也需要对第二版教材中的案例导入、卓越实践、知识窗、实训课业、图表、名词点击、小问答等栏目进行不同程度的更新,使其更好地适应我国高职教学改革的需要。在与时俱进、追求卓越思想的指导下,在继续保持原有教材六大特点的前提下,本次教材的主要修订内容如下。

(1)删除过时的理论、方法和技术,增加新的理论、方法和技术。主要是:第6章的6.3节增加"了解基于互联网的服务创新";第8章的8.2节更新为"服务的直接分销渠道",8.3节更新为"服务的间接分销渠道",增加了8.4节。

(2)更新了案例导入、实训课业、卓越实践、知识窗、名词点击、表格、小问答等栏目内容。更新率分别为案例导入100%,实训课业100%,卓越实践76%,知识窗40%,名词点击16%,表格14%,小问答6%。

(3)本版教材的卓越实践、知识窗两个栏目内容以二维码形式呈现,读者可以使用移动终端扫描二维码阅读上述内容。使用这种方法可以使教材更加精练,同时,可以节约资源,减轻读者的经济负担。

(4)根据立体化教材编写的要求,本版教材配备了精心制作的课堂教学课件和技能题参考答案要点,有利于提高课堂教学效率和效果。

总之,修订后的第三版教材,内容更加科学、新颖、生动,栏目形式更加多样、有趣,呈现方式实现了创新和多样化,教学辅助方式更加多元化,吸引力和可读性大大增强,相信更能受到广大高职师生的喜爱,更能适应高职教学改革和发展的时代要求。

本书由刘红一、于世宏、夏冬担任主编,柳莹、王国丽、解敬红担任副主编。本次修订工作的具体分工如下:辽宁经济职业技术学院的刘红一教授、中国平安人寿保险股份有限公司辽宁分公司阳光营业区527部的王国丽经理和唐山职业技术学院的解敬红老师负责修订第1章、第4章、第5章和第11章;沈阳师范大学的于世宏副教授负责修订第2章、第9章和第10章;辽宁卫生职业技术学院的夏冬老师负责修订第6~8章;辽宁卫生职业技术学院的柳莹老师负责修订第3章和第12章。全书由刘红一审核、修改和定稿。

在修订过程中,本书参阅了大量的相关文献,在此向文献作者一并表示谢意。

由于编者水平有限,书中疏漏之处在所难免,敬请同行专家和广大读者指教、匡正。

编　者

2020 年 4 月

第二版前言

《服务营销理论与实务》一书自 2009 年 6 月出版以来,得到了高职院校广大师生的普遍喜爱和好评。但是,随着我国市场经济和高职教学改革实践的发展,原有教材要及时修改和更新才能更好地符合时代发展的客观要求。

近些年来,随着我国市场经济的蓬勃发展,第三产业越来越成为大学生就业的主要领域,服务越来越成为企业之间竞争的焦点,企业对员工的服务营销能力要求越来越高。在上述背景下,高职教育领域在教学理念上明确提出了培养高端技能型人才的目标,更加重视职业技能的培养,强调学科标准和职业标准的融合。在教学模式上,一方面,很多高职院校积极开展校企合作、工学结合的实践主导型的教学模式改革和采用项目导向、任务驱动式教学方法;另一方面,在校内努力建设仿真商业社会环境的跨专业的综合实训教学平台,加强实训教学,提高学生的专业认知和应用能力,以实现与企业用人需求的无缝对接。上述两种方法相结合的教学模式得到了越来越多的高职院校的普遍认同,成为高职教学发展的主流趋势。为适应上述市场经济发展和教学理念与教学模式创新的客观要求,我们认为有必要对原教材进行修订。

本次教材修订的内容涉及体例创新、内容精简、侧重实践训练等多个方面。修订后的教材主要具有下列特点。

(1) 体例独特。章前设置本章阐释、能力目标等栏目,正文设有案例导入、名词点击、知识窗、小问答、卓越实践等栏目,章后设置实训课业环节。

(2) 内容更新、精简和适用。一是教材按"分析职业能力"→"确定能力目标"→"序化和精选教学内容"的思路设计和编写;二是根据服务营销发展的新趋势,将新的知识、技术和方法加入其中。

(3) 注重实践训练,突出能力培养。本书课前设置能力目标,课中设置案例导入、卓越实践等环节,课后设置实训课业,目的是训练学生的操作能力和提高职业能力。

(4) 重视运用图、表、例说明问题。

(5) 注重双证沟通。按照产学研结合型教育要求,把职业资格标准中要求的知识、技能与能力融入相关课程的教学大纲中。

(6) 注意解决教材的中国化问题。所谓"中国化",就是既不要写成土生土长的"中国乡土教材",也不要写成洋味十足的"洋教材",而是要把营销学的普遍原理与我国的具体实践相结合。另外,要着力反映我国行业服务营销的发展问题。

根据立体化教材的编写要求,本书配备了精心制作的教学课件和技能题参考答案,有利于教师提高课堂教学质量、教学效果和教学水平。

参加《服务营销理论与实务》一书修订工作的人员和分工如下:辽宁经济职业技术学院的刘红一教授负责修订第 1 章、第 4 章和第 5 章;辽宁经济职业技术学院的刘方伟讲师负责修订第 3 章、第 11 章和第 12 章;沈阳师范大学的于世宏副教授和沈阳宝岩企业集团总裁张瀛水负责修订第 2 章、第 9 章和第 10 章；辽宁卫生职业技术学院的夏冬讲师和中国平安人寿保险股份有限公司辽宁分公司和平营业区六部的王国丽经理负责修订第 6～8 章。另外，中国平安保险公司的卜嵘同志参加了本书教学课件的制作工作。

《服务营销理论与实务》一书由刘红一教授负责设计结构并最后对全书内容进行审核、修改和定稿。全书修订后，由刘红一担任主编，刘方伟、于世宏、夏冬、张瀛水、王国丽担任副主编，卜嵘参编。在编写过程中，本书参阅了大量的相关文献，在此向文献作者一并表示谢意。

由于编者水平有限，书中疏漏在所难免，敬请同行专家和广大读者指教、匡正。

刘红一

2014 年 6 月

第一版前言

21世纪是服务经济迅猛发展的时代,在这一新的时代里,服务已经成为企业之间竞争的焦点,越来越多的世界知名企业已经将"服务"作为克敌制胜的法宝,服务营销理念也越来越受到企业界和学术界的重视,一个崭新的营销时代已经到来,那就是"服务营销"时代。

和西方发达国家相比,我国的服务营销起步较晚,20世纪90年代才开始真正从事服务营销的研究。在向西方发达国家学习的过程中,我国的学术界和企业界逐步认识到了服务营销对企业经营的重要意义,加快了对服务营销的研究和应用。为了使高职院校市场营销等专业的学生掌握服务营销的理论与技能,满足企业对服务营销人才大幅度增长的需求,我们组织了相关院校有长期教学经验的教师编写了这本《服务营销理论与实务》教材。

本书编写过程中,我们坚持了以下原则和要求。

(1) 根据高等学校本科教学质量与教学改革工程(以下简称"质量工程")对"精品课程"教材的要求,本书紧紧围绕高职高专市场营销专业培养营销岗位第一线所需要的能够直接上岗的营销专门人才的目标,坚持改革、创新的精神,体现新的课程体系、新的教学内容和教学方法,以提高学生整体素质为基础,以能力为本位,兼顾知识教育、技能教育和能力教育。

(2) 本书内容的设计兼顾"知识点""技能点""能力点"和"素质点"。具体地讲:①在设计各章的学习目标中,要考虑知识目标、技能目标、能力目标和素质目标四种子目标。知识目标应侧重服务营销理论的重点和要点的理解,技能目标应列出学生学习本章后应掌握的营销技能,能力目标应侧重观念应用或理论联系实际的能力,素质目标应侧重全面提升学生的生理、心理、行为的基本品质和政治思想道德修养水平。②教材各章节中对知识点、技能点、能力点和素质点的内容阐述与本章学习目标中所列子目标一一对应,并有助于实现这些目标。③每章后习题的设计与本章各节中对知识点、技能点、能力点和素质点的内容阐述一一对应。

(3) 坚持按照先进、精简、适用的原则选择教材内容。"先进"是强调市场营销新理论、新知识、新技术、新方法、新经验、新案例,使教材内容先进科学;"精简"是指教材提供的内容只要"必需、够用"即可,不必充分展开;"适用"是指着眼于未来的应用,具有实际使用价值和可操作性。

(4) 注意解决教材的中国化问题。所谓"中国化",就是既不要写成土生土长的"中国乡土教材",也不要写成洋味十足的"洋教材",而要有意识地把营销学普遍原理与我国市场的特殊国情和我国市场营销的最新具体实践相结合。另外,要着力反映我国行业服务营销的发展问题。

(5) 着眼于产学研结合型教育所要求的双证沟通,把职业资格标准中要求的知识、技能与能力融入相关课程的教学大纲中。

(6) 教材重视运用图、表、例说明问题,进一步加大教材的案例化程度。具体内容如下:微型案例、中型案例、大型(综合)案例三者结合。微型案例内容仅涉及本节的节内小案例

(即节内的"观念应用");中型案例内容仅涉及本章的案例,包括作为全章内容导引的引例和各章后习题中的案例;大型(综合)案例位于全书最后。

(7) 加大实训内容的课时比例。各门课程的实训课一般不少于各课程总学时的1/4。

(8) 其他栏目设计。每节安排1~2个小资料、小思考,有的章节安排了专论。

本书的内容可概括为:以科学的服务营销理念为指导,以客观、准确、全面的市场调查信息为基础,在客观、准确、全面地把握消费者需求的基础上科学地制定营销战略、营销计划和市场定位,以产品、价格、渠道、促销、服务人员、服务过程、服务有形展示7个方面的服务营销策略和管理手段为主线和思路,全面阐述了服务营销学的基本理论与实务,条理清楚、观点明确,所介绍的方法实用性强,极具操作性,可作为高职高专市场营销及相关专业基础课或专业课教材,也可作为成人教育教材,以及在职职工培训和自学辅导的教材。

《服务营销理论与实务》由刘红一担任主编,刘方伟、于世宏、夏冬担任副主编。全书共12章,编写分工如下:刘红一编写第1章、第4章、第5章、第11章的第4节;刘方伟编写第3章、第11章的第1~3节、第12章;于世宏编写第2章、第9章、第10章;夏冬编写第6~8章。全书由刘红一设计结构并最后总纂。本书在编写过程中参阅了大量的相关文献,在此向文献作者表示谢意。

由于编者水平有限,书中疏漏在所难免,敬请同行专家和广大读者指正。

刘红一

2009年3月

目　　录

第1章　服务营销导论 …………………………………………………… 1
　1.1　服务和服务业 ……………………………………………………… 1
　　　1.1.1　认识服务 …………………………………………………… 2
　　　1.1.2　认识服务业 ………………………………………………… 7
　1.2　服务营销的含义及演变 …………………………………………… 10
　　　1.2.1　理解服务营销的含义 ……………………………………… 10
　　　1.2.2　了解服务营销的演变 ……………………………………… 10
　1.3　服务营销学的兴起与发展 ………………………………………… 12
　　　1.3.1　了解服务营销学的兴起和发展 …………………………… 12
　　　1.3.2　了解服务营销学与市场营销学及其他学科的关系 ……… 17

第2章　服务消费行为 …………………………………………………… 20
　2.1　服务消费与购买心理 ……………………………………………… 20
　　　2.1.1　了解服务消费的发展趋势 ………………………………… 21
　　　2.1.2　理解服务消费者的购买心理 ……………………………… 23
　2.2　服务消费与购买行为 ……………………………………………… 24
　　　2.2.1　了解消费者购买服务的动机 ……………………………… 25
　　　2.2.2　了解消费者购买行为的类型 ……………………………… 26
　　　2.2.3　掌握影响消费者购买行为的主要因素 …………………… 27
　2.3　服务消费与购买决策过程 ………………………………………… 28
　　　2.3.1　了解决策参与者的角色 …………………………………… 29
　　　2.3.2　了解服务消费购买的决策过程 …………………………… 29
　　　2.3.3　了解购买服务的决策理论 ………………………………… 30

第3章　服务营销理念 …………………………………………………… 34
　3.1　顾客满意理念和超值服务理念 …………………………………… 34
　　　3.1.1　理解顾客满意理念 ………………………………………… 36
　　　3.1.2　理解超值服务理念 ………………………………………… 39
　3.2　顾客满意度策略 …………………………………………………… 41
　　　3.2.1　理解顾客满意度的含义 …………………………………… 41
　　　3.2.2　了解顾客满意度调查的方法 ……………………………… 42
　　　3.2.3　掌握提高顾客满意度的策略 ……………………………… 44

3.3 服务流程再造 ·· 45
　　3.3.1 理解服务流程再造的含义 ··· 45
　　3.3.2 理解服务流程再造的目标 ··· 47
　　3.3.3 掌握服务流程再造的方法 ··· 48
　　3.3.4 掌握服务流程再造的策略 ··· 51

第4章 服务营销战略 ··· 53
4.1 服务营销规划 ·· 53
　　4.1.1 了解服务营销规划的含义和过程 ··· 53
　　4.1.2 了解服务营销规划的内容 ··· 54
4.2 服务营销战略选择 ·· 56
　　4.2.1 理解服务营销战略的总体思路 ·· 57
　　4.2.2 掌握服务营销战略的分析方法 ·· 59
　　4.2.3 掌握服务营销战略的基本类型和具体服务战略形式 ·················· 60
4.3 服务营销组合 ·· 67
　　4.3.1 认识服务营销组合的含义 ··· 67
　　4.3.2 了解服务营销组合的七要素 ·· 67

第5章 服务市场的细分、选择和定位 ·· 70
5.1 服务市场的特征 ··· 70
　　5.1.1 认识服务市场 ·· 70
　　5.1.2 了解服务市场的特征 ··· 71
5.2 服务市场细分理论 ·· 72
　　5.2.1 了解市场细分的含义、意义和条件 ······································ 72
　　5.2.2 了解服务市场细分的依据和步骤 ··· 74
5.3 服务市场选择理论 ·· 77
　　5.3.1 掌握评估和选择细分市场的方法 ··· 78
　　5.3.2 了解目标市场的进入模式和市场覆盖战略 ····························· 79
5.4 服务市场定位理论 ·· 82
　　5.4.1 认识服务市场定位的含义、意义和特点 ································ 84
　　5.4.2 理解服务市场定位的原则和层次 ··· 87
　　5.4.3 掌握服务市场定位的步骤和工具 ··· 89

第6章 服务产品策略 ··· 96
6.1 服务产品概念 ·· 96
　　6.1.1 理解服务产品概念的含义 ··· 97
　　6.1.2 了解基本服务产品组合的内容 ·· 98
　　6.1.3 理解服务过程的含义 ·· 100
　　6.1.4 掌握服务产品组合决策的内容 ·· 101

6.2 服务产品的生命周期 ··· 102
    6.2.1 理解服务产品生命周期的概念 ··· 102
    6.2.2 掌握服务产品不同生命周期阶段的营销策略 ························· 103
6.3 新服务的开发 ·· 105
    6.3.1 理解新服务产品的概念 ·· 106
    6.3.2 掌握新服务创新类别的分级 ··· 106
    6.3.3 掌握新服务产品的开发流程与推广过程 ······························· 107
    6.3.4 了解基于互联网的服务创新 ··· 108
6.4 服务产品的品牌 ··· 109
    6.4.1 理解服务品牌的含义 ··· 110
    6.4.2 理解服务品牌的市场效应 ·· 110
    6.4.3 明确服务品牌的管理内容 ·· 111

第 7 章 服务定价策略 ··· 113
7.1 服务定价的影响因素和制定目标 ·· 113
    7.1.1 影响服务定价的因素 ··· 114
    7.1.2 服务定价目标 ·· 115
7.2 服务定价方法 ··· 116
    7.2.1 掌握成本导向定价法 ··· 118
    7.2.2 掌握需求导向定价法 ··· 119
    7.2.3 掌握竞争导向定价法 ··· 120
7.3 服务定价的具体策略 ·· 120
    7.3.1 掌握服务新产品定价策略 ·· 122
    7.3.2 掌握弹性定价策略 ·· 123
    7.3.3 掌握折扣定价策略 ·· 124
    7.3.4 掌握心理定价策略 ·· 125
    7.3.5 了解其他定价策略 ·· 126

第 8 章 服务渠道策略 ··· 128
8.1 服务渠道概述 ··· 128
    8.1.1 理解服务渠道的含义 ··· 129
    8.1.2 了解服务渠道的类型 ··· 129
8.2 服务的直接分销渠道 ·· 131
    8.2.1 理解服务直接分销的含义及特点 ······································· 132
    8.2.2 理解服务直接分销的主要形式 ·· 133
8.3 服务的间接分销渠道 ·· 135
    8.3.1 理解服务间接分销的含义及特点 ······································· 136
    8.3.2 理解服务间接分销的主要形式 ·· 137
8.4 服务的网络分销 ·· 138

8.4.1　理解服务网络分销的含义及特点 …………………………………… 139
　　8.4.2　掌握适合网络分销的服务类型 ………………………………………… 140
　　8.4.3　理解网络分销的具体应用 ……………………………………………… 141

第9章　服务促销策略 …………………………………………………………………… 145
9.1　服务促销概述 …………………………………………………………………… 145
　　9.1.1　理解服务促销的概念与目标 …………………………………………… 146
　　9.1.2　了解服务促销与产品促销的异同 ……………………………………… 147
9.2　服务促销组合 …………………………………………………………………… 148
　　9.2.1　了解服务广告 …………………………………………………………… 148
　　9.2.2　了解服务人员推销 ……………………………………………………… 151
　　9.2.3　掌握服务企业营业推广策略 …………………………………………… 153
9.3　关系营销 ………………………………………………………………………… 155
　　9.3.1　了解关系营销的概念与原则 …………………………………………… 155
　　9.3.2　掌握关系营销策略的内容和实施方式 ………………………………… 157

第10章　服务人员策略 ………………………………………………………………… 161
10.1　服务人员 ……………………………………………………………………… 161
　　10.1.1　理解服务人员的地位与服务利润链 ………………………………… 162
　　10.1.2　了解服务人员与顾客 ………………………………………………… 162
10.2　内部营销 ……………………………………………………………………… 163
　　10.2.1　理解内部营销的概念 ………………………………………………… 164
　　10.2.2　了解内部营销的层次 ………………………………………………… 164
　　10.2.3　了解内部营销的管理过程 …………………………………………… 164
　　10.2.4　掌握内部营销的实施方法 …………………………………………… 165
10.3　服务人员的管理与培训 ……………………………………………………… 167
　　10.3.1　掌握服务人员管理的内容和方式 …………………………………… 167
　　10.3.2　掌握服务人员培训的内容和方式 …………………………………… 170
10.4　服务营销文化 ………………………………………………………………… 172
　　10.4.1　理解服务营销文化的含义与功能 …………………………………… 172
　　10.4.2　了解服务营销文化建设中应解决的主要问题 ……………………… 173
　　10.4.3　掌握服务营销文化建设的步骤 ……………………………………… 174

第11章　服务过程策略 ………………………………………………………………… 176
11.1　服务过程的基本矛盾 ………………………………………………………… 176
　　11.1.1　了解服务过程的含义 ………………………………………………… 176
　　11.1.2　了解服务过程的基本矛盾 …………………………………………… 178
11.2　服务业的生产率 ……………………………………………………………… 184
　　11.2.1　了解服务业生产率的含义和影响因素 ……………………………… 184

 　　　11.2.2　理解服务业生产率偏低的原因 ……………………………………… 185
 　　　11.2.3　理解提高服务业生产率的措施 ……………………………………… 186
 　11.3　服务质量管理 ……………………………………………………………………… 188
 　　　11.3.1　服务质量的含义、特点与基本属性 ………………………………… 188
 　　　11.3.2　掌握服务质量评估的方法 …………………………………………… 192
 　　　11.3.3　掌握提高服务质量的制度、方法与策略 …………………………… 199
 　　　11.3.4　掌握服务补救的实施对策 …………………………………………… 206

第12章　服务有形展示 ……………………………………………………………………… 209
 　12.1　服务有形展示概述 ………………………………………………………………… 209
 　　　12.1.1　理解有形展示的含义 ………………………………………………… 210
 　　　12.1.2　了解有形展示的类型 ………………………………………………… 210
 　　　12.1.3　理解有形展示的效应 ………………………………………………… 214
 　12.2　有形展示的管理 …………………………………………………………………… 215
 　　　12.2.1　理解有形展示管理的意义 …………………………………………… 216
 　　　12.2.2　了解有形展示效果的形式 …………………………………………… 217
 　　　12.2.3　了解有形展示管理的执行方法 ……………………………………… 218
 　　　12.2.4　掌握有形展示策略的引导方法 ……………………………………… 219
 　12.3　有形展示与服务环境 ……………………………………………………………… 220
 　　　12.3.1　了解服务环境的功能 ………………………………………………… 220
 　　　12.3.2　了解服务环境的特点 ………………………………………………… 221
 　　　12.3.3　掌握理想服务环境的创造方法 ……………………………………… 221
 　　　12.3.4　掌握影响服务形象形成的关键因素 ………………………………… 223

参考文献 …………………………………………………………………………………… 226

第 1 章

服务营销导论

本章阐释

本章通过对服务、服务营销和服务营销学的基本理论和实务的介绍,使学生正确理解服务的内涵、外延和特点,了解服务营销的含义、演变和服务营销学的兴起与发展历史,理解服务营销学与市场营销学的区别与联系,理解学习服务营销学的重要意义。

能力目标

(1) 能正确理解与分析无形的服务和有形产品的区别与联系。
(2) 能正确理解与分析服务营销学和市场营销学的区别与联系。

1.1 服务和服务业

案例导入

北京昌平中心公园的舞蹈教学服务

北京昌平中心公园位于北京市昌平区昌平镇闹市区,该公园于1988年11月破土动工,1990年8月竣工,植树11万棵,栽花24000棵,投资800万元,建园速度之快,质量之高,堪称京郊示范。

北京昌平中心公园有四个门,东门为正门。进东门往南走100米左右是儿童游乐场。南门附近是健身区,有各种健身设施。园西茂林覆丘,以树取胜,四季成荫。北门和居民区相连。公园中心有一个人工湖,夏季可划船,冬季可滑冰。湖东繁卉为圃,以苍添美,春、夏、秋三季飘香,飞阁临湖而筑,洪钟荡荡。公园有一条环园马路,可连接四门,以方便游客行走和游览。

北京昌平中心公园树木、花卉繁多,空气清新,景色优美,游人如梭。每逢晨昏假日,莫逆情侣切切,喁话于林荫,鹤发银髻悠悠,漫步于湖畔,稚童学子勃勃,游娱于乐园,赏园林之美景。在众多游人中,人数最多的是舞蹈爱好者。为了满足众多舞蹈爱好者学习舞蹈的迫切需要,北京昌平中心公园涌现出了多位酷爱舞蹈并热心于公益事业的业余舞蹈教师,其中最有名的、业绩最突出的是张喜爱老师。张喜爱老师,女,山西大同人,军人,酷爱舞蹈,青年时期曾拜多位老师学舞,退休后热衷于公益事业,常年不间断地为社会提供优质的业余舞蹈教学服务。近十年来,她所教授的学员达1000多人。2018年她成立了喜爱舞蹈团,多次带队参加区、市和全国的舞蹈比赛,取得了良好的成绩。张喜爱老师舞蹈教学服务的特点如下。

(1) 以提高学员舞蹈技艺、身体素质和培养审美观念,满足广大舞蹈爱好者学习舞蹈的需要为最终目的,不以赢利为目的。每个学员一次性缴费 300 元,可终身跟张喜爱老师学舞。

(2) 张喜爱老师舞姿舒展、优美,能教授摩登舞、拉丁舞、交谊舞、广场舞等多种不同类别和风格的舞蹈,能满足舞蹈爱好者多方面不同的学习需要,由此吸引了众多舞蹈爱好者来此学舞。具体舞种主要有:华尔兹(慢三)、慢四、休闲快三、北京平四、蹦四、北京吉特巴、探戈、水兵舞、四步造型、伦巴、桑巴、恰恰、牛仔等。

(3) 教学时间的安排以方便学员为出发点,科学合理。每天早上 8—10 点,晚上 7—9 点为舞蹈教学时间。早上的学员主要是退休人员,晚上的学员主要是上班的人员。

(4) 教学认真,管理严格。对遵守课堂纪律、学舞认真的学员及时表扬,对违反课堂纪律、学舞不认真的学员严厉批评,教学秩序井然。

(5) 学教新舞,不断进取,永不满足。2018 年以来,张喜爱老师新学习和教授了四步造型、米克斯水兵舞、小王子水兵舞等新的舞蹈形式,丰富了舞蹈教学的内容,提高了学员的学习兴趣。

(6) 自 2018 年成立喜爱舞蹈团以来,张喜爱老师规定了团训:喜爱喜爱,团结友爱,舞出美丽,跳出精彩。带领团队有组织、有计划地积极参与区、市和全国的舞蹈比赛及表演,开阔了视野,积累了经验,提高了技艺,增强了团队凝聚力和荣誉感,扩大了社会知名度和影响力,慕名来学舞蹈的爱好者与日俱增,使业余舞蹈教学服务向正规化、规模化的高度和水平发展。

(7) 从 2018 年开始,每年举办一次由全体学员参加和表演舞蹈为主的联欢会,促进了广大学员舞蹈水平的快速提高。

(8) 积极组织学员参加旅游活动,丰富了学员的业余生活,增进了学员之间的了解和友谊,提高了团队的向心力和凝聚力。

张喜爱老师的舞蹈教学服务很好地满足了昌平区广大舞蹈爱好者学习舞蹈的迫切需要,提高了他们的舞蹈技艺、审美水平和身体素质,丰富了他们的业余文化生活,促进了昌平区社会主义精神文明建设的发展和社会的和谐与稳定。因此,张喜爱老师受到了广大舞蹈爱好者的好评和爱戴。

思考与分析

1. 张喜爱老师提供的舞蹈教学服务对社会有何作用?
2. 你愿意获得张喜爱老师为社会公众提供的舞蹈教学服务吗?为什么?

1.1.1 认识服务

1. 服务的含义

 名词点击

服务是具有无形特征却可给人带来某种利益或满足感的可供有偿转让的一种或一系列活动。

2. 服务的特征

服务与有形商品相比是有本质区别的。一般而言,服务具有以下共同特征。

1) 不可感知性

不可感知性包括以下两层含义。

(1) 与实体商品相比较,服务的最大特点是不以物的形式存在,而以活动的形式存在,因此,它虽然以自身特有的功效造福于人类,用劳动给人以便利、轻松,用礼貌给人以舒心、愉快的感觉,却因没有体积、形状、色彩、重量而看不见、摸不着、闻不到,即服务的特质及组成服务的元素许多情况下都是无形无质的,让人不能触摸或凭视觉、听觉、嗅觉感到其存在。

(2) 消费者消费服务后所获得的利益也很难被察觉,或是要经过一段时间后,消费服务的享用者才能感觉出利益的存在。服务的这一特征,使消费者在购买服务前不能以对待实物商品的办法,如触摸、尝试、嗅觉、聆听等,去判断服务的优劣,而只能以搜寻信息的办法,参考多方意见及自身的历史体验来作出判断。消费者也无法明确说明他们希望得到什么样的服务,因为大多数服务都非常抽象,很难描述。由于这一特征,消费者在购买服务之前所面临的购买风险比购买有形商品要大得多。

服务有时是需要一定载体的,如录音磁带、录像带等作为音乐、电视服务的载体。载体的有效性的强弱,体现了服务质量的高低。

许多服务业为了变不可感知为可感知,常常通过服务人员、服务过程及服务的有形展示,并综合运用服务设施、服务环境、服务方式和手段等来体现。

服务的不可感知性要求服务业提供服务介绍和承诺。服务介绍的诚实性与准确性是服务质量所要求的。服务承诺的针对性与周到性及服务履约的及时性、兑现性,也是服务质量水平的体现。

2) 不可分离性

不可分离性是指服务的生产过程与消费过程同时进行,服务人员服务顾客的过程,也正是顾客消费、享用服务的过程,生产与消费服务在时间上不可分离;而有形的产业用品或消费品从生产、流通到最终消费的过程往往要经过一系列的中间环节,生产与消费过程具有一定的时间间隔。服务的这一特征要求服务消费者必须以积极的、合作的态度参与服务生产过程(如快餐店的顾客)或通过与服务人员合作(如美容店的顾客),积极地参与服务过程,享受服务的使用价值。只有参与才能消费服务,否则便不能消费服务。如医疗服务,病人接受治疗,只有主动地诉说病情,医生才能作出诊断,并对症下药。服务企业往往将生产、零售和消费场所融为一体。大多数消费者必须到服务场所,才能接受服务,或服务企业必须将服务送到消费者手中。因而,各个服务网点只能为某一个地区的消费者服务,服务场所的选址对服务企业显得十分重要。

服务的不可分离性和有形产品质量及营销管理的主要区别如下。

(1) 服务营销管理将顾客参与生产过程纳入管理,而不局限于对员工的管理。因而对顾客宣传其服务知识、提高顾客参与服务生产过程的水平十分重要。

(2) 服务的不可分离性表明,服务员工与顾客的互动行为既是服务质量高低的影响因素,也是服务企业与顾客之间关系的影响因素。服务质量管理是服务业的生命。服务质量管理应包括服务生产全过程中对员工和顾客的双重管理。要促进服务员工与顾客的良性互动，以全面提高质量，树立企业的形象。服务员工与顾客良性互动的关键是沟通，适时恰当的沟通是全面推行服务质量管理的中心环节。

3）品质差异性

品质差异性是指服务的构成成分及其质量水平经常变化，很难统一认定。造成差异性的原因有：①服务人员的原因，如服务人员有各种不同经历、心理状态、性格特点、工作态度，其服务行为也难以把握；②顾客的原因，由于顾客直接参与服务的生产与消费过程，如顾客因知识水平、兴趣爱好、道德修养、处世经验、社会阅历等差异，即使服务企业提供同样的服务，顾客的感受也会不同，也直接影响服务质量和效果。全国劳模李素丽的售票服务使顾客感到方便、受尊重、温暖、体贴、愉悦；而素质低下的售票员会给人带来烦恼、不安全感。例如，同为听课，有的人听得津津有味，收获甚丰；有的人则昏昏欲睡，收效甚微。

服务品质的差异性会导致"企业形象"混淆而危及服务的推广。同一企业的若干分店，如果销售产品，易于统一企业形象；如若销售服务，则会产生各分店服务质量优劣不等的差异性。提供劣质服务的分店对整个企业带来的负面影响，将大大超过大多数优质服务分店所形成的良好企业形象而产生的正面效应。

4）不可储存性

由于服务的不可感知性以及服务的生产与消费同时进行，使服务不可能像有形的产业用品和消费品一样被储存起来，以备未来出售，而且消费者在大多数情况下，也不可能将服务携带回家安放下来，如不能及时消费，就会造成服务的损失。如车船、电影院、剧院的空位现象。其损失表现为机会的丧失和折旧的发生。

不可储存性表明服务不需要储存费用、存货费用和运输费用。但同时带来的问题是：服务企业必须解决由于缺乏库存所引致的产品供求不平衡问题。服务业在制定分销战略、选择分销渠道和分销商等问题上将有别于实体商品的不同做法。

服务的不可储存性也为加速服务产品的生产、扩大服务的规模提出了难题。服务业只有在加大服务促销、推广优质服务示范上积极开发服务资源，才能转化被动服务需求状态。

5）所有权的不可转让性

所有权的不可转让性是指在服务的生产和消费过程中不涉及任何东西的所有权转移。既然服务是无形的，又不可储存，服务在交易完成后便消失了，消费者并没有"实质性"地拥有服务。我们乘坐航班抵达目的地后，除了机票和登机卡在手上外，其他一切都清算交割，同时航空公司也没有把任何东西的所有权转移给旅客。在银行提取存款，在服务过程结束后，储户手中拿到钱，但并没有引起所有权的转移，因为这些存款本身是储户自己的，银行只不过是一个存放的场所，而且银行还要给储户一定的利息。不过也有例外的情况，比如在百货公司购物后，购买者取得了所购商品的所有权，这样公司的服务导致了有形商品所有权的转让。

这一特征是导致服务风险的根源。由于缺乏所有权的转移，消费者在购买服务时并未获得对某种东西的所有权，因此感受到购买服务的风险性，而造成消费心理障碍。为了克服消费者的这种心理障碍，服务业的营销管理中逐渐采用"会员制度"，试图维系企业与顾客的关系。顾客作为企业的会员可享受某些优惠，从而在心理上产生拥有企业所提供的服务的感觉。

在上述五个特征中,不可感知性是最基本特征,其他特征都是从这一特征派生出来的。服务的五个特征从各个侧面表现了服务与实体商品的本质区别。

3. 服务与有形产品的联系

从"所有能够满足人们需要的任何东西都是产品"这个思想出发,有形产品和服务都是"产品",只不过服务是非物质形态的产品,它虽然没有物理、化学属性,但它可以满足人们的某种需求。例如,美容、理发、运输等都是服务,都可以满足人们的某种需求。

服务的内涵表明,它是以非实物的形式来为他人或组织提供利益,当然,在许多情况下,无形的服务往往是通过有形的产品或与有形的产品结合来发生作用的。从本质上看,服务与有形产品之间并无严格界限。

首先,不存在纯粹的服务,即不存在不需要任何物质支持的服务。例如,医院提供的医疗服务是以药品、医疗设备等有形产品为基础的;学校的教学过程是非实体的,但是教材、教室、桌椅、电教设备等则是有形产品。

其次,不存在无须借助任何服务手段的纯粹的产品。例如,产品都需要分销,而分销就是一种服务。此外,在客户购买产品之前有售前服务,购买过程中有讲解、演示等售中服务,购买产品后有送货、安装和"三包"等售后服务。

显然,任何一个服务机构,无论是制造业服务机构还是服务业服务机构,它们提供的产出实际上都是"有形产品+无形服务"的混合体,只不过各自所占的比例不同。

菲利普·科特勒把市场上的产品分成五种:①纯粹有形产品,如肥皂、牙刷、盐等几乎没有附加任何的服务成分。②附加部分服务的有形产品,如汽车、计算机等。③混合物,即服务与有形产品大约各占一半,如餐馆和旅馆中的服务与有形产品是并举的。④附带有少量有形产品的服务,如教育、医疗等服务。⑤纯粹的服务产品,即其中几乎不会附加任何有形产品,如律师和心理咨询等服务。

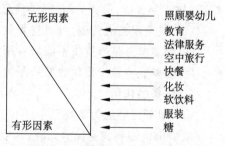

图 1-1 服务与有形产品——无形与有形的连续谱

服务与有形产品之间只在于有形性程度的不同,从高度无形到高度有形之间存在一个连续谱,如图 1-1 所示。

4. 服务的分类

从不同角度、按照不同标准,可以对服务进行很多种分类,以满足实践中人们的不同的需要和研究目的,下面列举几种分类法,供大家参考。

(1) 按照顾客对服务推广的参与程度不同,可将服务分为高接触性服务、中接触性服务和低接触性服务三大类。

① 高接触性服务是指顾客在服务推广的过程中参与其中全部或大部分的活动,如电影院、娱乐场所、公共交通、学校等部门所提供的服务。

② 中接触性服务是指顾客只是部分地或在局部时间内参与其中的活动,如银行、律师、房地产经纪人等所提供的服务。

③ 低接触性服务是指在服务的推广过程中顾客与服务的提供者接触甚少,他们的交往

大都是通过仪器设备进行的,如信息中心、邮电业等所提供的服务。

这种分类法的优点是,便于将高接触性服务从中、低接触性服务中分离、凸显出来,以便采取多样化的服务营销策略,满足各种高接触性服务对象的需求;其缺点是过于笼统、粗略,中接触性服务与低接触性服务不易区分。

(2) 按照服务的时序,可以把服务分为售前服务、售中服务和售后服务。

(3) 按照服务的地点,可以把服务分为定点服务和巡回服务。

① 定点服务是指通过在固定地点建立服务点或委托其他部门设立服务点来提供服务,如生产服务机构在全国各地设立维修服务网点、设立零售门市部。

② 巡回服务是指没有固定地点,由销售人员或专门派出的维修人员定期或不定期地按客户分布的区域巡回提供服务,如流动货车、上门销售、巡回检修等。这种服务适合在服务机构的销售市场和客户分布区域比较分散的情况下采用,因其深入居民区,为客户提供了更大的便利而深受欢迎。

(4) 按照服务的次数,可以把服务分为一次性服务和经常性服务。

① 一次性服务是指一次性提供完毕的服务,如送货上门、产品安装等。

② 经常性服务是指需要多次提供的服务,如产品的检修服务等。

(5) 按照服务的技术,可以将服务分为技术性服务和非技术性服务。

① 技术性服务是指提供与产品的技术和效用有关的服务,一般由专门的技术人员提供,主要包括产品的安装、调试、维修,以及技术咨询、技术指导、技术培训等。

② 非技术性服务是指提供与产品的技术和效用无直接关系的服务,它包含的内容比较广泛,如广告宣传、送货上门、提供信息、分期付款等。

(6) 按照服务的费用,可以将服务分为免费服务和收费服务。

① 免费服务是指提供不收取费用的服务,一般是附加的、义务性的服务。

② 收费服务是指提供收取费用的服务。

5. 服务的作用

(1) 服务已经成为市场竞争的焦点。市场竞争无非是价格竞争和非价格竞争,价格竞争以减少机构的利润为代价,其活动空间是有限的,其作用正在弱化。

随着科学技术的进步,非价格竞争的范围也逐渐由产品的竞争、技术的竞争,扩展至服务的竞争。当机构之间生产技术的差异缩小、产品质量相差无几时,尤其是在生产过剩的今天,优质的服务已经成为现代竞争的重要手段和焦点。

(2) 服务已经成为机构形象的窗口。服务的好与坏代表着一个机构的整体形象、综合素质、经营理念。优质服务有利于塑造机构的良好形象,提高机构的知名度和美誉度。

(3) 服务是争取和保持客户的重要手段。客户在购买时,总是希望尽可能地减少成本支出,这些成本包括客户购买时付出的货币成本、时间成本、体力成本、精力成本、心理成本等,同时希望获取尽可能多的客户价值,这些价值包括客户购买的产品价值、服务价值、形象价值和人员价值等。

服务价值是构成客户价值的重要因素之一,对客户的感知价值影响较大。服务价值高,感知价值就高;服务价值低,感知价值就低。此外,服务一方面可直接增加客户价值;另一方面又可以减少客户成本。所以,服务做得好就会受到客户的欢迎。机构向客户提供的各种服务越完备,产品的附加价值就越大,客户从中获得的实际利益就越大,也就越能吸引客户。

(4) 服务已经成为影响机构经营效益的关键。客户是机构的生命之源。得客户者得天下,谁拥有客户,谁就拥有市场。

随着人们生活水平的提高,客户支付能力的增强,客户越来越心甘情愿为获得高档、优质的服务而多花钱。这样,通过提供优质服务,机构自然可以提高产品售价,获得更多的利润。

此外,服务还是投入成本较低、产出较大的竞争手段。例如,改善服务人员的服务态度,实行微笑服务,并没有增加多少机构成本,却可以提高客户的满意度和忠诚度。

1.1.2 认识服务业

1. 服务业的含义

 名词点击

服务业也称为第三产业,是以提供服务来获取报酬的产业。

2. 服务业的分类

1) 官方分类法

知识窗 1-1
三次产业划分
理论的由来

1985 年 5 月,国务院办公厅转发国家统计局的报告,将服务业分为两大部门、四个层次,见表 1-1。

表 1-1 服务业的分类简表

流通部门	第一层次		交通运输业、邮电通信业、商业饮食业、物资供销与仓储业
服务部门	第二层次	为生产、生活服务的部门	金融业、保险业、地质普查业、房地产业、公用事业、居民服务、旅游业、咨询信息服务业、各类技术服务业
	第三层次	为提高科学文化素质服务的部门	教育、文化、广播、电视、科研、卫生、体育、社会福利
	第四层次	为社会公共需要服务的部门	国家机关、政党机关、社会团体、军队、警察

2) 国际标准化组织制定的 ISO 9000 中对服务业的分类

国际标准化组织制定的 ISO 9000 中对服务业的分类按以下序列展开。

(1) 接待服务,即餐馆、饭店、旅行社、娱乐场所、广播、电视和度假村。

(2) 交通与通信,即机场、空运、公路、铁路和海上运输、电信、邮政和数据通信。

(3) 健康服务,即医疗所医生、医院、救护队、医疗实验室、牙医和眼镜商。

(4) 维修服务,即电器、机械、车辆、热力系统、空调、建筑和计算机。

(5) 公用事业,即清洁、垃圾管理、供水、场地维护、供电、煤气和能源供应、消防治安和公共服务。

(6) 贸易,即批发、零售、仓储、配送、营销和包装。

(7) 金融,即银行、保险、生活津贴、地产服务和会计。

(8) 专业服务,即建筑设计、勘探、法律、执法、安全、工程、项目管理、质量管理、咨询和培训与教育。

(9) 行政管理,即人事、计算机处理、办公服务。

(10) 技术服务,即咨询、摄影、实验室。

(11) 采购服务,即签订合同、库存管理与分发。

(12) 科学服务,即探索、开发、研究和决策支援。

3) 四种类型分类法

从运营的角度来看,流程是将投入转变为产出的一个过程。服务涉及三大类处理:人员、物品和数据。从这个角度来审视服务行业,可以把服务业分为四种类型。分类的依据是针对人员或顾客拥有物品的服务是否有形(见图1-2)。

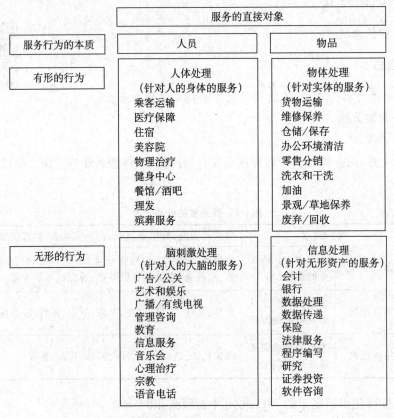

图1-2 服务行业的四种类型

3. 服务业与服务经济

1) 服务经济时代的到来

英国经济学家约翰·邓宁在对经济社会的演进加以深入研究之后,将社会经济发展分为三个阶段:第一阶段是以土地为基础的农业经济时代(17世纪初至19世纪);第二阶段是以机器或金融为基础的工业经济时代(19世纪至20世纪末);第三阶段是以金融或知识经济为基础的服务经济时代(从20世纪末开始)。事实上,最近几十年服务业的迅猛增长已经证明了服务经济正在并已经成为现代经济生活的主导。服务业的迅猛发展使其在国民经济中的地位越来越重要,主要表现在两个方面:一方面是服务业的产值增长显著。大多数国家服务业产值的年平均增长速度超过了本国GDP的增长速度,发达国家约2/3的国内生产总值来自服务业。以美国为例,服务业产值占 GDP 的比例由 1948 年的 54% 上升到 2010 年的 77.4%,呈现不断上升的趋势。另一方面是服务业为社会创造了大量的就业机会。在美国,81.2% 的就业人员所从事的工作是服务业(2010 年)。这些数据还不包括制造企业提供的内部服务以及制造企业外销的服务,它们的就业人数和所生产服务的价值已划入制造业中。

服务经济的重要性还表现在全球范围内服务贸易的增长。以美国为例,美国外贸年年有赤字,但服务贸易却年年盈余。即便是在 20 世纪 90 年代初期经济增长一度放慢、制造业普遍下滑的情况下,服务业也没有下滑,市场对服务业的需求保持旺盛的势头,难怪美国人把服务业看成美国经济的"常青树"。

我国自改革开放以来,服务业也有了快速的发展。2019 年,服务业增加值占 GDP 的比重已达 53.9%。交通运输、银行、零售等传统服务行业稳步发展,一些新的服务行业,如电信服务业、科研和综合服务业、金融保险业、咨询业等新兴服务业快速成长,成为新的经济增长点。

随着中国加入 WTO,中国经济越来越融入经济全球化的格局中。在世界范围内服务业蓬勃发展的背景下,中国服务业在面临更大挑战的同时,也拥有了更为广阔的发展空间,服务业将日益成为我国经济发展的支柱产业。

2)服务业在服务经济社会中的地位

(1)服务业是社会就业率的主力支撑。按照国外统计的一般规律,在经济增长阶段,服务业的就业率远比其他行业增长迅速;即使在经济衰退阶段,服务业仍保持着强劲的就业吸纳能力。数据显示,20 世纪 80 年代以来,服务业在经济增长期的就业增长率达到 4.8%,高于同期制造业 3.8% 的增长率;在经济衰退期,服务业更是以 2.1% 的就业增长率全力扭转由于制造业的就业岗位丧失所带来的颓势。作为一个产业群,服务业成为经济社会劳动力的一个"水库",随经济形势收放自如,促进了社会的稳定发展和经济增长。

(2)各类服务活动已成为社会生产活动及社会生产系统的基础。服务业不仅在面对顾客的交换中直接创造着社会财富,还以各种生产服务的形式借助行业用品的市场间接地创造社会财富,如仓储费、保险费、税金、代理费、批发零售等流通费用以及利息等,在形式和内在价值上证明了工业经济和服务经济的内在统一性,同时也证明了服务经济确实是在工业经济基础之上经济发展史中的更高市场阶段。

(3)在当今的经济领域中,以服务为主导的竞争战略潮流逐渐占据上风,成为企业获取竞争优势的最强有力手段。服务不再作为工业生产的一种辅助资源为社会所规划,而是独立地或与工业制造体系共同组成生产体系和消费者群体进行社会与经济博弈。很大程度上,狭义的产品成为服务的载体或生产更好服务的辅助工具,向顾客提供全面优质的服务更作为一种社会理念成为经济发展的主要内在动力机制。

(4)在现实的经济社会中,服务业还在以下方面推动着经济浪潮的涌动。

① 服务给予顾客的只是满足,比有形产品生产更节省社会物质资源。在同样的满足程度下,市场赋予服务和产品相同的价值,而不论它们是否消耗了同样的物质成本。

② 服务企业产品的附加价值在一般情况下远高于制造业产品的附加价值,提高了社会劳动增值率。

③ 服务业降低了资本的密集度,促进了技术的传播,是垄断的天然屏障。

④ 服务业促进了生产率和边际收益率的提高,有助于产业升级和社会生活质量改善。

可见,今天的服务业已不再是单纯的辅助性行业,它正凭借自身的价值作用而成为社会经济发展的主流。服务作为一种非独立性的生产手段,在与社会、企业和顾客的博弈中,发挥着自身的独特优势,满足了社会的基本需求,实现了国家乃至世界的财富积累。基于服务在经济发展中的重要意义,它已被视为经济运行的客观标志和经济阶段的划分标准。没有服务业,工农业产品的效用会降低,社会价值会缩水;没有服务业,企业利润会萎缩,竞争力会丧失;没有服务业,社会进步会滞后,社会福利会恶化。

1.2 服务营销的含义及演变

1.2.1 理解服务营销的含义

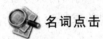 **名词点击**

所谓服务营销,是指服务企业为了满足顾客对服务产品带来的服务效用的需求,实现企业预定的目标,通过采取一系列整合的营销策略而达成服务交易的商务活动过程。

服务营销是现代市场营销的一个新领域,是随着服务业的不断发展和市场竞争焦点逐步由以商品为中心转向以服务为中心的背景下而从市场营销中独立出来的一门新的学科。服务营销的核心是满足顾客对服务产品的需求。顾客对服务产品的需要,不是服务产品本身,而是服务产品能够给顾客带来的服务效用。服务营销的手段是一系列整合的营销策略。服务营销的目的是达成市场交易,实现企业预定的目标。

1.2.2 了解服务营销的演变

发达国家成熟的服务企业的营销活动一般经历了七个阶段。

1. 销售阶段

销售阶段的表现及后果如下。

(1) 竞争出现,销售能力逐步提高。

(2) 重视销售计划而非利润。

(3) 对员工进行销售技巧的培训。

(4) 希望招徕更多的新顾客,而未考虑到让顾客满意。

2. 广告与传播阶段

广告与传播阶段的表现及后果如下。

(1) 着重增加广告投入。

(2) 指定多个广告代理公司。

(3) 推出宣传手册和销售点的各类资料。

(4) 顾客随之提高了期望值,企业经常难以满足其期望值。

(5) 产出不易测量。

(6) 竞争性模仿盛行。

3．产品开发阶段

产品开发阶段的表现及结果如下。

(1) 意识到新的顾客需要。

(2) 引进许多新产品和服务,产品和服务得以扩散。

(3) 强调新产品开发过程。

(4) 市场细分,强大品牌的确立。

4．差异化阶段

差异化阶段的表现及结果如下。

(1) 通过战略分析进行企业定位。

(2) 寻找差异化,制定清晰的战略。

(3) 更深层的市场细分。

(4) 市场研究、营销策划、营销培训。

(5) 强化品牌运作。

5．顾客服务阶段

顾客服务阶段的表现及后果如下。

(1) 顾客服务培训。

(2) 微笑运动。

(3) 改善服务的外部促销行为。

(4) 利润率受一定程度影响,甚至无法持续。

(5) 得不到过程和系统的支持。

6．服务质量阶段

服务质量阶段的表现及后果如下。

(1) 服务质量差距的确认。

(2) 顾客来信分析、顾客行为研究。

(3) 服务蓝图的设计。

(4) 疏于保留老顾客。

7．整合关系营销阶段

整合关系营销阶段的表现及后果如下。

(1) 经常地研究顾客和竞争对手。

(2) 注重所有关键市场。

(3) 严格分析和整合营销计划。

(4) 数据基础的营销。

(5) 平衡营销活动。

(6) 改善程序和系统。

(7) 改善措施保留老顾客。

到了20世纪90年代,关系营销成为营销企业关注的重点,把服务营销推向一个新的境界。

1.3 服务营销学的兴起与发展

1.3.1 了解服务营销学的兴起和发展

1. 服务营销学的兴起

服务营销学于20世纪60年代兴起于西方。1966年,美国拉斯摩(John Rathmall)教授首次对无形服务同有形实体产品进行区分,提出要以非传统的方法研究服务的市场营销问题。1974年由拉斯摩所著的第一本论述服务市场营销的专著面世,标志着服务营销学的产生。

服务营销学的兴起缘于服务业的迅猛发展和产品营销中服务日益成为焦点的事实。随着经济的发展,服务业(或称第三产业)在国民经济中的比重日益扩大,产业升级与产业结构优化的直接结果必然导致服务业的强劲发展和产品营销中服务成为企业竞争焦点的局面。

服务业的兴起和发展是由社会经济所要解决的主要矛盾决定的,是社会经济发展规律使然。在前工业社会,社会经济发展的主要矛盾表现为人与自然的矛盾,农业、采矿业等第一产业得以发展;在工业化社会阶段,冶金、机械、石化、纺织、电子等第二产业的各种行业得到全面发展;自20世纪60年代以来,发达国家相继进入后工业社会的历史发展阶段,后工业社会是面对社会各层面的相互沟通的人际关系为主要矛盾的社会,服务业的异军突起是新时代的需要。

2. 服务营销学在西方的发展

服务营销学脱胎于市场营销学,之后在自己的空间里茁壮成长。自20世纪60年代以来,服务营销学的发展大致可分为以下四个阶段。

第一阶段(20世纪60—70年代):服务营销学的脱胎阶段。这一阶段是服务营销学刚从市场营销学中脱胎而出的时期,主要研究服务与产业产品或消费品的异同,以及服务营销学与市场营销学研究角度的差异,并试图界定大多数服务所共有的特征。1977—1980年,理论界对服务特征的研究最为蓬勃,约翰·E.G.贝特森(John E. G. Bateson)、G.林恩·萧斯塔克(G. Lynn Shostack)、伦纳德·L.贝瑞(Leonard L. Berry)、洛夫洛克、朗基尔德等学者纷纷提出经典性论述。于是,无形性、不可分离性、差异性、不可储存性以及缺乏所有权,被归为服务所独有的五大特征。

第二阶段(20世纪80年代初期至中期):服务营销学的理论探索阶段。第二阶段的研究完全建立在第一阶段的研究成果之上,主要探讨服务的特征如何影响顾客的购买行为,尤其集中于顾客对服务的特质、优缺点以及潜在的购买风险的评估,其中以1981年瓦拉里亚·A.西斯姆(Valarie A. Zeithaml)在美国市场营销协会学术会议上发表的《顾客评估服务如何有别于评估有形产品》一文为此方面的压卷之作。当然,服务营销学者也探讨了服务的特征对其市场营销战略的制定和实施是否具有特殊的影响与意义,而这些特殊的影响是否又意味着市场营销管理人员应该跳出传统的市场营销技巧范畴,采取新的市场营销管理手段。也就是说,市场营销学者们试图回答这样一个问题,即服务营销学是否有别于消费品或产业产品的市场营销学。

同时,不少市场营销学者还专门探讨如何根据服务的特征将其划分成不同的种类。他们认为,不同种类的服务需要市场营销人员运用不同的市场营销战略来进行推广。比如,萧斯塔克根据产品从可感知向不可感知的变化过程来区分服务,提出了"可感知性与不可感知性差异序列理论";蔡斯的"高卷入与低卷入服务生产过程的高低程度划分服务";贝瑞利用"不可感知性"的程度与"服务是否为顾客量身定做"对服务进行分类;而洛夫洛克则根据服务的生产过程、会员制度以人提供服务或者是以机器提供服务等不同的变量,提出多种区分服务的方法。

此外,在这一阶段,美国的服务市场营销学者在亚利桑那州州立大学成立了"第一跨州服务营销学研究中心",成为继北欧诺迪克学派之后的又一个服务营销学研究中心。它标志着美国市场营销学者开始更加重视对服务营销学的研究。

第三阶段(20世纪80年代后期):理论创新阶段。这一阶段的研究可谓是硕果累累。学者们在第二阶段取得对服务的基本特征的共识的基础上,主要解决了以下问题。

(1) 服务营销组合的基本要素。即在传统的产品、价格、分销渠道和促销组合之外,增加"人""服务过程"和"有形展示"三个变量,从而形成7Ps组合。

(2) 由"人"(包括顾客和企业员工)在推广服务以及生产服务的过程中扮演的角色,并由此衍生出两大领域的研究,即关系市场营销和服务系统设计。

(3) 服务质量的新解释,确认服务质量由技术质量和功能质量组成,前者指服务的硬件要素,后者指服务的软件要素。服务质量的标准可以可靠性、应对性、保证性和移情性为依据。

(4) 提出了服务接触的系列观点,包括服务员工与顾客相互之间沟通时的行为及心理变化,服务接触对服务感受的影响,如何利用服务员工及顾客双方的"控制欲""角色"和对投入服务生产过程的期望等因素来提高服务质量。

第四阶段(20世纪80年代后期至今):策略研究与专题研究阶段。这一阶段研究的重点集中在两个方面:一是从对7Ps组合的深入研究,到强调加强跨学科的研究,服务营销学强调从人事管理学、生产管理学、社会学以及心理学等学科领域观察、分析和理解服务行业中所存在的各种市场关系;二是特殊的服务营销问题,如服务价格理论如何测定,服务的国际化营销战略,资讯技术对服务的生产、管理及市场营销过程的影响等。

3. 服务营销学在中国的发展

1) 中国服务营销发展的现状

随着我国第三产业的发展以及市场竞争中价格竞争、质量竞争的弱化,服务竞争已逐渐受到企业的重视,日益成为企业在商战中制胜的法宝。目前我国许多企业都在进行服务营销活动,不断创造新的服务营销方式,拓展服务营销范围,并取得了可喜的成果。但是,从总体情况来看存在的问题还很多,主要问题如下。

(1) 营销观念陈旧。我国服务企业有相当部分是垄断经营,长期以来养成了"等顾客上门""唯我独尊"等观念,如银行业、保险业、旅游业、外贸业等。大多数服务企业没有完整的营销战略,营销策略僵化。

(2) 营销方式单一。许多企业缺乏营销知识,竞争方式单一,最终导致了市场上的无序竞争。企业不注重形象,信誉差。服务业营销的重要内容是讲信誉,重承诺,但很多服务企业讲的是一套,做的是另一套。

(3) 营销组织形式不健全。我国部分服务行业长期以来是政府行政部门的附属物,政企不分,许多企业没有设置规范的营销组织机构,没有专门的营销人员。

(4) 服务营销理论研究落后。我国在相当一段历史时期内,无论是宏观管理还是微观管理都忽视了服务业的重要性,至于针对如何管理服务业以及服务营销的研究更是缺乏。在实践中,服务企业的营销管理人员基本上还是在沿用传统的4P营销组合理论来指导服务的营销活动,远远落后于服务业发展的实践,更难以适应中国服务业未来的发展前景,以及应对日益激烈的国际服务贸易自由化的冲击。因此,学习、研究和运用服务营销学理论,指导和促进服务业的发展,已成为我们需要认真研究的课题。

2) 中国推广服务营销学的必要性

中国第三产业的发展和产品营销中服务活动的日渐突出,决定了中国导入服务营销学的必要性。同时,企业在进行有形产品营销时,服务已成为销售的重要手段,成为企业间进行市场竞争的焦点,并日益成为产品市场竞争的主角。企业营销及市场竞争不仅需要市场营销学作为理论基础,而且需要服务营销学作为行动指导。中国推广服务营销学的必要性和紧迫性如下。

(1) 中国服务业亟待加快发展且有广阔的发展空间。中国与世界主要国家或地区国内生产总值产业构成比较如表1-2所示。

表1-2　中国与世界主要国家或地区国内生产总值产业构成比较　　单位:%

国家或地区	农业增加值占国内生产总值比重		工业增加值占国内生产总值比重		服务业增加值占国内生产总值比重	
	2000年	2016年	2000年	2016年	2000年	2016年
中国	14.7	8.6	45.5	39.8	39.8	51.6
中国香港	0.1	0.1①	12.6	7.5①	87.3	92.5①
中国澳门			14.7	10.5①	85.3	89.5①
孟加拉	23.8	14.8	23.3	28.8	52.9	56.5
文莱	10	1.2	63.7	57.3	35.3	41.5
柬埔寨	37.8	26.7	23.0	31.7	39.1	41.6
印度	23.0	17.4	26.0	28.9	51.0	53.8
印度尼西亚	15.6	13.5	45.9	39.3	38.5	43.7
伊朗	9.1	10.8①	40.6	24.5①	50.3	55.4①
日本	1.5	1.1①	30.0	28.9①	68.5	70.0①
哈萨克斯坦	8.7	4.8	40.5	33.5	50.9	61.7
韩国	4.4	2.2	38.1	38.6	57.5	59.2
老挝	45.2	19.5	16.6	32.5	38.2	48.0
马来西亚	8.6	8.7	48.3	35.4	43.1	56.7
蒙古	30.9	13.3	25.0	35.3	44.1	51.4
缅甸	57.2	28.2	9.7	29.5	33.1	42.3
巴基斯坦	25.9	25.2	23.3	19.2	50.8	55.6
菲律宾	14.0	9.7	34.5	30.8	51.6	59.5
新加坡	0.1	0.0	34.8	26.2	65.1	73.8

续表

国家或地区	农业增加值占国内生产总值比重		工业增加值占国内生产总值比重		服务业增加值占国内生产总值比重	
	2000年	2016年	2000年	2016年	2000年	2016年
斯里兰卡	19.9	8.2	27.3	29.6	52.8	62.2
泰国	8.5	8.3	36.8	35.8	54.7	55.8
越南	22.7	18.1	34.2	36.4	43.1	45.5
埃及	16.7	11.9	33.1	32.9	50.1	55.2
尼日利亚	26.0	21.2	52.2	18.5	21.8	60.4
南非	3.3	2.4	31.9	29.0	64.8	68.6
加拿大	2.3	1.82	32.5	28.9②	64.5	69.32
墨西哥	3.5	3.9	34.9	32.7	61.6	63.5
美国	1.2	1.1①	23.2	20.0①	75.7	78.9①
阿根廷	5.1	7.6	28.1	26.7	66.9	65.8
巴西	5.5	5.5	26.8	21.2	67.7	73.3
委内瑞拉	4.2	5.6③	49.7	41.8③	46.1	52.6③
捷克	3.4	2.5	37.2	37.7	59.4	59.8
法国	2.3	1.5	23.3	19.4	74.3	79.2
德国	1.1	0.6	30.9	30.5	68.0	68.9
意大利	2.9	2.1	27.2	24.1	70.0	73.8
荷兰	2.5	1.8	24.7	19.7	72.8	78.5
波兰	3.5	2.4	32.6	33.3	64.0	64.3
俄罗斯	6.4	4.7	38.0	32.4	55.6	62.8
西班牙	4.2	2.6	30.7	23.4	65.0	74.1
土耳其	11.3	6.9	31.3	32.4	57.4	60.7
乌克兰	17.1	13.7	36.3	27.1	46.6	59.2
英国	0.9	0.6	25.3	19.2	73.8	80.2
澳大利亚	3.4	2.6	26.8	24.3	69.8	73.1
新西兰	8.3	6.8③	25.3	21.8③	66.4	71.4③

注：①为2015年数据；②为2013年数据；③为2014年数据。
资料来源：中华人民共和国国家统计局.中国统计年鉴2017[M].北京：中国统计出版社，2017，附录2～附录6，国内生产总值产业构成，世界银行WDI数据库.

从表1-2可以看出，2016年中国服务业增加值占国内生产总值的比重在世界44个主要国家或地区中排名第37位，这说明中国服务业的发展水平是比较低的，发展空间广阔，发展潜力巨大。

(2) 中国劳动力的富余急切需要开辟更多的就业渠道。在我国，服务业发挥着安置就业主渠道的作用。因此，在我国推广服务营销学对于推动服务业就业人数的增加也会起到一定的作用。

(3) 传统服务业亟待进行改革，新型服务业则需要新理论武装，发展服务营销学是新旧服务行业发展的共同需要。在我国，商贸餐饮、交通运输等传统服务业占40%左右。金融保险、信息、咨询、科研开发、教育、旅游、新闻出版、广播电视等所占比重不到30%，信息服务业所占比重仅为5%左右。服务业范围广阔，涉及的领域众多，对于这些千姿百态的服务行业的除旧布新需要理论指导，中国在21世纪全面推进服务营销学的研究和普及至为适时。

3) 中国推广服务营销学的条件

在我国，推广服务营销学的条件业已成熟，这些条件如下。

(1) 中国自 20 世纪中后期导入市场营销学后，已形成了一支强大的具有丰富市场营销理论和实践经验的活跃在大专院校和企业一线的理论研究队伍，这为传播、发展服务营销学提供了良好的组织基础和理论保证。

(2) 中国政府在对国民经济的宏观管理过程中，十分重视对服务业的规范管理，并积极推进服务业的发展，为中国服务营销学的扎根奠定了基础。

(3) 服务业自身成长、发展以及提高竞争力的需要，使服务业产生了理论渴求感，众多服务企业的迫切期待为服务营销学的广泛传播提供了比较大的发展空间。

4) 中国服务营销学发展的方向和趋势

(1) 观念创新。

① 市场观念。市场观念应是企业最核心的经营理念，是服务企业开展营销工作首先应确立的观念。近年来，美国企业界的市场观念产生了一个很大的变化，就是企业越来越重视提供超值服务。超值服务是指企业增加服务内容，提供快速便捷的服务，并随时准备提供意想不到情况下的服务。超值服务赋予了市场观念新的内容，它既超出了顾客对服务的期望值，使企业的信誉行为从被动转变为主动，又有利于企业建立良好的市场信誉和公众形象。

② 开放与合作观念。随着我国加入 WTO，中国服务业对外将更加开放，更多的外国服务企业及其产品将进入中国市场。为此，我国服务业在选择对外开放的同时，还必须加快自身发展的步伐，这就要求企业进行广泛的合作。首先是打破行业垄断，并实行国内服务企业之间的合作。如航空公司可以实行联航，联合起来共享资源，分担开支，降低成本，提高效率。同时，可以通过组成大型的、具有竞争力的服务企业集团，应对国外服务业进入中国市场的竞争。另外，在对外开放中，与国外跨国公司寻求合作机会，学习先进的营销方法和理念，在开放与合作中提高我国服务企业的竞争力。

③ 竞争观念。平等竞争是市场经济的基本特征之一，其本质就是优胜劣汰。当前，我国服务企业面临的竞争是国内和国际双重的竞争。刚刚从长期的卖方市场和受保护的封闭市场中走出来的中国服务企业必须树立起竞争观念，缩短与国外企业之间的实力差距。

(2) 营销方法创新。

① 工具创新。信息化的生产力是当今世界最先进最强大的生产力。全球服务企业的竞争已表现为对信息资源的争夺和利用。企业只有准确及时地掌握各种有关的信息，才能制定出正确的战略决策。因此，利用国际互联网开展营销活动，既是一种技术手段的革命，又包含了更深层次的观念革命。它是目标营销、直复营销、顾客导向营销、一对一营销、远程或全球营销、虚拟营销、顾客参与式营销的综合。互联网作为跨时空传输的"超导体"媒体，可以为顾客所在地提供及时的服务。同时互联网的交互性也使企业可以了解顾客需求并提供有针对性的、个性化的产品。因此可以说，互联网是服务经济时代最具魅力的营销工具。

② 产品创新。把握市场的需求规律和发展趋势，进行服务营销的创新，一方面可以满足顾客的现实需求；另一方面可以创造需求，即引导并满足顾客的潜在需求。

③ 技术创新。企业是否具有竞争力，在很大程度上取决于企业是否具有技术优势。企业如果缺乏科技创新的观念，不重视科学技术的发展，就不能正确地调配资源，也就不能实现自身的快速发展。

④ 管理创新。企业营销管理创新就是不断根据市场变化,有效整合企业的人才、资本和技术资源,以创造和适应市场,满足市场需要。服务企业要不断健全服务体系,丰富和发展服务种类,开拓新的服务领域,建立、健全服务质量控制体系和反馈机制,从而不断提高企业的服务水平。

1.3.2　了解服务营销学与市场营销学及其他学科的关系

1. 服务营销学与市场营销学的联系和区别

1) 服务营销学与市场营销学的联系

从本质上看,产品和服务都是提供满足和利益,二者都是商品。从营销的视角看,消费者购买的产品和服务,都具有实体性和非实体性两种成分。只不过购买产品时,实体成分占主导地位;购买服务,则以非实体占主要成分。产品营销与服务营销之间并没有不可逾越的鸿沟,不存在本质上的差异,但存在营销领域、程度和重心上的不同。从学科关系上看,服务营销学是从市场营销学中脱胎、分离和独立出来的,它和市场营销学有着密切的关系,它要以市场营销学的基本理论为基础、为指导。

2) 服务营销学与市场营销学的区别

(1) 研究的对象存在差别。市场营销学是以产品生产企业的整体营销行为作为研究对象,服务营销学则以服务业或服务企业的市场营销活动和实物产品市场营销中的服务作为研究对象。有形产品表现为一个具体的物质现实体或一个实实在在的东西,在营销活动中推销的是一个看得见、摸得着的实体,消费者可从其实体的外观及具体的运转中判定产品质量的好坏。由于服务是无形的,这产生了两个问题:一是顾客难以感知和判断其质量与效果,他们更多的是根据服务设施和环境,或从他人之口来衡量,因而顾客在购买服务产品时冒有较大的风险。二是服务不能依法申请专利,因此新的服务概念可以轻易地被竞争对手所模仿。由于服务与产品特点不同,所以服务业与一般生产企业的营销行为存在一定的差异。服务营销的组合由市场营销组合的4P(即产品、价格、渠道、促销),发展为7P(即加上了人、过程和有形展示3P)。

(2) 服务营销学加强了顾客对生产过程参与状况的研究。服务过程是服务生产与服务消费的统一过程,服务生产过程也是消费者参与的过程,因而服务营销学必须把对顾客的管理纳入有效的推广服务、进行服务营销管理的轨道。市场营销学强调的是以消费者为中心,满足消费者需求,而不涉及对顾客的管理内容。

(3) 服务营销学强调人是服务产品的构成因素,故而强调内部营销管理。服务产品的生产与消费过程,是服务提供者与顾客广泛接触的过程,服务产品的优劣,服务绩效的好坏不仅取决于服务提供者的素质,也与顾客行为密切相关,因而提高服务员工素质,加强服务业内部管理,研究顾客的服务消费行为十分重要,人是服务的重要构成部分。市场营销学也会涉及人,但市场营销学中人只是商品买卖行为的承担者,而不是产品本身的构成因素。

(4) 服务营销学要突出解决服务的有形展示问题。服务产品的不可感知性,要求服务营销学要研究服务的有形展示问题。服务产品有形展示的方式、方法、途径、技巧成为服务营销学研究的系列问题。这也是服务营销学的突出特色之一。市场营销学不需要涉及这方面问题的研究。

(5) 服务营销学与市场营销学在对待质量问题上也有不同的着眼点。市场营销学强调产品的全面营销质量,强调质量的标准化、合格认证等。服务营销学研究的是质量的控制。质量控制问题之所以成为服务营销学区别于市场营销学的重要问题之一,就在于服务的质量很难像有形产品那样用统一的质量标准来衡量,其缺点和不足不易发现和改进,因而要研究服务质量的过程控制。

(6)服务营销学与市场营销学在关注物流渠道和时间因素上存在着差异。物流渠道是市场营销关注的重点之一,而由于服务过程是把生产、消费、零售的地点连在一起来推广产品,而非表现为独立形式,因而着眼点不同。对于时间因素的关注,产品营销学虽然也强调顾客的时间成本,但在程度上还不能与服务营销学相比。服务的推广更强调及时性、快捷性,以缩短顾客等候服务的时间,顾客等候时间长会破坏其购买心情进而产生厌烦情绪,会影响企业的形象和服务质量,因而服务营销学更要研究服务过程中的时间因素。

服务营销学与市场营销学还存在其他的差异,这表明服务营销学有独立存在的必要性。

2. 服务营销学与其他相关学科的关系

服务营销学是一门新型学科,它是市场营销学系列中别具特色的学科,它与姊妹学科有一定的关联,各学科彼此补充、互相衔接,各自独立而又浑然一体。

服务营销学与服务贸易相比,其共性都是以服务业为研究对象,但二者研究的视角不同。服务贸易是以研究国内外服务业的交换关系、服务资源配置以及服务交易理论、政策为主的经济学科。服务营销学则是以研究服务业的整体营销行为及战略、策略为主的集经济学、行为学特色于一体的边缘管理学科。

服务营销学与关系营销学之间则是互相交叉、互相渗透的关系。服务营销学要研究在服务企业与顾客之间如何建立与保持长远的关系,并构建关系营销系统,确立顾客满意理念,实施让客价值;但关系营销学只是服务营销学全面研究实施7P策略中有关顾客与过程策略中的一个部分。关系营销学研究企业与顾客、中间商、竞争对手之间的关系,也包含着对服务业面临的相同关系的研究,然而,关系营销学也不限于对服务业的营销研究,它还包括研究更大范围的有形产品的关系营销。

服务营销学与消费者行为学也互有交叉。服务营销学不可避免地要涉及消费者对服务的消费行为,包括购买时的心理分析、行为决策过程、消费行为的变化等。消费者行为学是从消费者的行为共性出发展开研究的。共性中蕴含个性,服务消费行为也必然是消费行为学研究中的应有之义。这种交叉点分别是两个学科各自构造体系的有机组成部分,对于各自都是不可分的,由于这种不可分性,使这种交叉的存在成为必要,而不会让人产生重复之嫌。

服务营销学以政治经济学、商品流通经济学和市场营销学作为先修课程,政治经济学在经济理论上为服务营销学打基础,商品流通经济学和市场营销学在专业基础理论上为服务营销学奠定基石。商品流通经济学揭示了流通领域的运行机制、资源配置及一般规律,引导学生认识流通、市场、流通领域并建立一般概念;市场营销学以鲜明的学科特色研究产品的市场规划、市场细分、目标市场、营销理念、市场营销组合、市场定位、营销策略等特殊范畴,是构成营销学特色的基本元素,同样也是服务营销学借以组装的基本零部件。服务营销学是市场营销学规范的理论框架下的延伸和发展,学习服务营销学不能不以市场营销学作为前提和基础。

实训课业

一、技能训练

(1) 国际旅行社等旅游服务公司在销售旅游服务时,一般都会以传单或网上广告等形式向顾客详细介绍景点的位置、特点、行程、时间、费用等情况,请用学过的服务特征的有关理论分析这样做的原因和意义。

(2) 在春节和大中院校放寒暑假期间,国内著名旅游景点经常会出现服务供不应求的现象,请用所学的服务特征的有关理论分析其原因并提出解决问题的对策。

(3) 旅游公司不仅要加强对内部员工的管理,而且要加强对顾客的管理,并且连锁公司的各个分公司的管理水平要尽可能一致,请用所学的服务特征的有关理论分析这样做的原因和意义。

(4) 请结合自己今后就业或创业的计划谈一谈学习服务营销学的重要意义。

二、实训项目

服务特征理论的应用

1. 实训内容

组织学生学习该院校制定的新的发展规划。

2. 实训目的

学生在深入了解所在院校新的发展规划内容的基础上,能应用其所学的服务特征理论,分析所在院校教学服务中存在的问题及原因,并提出解决问题的对策建议。

3. 实训要求

(1) 以班级为单位组织学生对该院校的新的发展规划进行讨论,讨论题目是《从服务特征的视角谈一谈提高我校教学服务水平的思路与对策》。

(2) 课后要求每位学生以上述讨论题目为论文题目,写一篇论文作为实训成果,成绩分为优、良、中、及格和不及格五档。

第 2 章 服务消费行为

本章阐释

本章通过对服务消费行为的基本理论和实务的介绍,使学生了解服务消费的含义和发展趋势,了解消费者的服务消费心理、购买动机、购买行为和服务消费购买决策过程,理解影响消费者购买行为的主要因素,掌握消费者的服务购买决策规律。

能力目标

(1) 能分析消费者的服务消费心理,能对消费者的服务购买行为作出比较准确的分析和判断,能根据消费者不同的购买行为采取不同的营销策略。

(2) 能根据消费者的服务消费购买心理、购买行为和决策规律,为企业制定服务营销战略和策略,提供有针对性的建议和对策。

2.1 服务消费与购买心理

案例导入

中国服务消费潜力巨大

国家发改委综合司巡视员刘宇南在扩大消费专题新闻发布会上指出,"2018 年上半年,我国消费运行总体平稳,消费结构持续优化,消费对经济增长的贡献率进一步提高。社会消费品零售总额达 18 万亿元,同比增长 9.4%;最终消费对经济增长的贡献率为 78.5%,比上年同期提高了 14.2 个百分点,成为经济增长的主要拉动力。"

"上半年,一些消费升级类的商品增速加快。限额以上单位通信器材、化妆品类商品分别增长 10.6% 和 14.2%,高于社会消费品零售总额的整体增速。服务消费升级势头也很明显,全国居民人均体育健身活动、旅馆住宿支出分别增长 39.3% 和 37.8%,运动型多用途汽车销售同比增长 9.7%,增速比基本型的乘用车(轿车)高 4.2 个百分点。"刘宇南举出的一连串数据印证了这一趋势。

近年来,我国服务消费一直保持较快增长,旅游、文化、体育、养老、家政这些服务消费十分活跃。根据统计数据,目前我国服务消费占居民消费支出的比重超过 40%,占了消费的半壁江山。刘宇南说:"要进一步放宽服务消费领域的市场准入,持续引导社会力量进入旅游、文化、体育、健康、养老服务、教育培训、家政这些居民需求旺盛的服务消费重点领域,支持社会力量和市场提供更多更高品质的服务产品。"

当前,我国居民消费整体已呈现出从注重量的满足向追求质的提升、从有形物质产品转向更多服务消费、从模仿型排浪式消费向个性化多样化消费转变的特征。

资料来源:百家号.我国服务消费占居民消费比重超40%——国家发改委有关负责人解析消费热点问题.https://baijiahao.baidu.com/s?id=1607737934247177008&wfr=spider&for=pc,2018-08-03.

思考与分析

中国居民服务消费水平迅速提升的原因是什么?

2.1.1 了解服务消费的发展趋势

1. 服务消费的含义

 名词点击

消费,既有商品消费,也有非商品性的服务消费。服务消费是人们为了满足某种需要而有目的地消耗服务产品的行为。广义的服务消费包括生产服务消费和生活服务消费两大部分,而狭义的服务消费仅指生活服务消费。生活服务消费具体包括饮食服务、衣着服务、医疗保健服务、交通通信服务、教育文化娱乐服务、居住服务、家庭服务、维修服务和租房费、水电燃气费及杂项服务支出等。

2. 服务消费的发展趋势

改革开放以来,中国经济持续高速增长,居民收入水平不断提高,并由此带来了居民消费结构的深刻变化,服务消费逐年上升。从量与质两方面看,服务消费呈下述发展趋势。

(1) 服务消费快速增长。随着经济的发展,社会分工越来越细,社会公共服务和公共设施越来越多,消费者花钱"买享受、买轻松、买时尚、买健康"等已成为消费的新趋势。与温饱型消费不同,小康型消费的消费结构、高生活质量的需求日益旺盛,服务性消费支出占居民消费性支出的比重逐年上升。

(2) 服务消费需求趋向多样化。服务消费已经不仅仅局限于购买产品的过程或之后所享受的种种待遇,也不只停留在传统的服务业所提供的消费,而是扩大到社会各种领域,包括社会文化娱乐、人际交往、社会组织系统、高新科技领域等。从目前来看,服务消费需求主要集中在以下几大类。

第一类,日常生活基本服务需求。如洗衣、理发、小区物业管理、餐饮、邮电通信、交通、家政服务、医疗保健、基础教育、配送等多项服务。上述服务与居民生活息息相关,也是人们经常消费的服务项目。

第二类,具有现代生活方式的中高收入人群的服务需求。具有一定支付能力的消费者,其服务消费需求的范围则更大,种类更多。如休闲娱乐服务,这类消费者是几乎所有娱乐场所、旅游胜地的主要光顾者;保险和法律咨询服务;多种多样的网上服务;心理咨询服务以及各种私人服务等。

第三类,特殊人群的服务需求。一是老年人与幼儿的服务需求。如养老院、幼儿园、保健站、老年人活动站等。二是青少年健康成长中道德、理想、科学、艺术兴趣培养的服务需

求,如博物馆。三是城市中一些弱势群体的服务需求,如收容场所、福利院等。

(3) 服务消费市场潜力巨大,服务消费品种不断创新。如同实物消费品生产需要不断开发新产品一样,服务消费品也在不断创新。凡是老百姓感到不方便、不称心,或需要提供帮助的地方,都是服务消费的潜在市场,只要认真加以开发,就能创造出许多新的服务品种。

(4) 服务消费整体水平不断上升,个性化消费比例增大。随着人们收入水平的上升和文化素质的提升,以及科技的飞速发展,对服务消费整体水平有了新的要求。比如,以前我们进餐馆只是为了填饱肚子,而现在我们会更多地注重就餐环境是否舒适、服务态度是否友善等。在现代社会,消费者的个性日益突出,面对同一服务会产生多种需求,企业经营者应以消费者的个性需求为导向,增强服务弹性和应变能力。

同时,服务消费正在向追求名牌的境界发展。物质产品要创名牌,服务产品也要提倡创名牌。许多企业正借鉴国外服务企业的先进管理经验和经营方式,努力提高从业人员的素质,逐步形成一批服务规范、信誉好、消费者信得过的名牌服务企业,以推动整个服务消费市场向更高境界发展。

【小问答 2-1】 服务消费的未来热点在哪些领域?

答:教育消费成为长期的消费热点,信息消费成为新的消费热点,旅游消费将成为主要休闲消费方式,还有住房及其他高附加值消费。

3. 决定服务消费水平的因素

(1) 收入水平与分配。服务消费水平受多种因素的影响,其中最主要的是收入水平。首先收入是消费的基础和前提,在其他条件不变的情况下,人们的可支配收入越多,对各种商品和服务的消费量就越大。与生活必需品消费相比,服务消费多是更高层次上的消费需求。根据消费者需求层次理论,消费支出里面,首要满足物质方面的需求,剩余的才能用于服务和精神方面的支出。其次是总收入的分配与使用。收入可分为两部分:一部分用于积累;另一部分用于消费,两者的比例取决于消费者的消费心理和对未来的预期。比如,年轻人倾向多消费,少积累。当人们对未来收入增长与消费支出的不确定性上升时,人们会不断地压缩不必要的消费,从而增加储蓄。而这一过程往往最先抑制的就是服务消费。

(2) 人口的数量与构成。不同规模的家庭有着不同的消费特征和需求。人口的年龄与性别、职业与受教育程度、个性与生活方式、生活环境等,都会影响服务消费水平。在消费金额确定的情况下,人口的数量与消费水平成反比,人口数量大,增长速度快,人均消费水平就低;人口数量小,增长速度慢,消费水平就会高。

(3) 物价水平。物价水平会影响人们的购买能力。一般来说,物价上涨,消费者用于物质方面的支出比例就会增加,用于服务等方面的消费就会下降。对于我国大多数居民来说,服务消费比起生活必需品来说还是一种需求弹性较大的消费。

知识窗 2-1
上海服务型消费将成"领头羊"

(4) 服务设施与便利程度。当服务消费随着居民收入水平的不断提高逐渐成为人们生活必需的消费时,就要求服务设施与人口的分布相一致,特别是居民消费频率较高的服务,其设施规模和网点数量应与居民的服务需求相一致。最终决定居民服务消费水平的只能是生产的发展,因为只有发展生产,人们的收入水平才能提高,物价才能稳定。

2.1.2 理解服务消费者的购买心理

1. 服务消费者的购买心理过程

有经验的营销者都会发现：在消费者刚开始购买产品与服务时，很难得到他们的好感。这是因为消费者的购买心理需要经历一个发展过程，通常需要经历如图 2-1 所示的八个阶段。

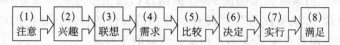

图 2-1 消费者购买心理的八个阶段

（1）注意。吸引目光，注视观看，也可通过广告宣传、橱窗陈列、商品陈列等措施来到目的。

（2）兴趣。产生、引发兴趣，可通过广告宣传、橱窗陈列、商品陈列等措施来达到目的。

（3）联想。购买时和购买后的联想，可通过广告宣传、橱窗陈列、商品陈列等措施来达到目的。

（4）需求。想要拥有、购买，可通过广告宣传、商品陈列和店员说明等措施来达到目的。

（5）比较。与类似的同种商品或服务比较，做出选择，可通过商品陈列、店员的接待和销售技巧等措施来达到目的。

（6）决定。经过上述五个阶段的活动过程，顾客在头脑里经过反复的酝酿和思考，最后才决定购买。

（7）实行。签订买卖契约和付款。

（8）满足。顾客购买后的满意感。

其中，只有保证前四个阶段的成功，才有机会使销售成功。只有当消费者对产品表示出好感或兴趣时，才会在营销者的刺激下激发购买的欲望，直至掏钱完成购买行为。

卓越实践 2-1
"双处方"深受欢迎

2. 服务消费者的个性倾向分析

消费者各有各的特点、习惯、具体情况，如男性与女性、年老的与年少的、讲究实惠的与讲究时髦的、热衷于大众化的与讲究人性化的，其购买心理各有不同。

（1）求美心理。顾客在选购商品时完全不是以使用价值为目的，而是特别注重品格和个性。其动机的核心是讲究"装饰"和"漂亮"，至于商品的价格、性能、质量和服务等方面的因素都排在次位。主要消费对象是城市年轻女性。

（2）求名心理。消费者在选购商品时，特别重视商品的威望和象征意义。商品要名贵，牌子要响亮，以此来显示自己地位的特殊，或炫耀自己的能力非凡，其动机的核心是"显名"和"炫耀"，同时对名牌有一种安全感和信赖感，觉得质量信得过。主要消费对象是成功人士和城市的青年男女。

（3）求实心理。消费者在选购商品时不会在意商品的美观悦目，而是十分注重朴实耐用，其动机的核心就是"实用"和"实惠"。主要消费对象是家庭主妇和低收入者。

（4）求新心理。消费者在选购商品时特别追求款式和流行样式，追逐新潮。对于商品是否经久耐用，价格是否合理，从来不大考虑。这种动机的核心是"时髦"和"奇特"。主要消费对象是追求时髦的青年男女。

（5）求廉心理。消费者在选购商品时，特别计较商品的价格，喜欢物美价廉或削价处理的商品。其动机的核心是"便宜"和"低档"。主要消费对象是农村消费者和低收入阶层。

（6）攀比心理。消费者在选购商品时，根本不是由于急需或必要，而是仅凭感情的冲动，存在着偶然性的因素，总想比别人强，要超过别人才好，以求得心理上的满足。其动机的核心是争强斗胜。主要消费对象是儿童和青少年。

（7）癖好心理。消费者在选购商品时，根据自己的生活习惯和爱好，倾向比较集中，行为比较理智，可以说是"胸有成竹"，并具有经常和持续性的特点。他们的动机核心就是"单一"和"癖好"。主要消费对象是老年人和某一方面的爱好者。

（8）猎奇心理。所谓猎奇心理，就是对新奇事物和现象特别注重和产生偏爱的心理倾向，俗称好奇心。在猎奇心理的驱使下，顾客大多喜欢新的消费品，寻求商品新的质量、功能、花样、款式、享受、乐趣、刺激等各种新奇的特性。主要消费对象是儿童和青少年。

（9）从众心理。女性在购物时最容易受别人的影响，例如许多人正在抢购某种商品，她们也极可能加入抢购者的行列，或者平常就特别留心观察他人的穿着打扮，别人说好的，她很可能就下定决心购买，别人若说不好，则很可能放弃。主要消费对象是女性。

（10）情感心理。一般来说，女性比男性具有更强的情感性。女性的购物行为很容易受直观感觉和情感的影响，例如清新的广告、鲜艳的包装、新颖的式样、感人的气氛等，都能引起女性的好奇，激起她们强烈的购买欲望。

（11）儿童心理。儿童由于其生理和心理的特点所决定，在购物时具有以下显著的特点：①特别好奇，凡是新奇有趣的东西都能对他们产生强烈的诱惑力；②稳定性差，儿童的消费纯属情感性的，对一种事物产生兴趣快，失去兴趣也快；③极强的模仿性，小伙伴有什么，自己也想要。

（12）求速心理。求速心理是指消费者在购买时，希望得到快速方便的服务而形成的购买心理。这种顾客对时间及效率特别重视，厌烦挑选时间过长和过低的售货效率。

卓越实践 2-2
消费者购买心理

2.2 服务消费与购买行为

◯ 案例导入

地产与养老服务

中国正渐入老龄化社会，一个庞大的市场已经悄然浮现。到 2020 年，中国的老龄人口将接近 30%。房地产行业空前关注养老地产的发展，"最适宜养老地产发展的商业模式"也成为各界关注的焦点。园内环境优美，绿化率 68%，室外有健身广场、体育健身器材、菜地等，室内有图书、棋牌、绘画、书法、刺绣、音乐、舞蹈、乒乓球、羽毛球、桌球、门球等各项娱乐设施。并配有医疗室、大小餐厅厨房等各项服务设施。将城市中心的高品质资源与养老生活对接，更贴近子女亲朋探访；更贴近医疗资源守护老人健康；更贴近高端生活配套让老人享受更丰富多彩的老年生活。

养老服务应当走出养老院,覆盖整个社区,甚至整个片区,用养老带动地产,通过提升地产价值和促进地产销售获取收益,承担了一定的社会责任从而也减轻了社会压力。

资料来源:黄金理财人生的博客.长春市首家养老健康综合体. http://blog.sina.com.cn/s/blog_9e7906730101eem8.html,2013-11-24.

思考与分析

养老地产快速发展对我们有什么启示?

2.2.1 了解消费者购买服务的动机

1. 购买动机的含义

 名词点击

购买动机是使消费者做出购买某种商品或服务决策的内在驱动力,是引起购买行为的前提。

2. 消费者购买动机的类型

消费者购买动机一般有下列两类。

1)生理性购买动机

生理性购买动机是由消费者基本生理需求而产生的,是最基本的本能动机。如肚子饿了会产生对食物的需要,口渴了会产生对水的需要。

2)心理性购买动机

心理性购买动机是人们通过复杂的心理过程而形成的动机,可塑性比较强,它会因市场营销刺激而发生改变。本书所讲的就是心理性购买动机。心理性购买动机分为下列三种。

(1)感情动机。感情动机就是由人的感情需要而引发的购买欲望。感情动机可以细分为两种情况:一种是情绪动机;另一种是情感动机。情绪动机是由于人们情绪的喜、怒、哀、乐的变化所引起的购买欲望。情感动机是由人们的道德感、友谊感等情感需要所引发的动机。比如说,为了友谊的需要而购买礼品,用于馈赠亲朋好友等。在购买过程中表现出注重新颖、追求时尚、注意造型、讲究格调、与众不同等特征。

(2)理智动机。理智动机就是消费者对某种商品或服务有了清醒的了解和认知,在对这个商品比较熟悉的基础上所进行的理性抉择和做出的购买行为。拥有理智动机的往往是那些具有比较丰富的生活阅历、有一定的文化修养、比较成熟的中年人。他们在生活实践中养成了爱思考的习惯,并把这种习惯转化到商品或服务的购买中。理智动机在购买过程中表现出注重质量、讲究效用、注重性价比、希望有可靠的服务保障等特征。

(3)信任动机。信任动机就是基于对某个品牌、某个产品或者某个企业的信任所产生的重复性的购买动机,也叫惠顾动机。比如,治疗烧伤××军区医院最权威、治疗心脑血管疾病××专科医院最好、××教授最权威等。这种信任可能来源于消费者的亲身经历,也可能来自社会公众的口碑评价。

具体而言,在现实经济生活中,这三种动机还呈现出一些不同的表现形式,如求实、求新、求同、求美、求名、求便等。这些不同的购买动机带来不同的购买行为,企业应该根据消

费者的动机来了解其购买行为,在此基础上进行营销决策。

2.2.2 了解消费者购买行为的类型

在购买活动中,任何两个消费者之间的购买行为都是存在某些差异的。研究消费者的购买行为,不可能逐个分析,只能大致进行归类研究。

1. 按消费者购买目标的选定程度区分

(1) 全确定型。此类消费者在购买前已有明确的购买目标,包括产品的名称、商标、型号、规格、样式、颜色,以及价格,对服务的总体期望都有明确的要求,可以毫不迟疑地买下商品。

(2) 半确定型。此类消费者在购买前,已有大致的购买目标,但具体要求还不甚明确。这类消费者进入商店后,一般不能向营业员明确清晰地提出对所需产品或服务的各项要求,只有大致的购买目的,需要经过较长时间的比较和评定阶段。

(3) 不确定型。此类消费者在购买前,没有明确的或坚定的购买目标,进入商店一般是漫无目的地看,或随便了解一些产品的销售情况,遇到感兴趣的产品也会购买。

2. 根据消费者性格划分

从一般意义来分析,不同的人有不同的性格,不同的性格就有不同的消费习惯,根据消费者性格可以把消费者购买行为大致划分为以下几种类型。

(1) 习惯型购买行为。习惯型的购买行为是由信任动机产生的。消费者对某种品牌或对某个企业产生良好的信任感,忠于某一种或某几种品牌,有固定的消费习惯和偏好,购买时心中有数,目标明确。

(2) 理智型购买行为。理智型购买行为是理智型消费者发生的购买行为。他们在做出购买决策之前一般经过仔细比较和考虑,胸有成竹,不容易被打动,不轻率做出决定,决定之后也不轻易反悔。

对于企业服务人员,一定要真诚地提供令消费者感到可信的决策信息,如果你提供的信息可信,消费者会因为对你产生信任而再度光临。如果你提供的信息不可信,那么下次他可能会对你敬而远之。

(3) 经济型购买行为。此类消费者特别重视价格,一心寻求经济合算的商品,并由此得到心理上的满足。这种消费者在购买时表现为犹豫不定,货比三家,对价格信息非常敏感,容易受促销影响。作为服务人员,在促销中要使之相信,消费者所选中的商品是最物美价廉的、最合算的,要称赞他是很内行的顾客。

(4) 冲动型购买行为。冲动型消费者往往是由情绪引发的。年轻人居多,血气方刚,容易受产品外观、广告宣传或相关人员的影响,决定轻率,易于动摇和反悔。市场营销刺激对这种消费者的影响非常大,是在促销过程中可以大力争取的对象。

(5) 想象型购买行为。想象型消费者往往有一定的艺术细胞,思想活跃、兴趣广泛、想象力和联想力特别丰富,常以自己丰富的想象力去衡量商品的好坏。针对这种行为,可以在包装设计和产品的造型上下功夫,让消费者产生美好的联想,或在促销活动中注入一些内涵。要努力让消费者产生联想,消费者实现了联想,你就达到了目标。

(6) 不定型购买行为。不定型消费者表现为两方面:一是那些没有明确购买目的的消费者,表现形式常常是三五成群,步履蹒跚,哪儿有卖东西的往哪儿看,问得多,看得多,选得多,买得少。他们往往是一些年轻的、新近开始独立购物的消费者,易于接受新的东西,消费习惯和消费心理正在形成中,缺乏主见,没有固定的偏好。二是指消费者对购买对象的性能知之甚少,想购买又怕决策失误,犹豫不定。

3. 根据消费者行为的复杂程度和所购商品本身的差异划分

(1) 复杂型购买行为。复杂型购买行为是消费者初次购买差异性很大的耐用消费品时发生的购买行为。购买这类商品时,通常要经过一个认真考虑的过程,广泛收集各种有关信息,对可供选择的品牌反复评估,在此基础上建立起品牌信念,形成对各个品牌的态度,最后慎重地做出购买选择。

(2) 和谐型购买行为。和谐型购买行为是消费者购买差异性不大的商品时发生的一种购买行为。由于商品本身的差异不明显,消费者一般不必花费很多时间去收集并评估不同品牌的各种信息,而主要关心价格是否优惠,购买时间、地点是否便利等。因此,和谐型购买行为从引起需要、产生动机到决定购买,所用的时间比较短。

(3) 习惯型购买行为。习惯型购买行为是一种简单的购买行为,属于一种常规反应行为。消费者已熟知商品特性和各主要品牌特点,并已形成品牌偏好,因而不需要寻找和收集有关信息。

(4) 多变型购买行为。多变型购买行为是为了使消费多样化而常常变换品牌的一种购买行为,一般是指购买牌号差别虽大但较易于选择的商品,如罐头食品等。同上述习惯型购买行为一样,这也是一种简单的购买行为。

【小问答 2-2】 消费者在购买服务产品时,主要考虑什么因素?属于什么类型的购买行为?

答:这是个难以回答的问题,因为不同的消费者在购买相同或不同的服务产品时,考虑的因素和购买行为类型可能是不同的,应做具体的分析。

2.2.3 掌握影响消费者购买行为的主要因素

分析影响消费者购买行为的因素,对于企业正确把握消费者行为,有针对性地开展市场营销活动,具有极其重要的意义。一般情况下,影响消费者购买行为的主要因素有消费者个人因素、社会因素、企业和产品因素等。

1. 消费者个人因素

消费者购买行为首先受其自身因素的影响,这些因素主要包括以下几种。

(1) 消费者的经济状况。消费者的经济状况即消费者的收入、存款与资产、借贷能力等。消费者的经济状况会强烈影响消费者的消费水平和消费范围,并决定着消费者的需求层次和购买能力。消费者经济状况较好,就可能产生较高层次的需求,购买较高档次的商品,享受较为高级的服务。相反,消费者经济状况较差,通常只能优先满足衣、食、住、行等基本生活需求。

(2) 消费者的职业和地位。不同职业的消费者,对于商品和服务的需求与爱好往往不尽一致。一个从事教师职业的消费者,对于购买书报杂志、文化商品、培训服务的需求较大;而对于时装模特儿来说,则对于漂亮的服饰、美容服务等的需求较大。消费者的地位不同,也影响其对商品的购买。身在高位的消费者,将会购买能够显示其身份与地位的较高级的商品与服务。

(3)消费者的年龄与性别。消费者对产品的需求会随着年龄的增长而变化,在生命周期的不同阶段,相应需要各种不同的商品与服务。如在幼年期,需要婴儿食品、玩具、教育等;而在老年期,则更多需要保健和医疗服务。不同性别的消费者,其购买行为也有很大差异。烟酒类产品较多为男性消费者购买,而女性消费者则喜欢购买时装、首饰和化妆品等。

(4)消费者的性格与自我观念。性格是指一个人特有的心理素质,通常用刚强或懦弱、热情或孤僻、外向或内向、创意或保守等描述。不同性格的消费者具有不同的购买行为。刚强的消费者在购买中表现出大胆自信,而懦弱的消费者在购买中往往缩手缩脚。

2. 社会因素

人是生活在社会之中的,因而消费者的购买行为将受到诸多社会因素的影响。社会因素主要包括社会文化因素、社会相关群体、家庭、社会阶层等。

(1)社会文化因素对消费者购买行为的影响。社会文化通常是指人类在长期生活实践中建立起来的价值观念、道德观念以及其他行为准则和生活习俗。首先,社会文化具有明显的区域性,同一地域的人们具有相同的生活方式和生活习惯,不同地域的服务产品带有不同的文化特征。其次,社会文化具有很强的继承性。社会文化是一个国家或民族在长期的发展历程中积淀起来的。另外,社会文化对人们购买行为的影响是间接的,但却是强有力的。因此,当推广一项新的服务产品时,必须与当地文化相适应,否则将会受到消费者的抵制。

(2)社会相关群体对消费者购买行为的影响。社会相关群体是指对消费者的态度和购买行为具有直接或间接影响的组织、团体和人群等,即社会关系群体。消费者作为社会的一员,在日常生活中要经常与家庭、学校、工作单位、左邻右舍、社会团体等发生各种各样的联系,形成诸多的社会群体。群体内成员之间的消费行为和消费习惯在不知不觉中相互影响和相互作用,群体成员在购买商品与服务时在自觉与不自觉之间要参考群体成员的意见和反应。

家庭、亲戚、朋友、同学、同事、邻居等是影响消费者购买行为的重要相关群体。这些相关群体是消费者经常接触、关系较为密切的一些人。由于经常在一起学习、工作、聊天等,使消费者在购买商品与服务时,往往受到这些人对商品与服务评价的影响,有时甚至是决定性的影响。

此外,影响消费者购买行为的社会因素还包括一定的社会政治、法律、军事、经济等因素。影响消费者购买行为的主要因素,除消费者自身因素、社会因素之外,还有企业和产品因素,如产品的质量、价格、包装、商标和企业的促销工作等。

2.3 服务消费与购买决策过程

◯ 案例导入

"因您而变"的服务理念

招商银行始终将客户的需求视为第一重要,"因您而变"是它的服务理念。近年来,招商银行投入了大量资源进行营业厅环境改造,为顾客提供优良和人性化的环境,营造舒适的氛围。如提高装修水平,设置服务标识,配备饮料,设置报纸、杂志,安装壁挂电视。改善排队叫号器设置,在叫号器界面上设立不同业务种类,客户按照银行卡的种类取号,分别在不同的区域排队等候,减少了相互干扰,保证营业厅秩序等。同时安排大堂经理在营业厅不断巡视,主动热情地解答客户的问题,帮助客户处理业务,提高业务处理的效率,赢得了客户的赞誉。

资料来源:张东.招商银行零售服务文化发展历程.http://189315.com/news/detail-9.html,2013-05-06.

思考与分析

1. 招商银行"因您而变"服务理念的实质是什么?
2. 招商银行采取的一系列改进客户服务的措施对消费者的购买决策有什么影响?

2.3.1 了解决策参与者的角色

决策参与者是由参与和影响购买决策的有关人员构成的群体。有些消费品的购买决策单位很小,通常只有一个人,如购买简单、价格较低的日常生活用品往往就是如此;在购买较为复杂的服务产品时,如聘请律师、教育培训等,由于消费者对各种专业性服务领域的具体情况不了解,信息不对称,于是需要从其他人那里寻求大量的信息,减少购买过程中的不确定性。影响消费决策的人在购买决策过程中扮演了不同的角色,发挥着特定的作用。

(1)购买发起者,即首先提出或者想到购买某种服务的人。

(2)购买影响者,即对最后购买决定具有某种影响的人。

(3)购买决策者,即对怎么购买、是否买、买多少、何时买、何处买做出最终购买决策的人。

(4)购买实施者,即购买过程的实际操作者。

(5)使用者,即接受或使用服务的人。使用者可以是购买决策者、购买实施者,也可能是其他人。

2.3.2 了解服务消费购买的决策过程

在购买时,消费者要经过一个决策过程,包括三个阶段和五个过程,即购前阶段、消费阶段和购后阶段,确定需求、搜索信息、货比三家、购买与购后评价五个过程。

1. 购前阶段

购前阶段是指消费者购买服务之前的一系列活动。当消费者意识到有某种服务需求时,这一阶段就开始了,随着这种需求不断增强,促使消费者着手准备购买。购前阶段在整个购买决策过程中所占的时间比重相对较长,为了买到自己满意的商品与服务,消费者比较重视这一阶段。购前阶段一般包括三个过程:确定需求过程、搜索信息过程、货比三家过程。

(1)确定需求过程。消费者有需求,才可能有购买行为。需求可能由内部刺激引起;也可能由外部刺激引起,比如,你看到某个人穿着非常漂亮得体的服装,这个外在的刺激使你对这种服装产生了希望拥有的欲望。对企业来讲,就要通过适当的方式刺激顾客,使之了解、喜欢你的产品与服务,并产生购买欲望。如加大宣传力度,以刺激顾客产生购买的欲望。

（2）搜索信息过程。消费者购买决策的第二步是收集信息。消费者的信息来源于两个方面：一是内部渠道，即消费者根据自己的知识储备和对服务产品的记忆来做出判断；二是外部渠道，即从自身以外的外部领域搜索信息，如家庭、朋友、邻居、广告宣传、大众传媒等。所以企业要了解目标消费者接受信息的通道，这样在做宣传时，就可以有针对性地选择宣传媒介。比如，如果给出租车司机做宣传，那么他接受信息的主要通道可能就是交通台，他在收听路况信息的时候，同时也就接受了其他有关信息，那么在选择广告媒体时就应以交通台为主。

（3）货比三家过程，即产品评估过程。作为消费者，可能会从不同的渠道收集很多信息，目的是货比三家，通过对信息的分析比较做出决策，这就是产品评估。针对顾客的比较评估过程，企业应该做些什么？在这个阶段，消费者需要大量的能够打动他的信息。经过对众多竞争对手的产品的比较，消费者当然愿意接受那种性能和价格让他比较满意的产品，那种能给他带来更多利益的产品。所以，企业在宣传中，要注意突出自己产品的优点，尽量让顾客多了解自己产品的优点，方便消费者做出判断和选择。

2. 消费阶段

经过购买前的一系列准备，消费者的购买过程进入实际的消费阶段。对于有形产品而言，消费过程通常包括购买、使用和废物处理等不同过程，而且这三个环节的发生遵循一定的顺序并有明确的界限。比如，顾客从超市购买一瓶洗涤剂，在洗衣服时使用，当所有的洗涤剂用光之后就把空瓶子扔掉。

知识窗 2-2
互联网商业模式是如何影响消费者购买决策过程的

一方面，在服务交易过程中一般不涉及产品所有权的转移，因此，服务的消费过程也就没有明显的环节区分，这些所谓的环节都融合为顾客与服务人员互动的过程。另一方面，服务具有生产和消费同时进行的特点，消费者购买服务的过程也就是其消费服务的过程。在这一过程中，顾客不是同其消费客体打交道，而是表现为同服务提供人员及其设备相互作用的过程。

因此离开服务提供者，服务的消费过程是无法进行的，服务提供者同消费者一起构成了消费过程两大主体。同时各种服务设施的作用也不容忽视，这些设施是服务人员向顾客提供服务的工具，它们给顾客的印象还将直接影响到顾客对企业服务质量的判断。

这时，服务企业应该注意，购前的工作尽管成功了，但这个消费阶段也一定要把握好。要做到热情接待、周到服务，让顾客在非常温馨的交易情境下接受你的商品与服务。

3. 购后阶段

服务的购后评价是一个比较复杂的过程。它在顾客做出购买决策的一刹那就开始了，并延续至整个消费过程，顾客的评价不仅受到市场沟通、企业形象、顾客口碑等因素的影响，而且还受到一些来自社会和环境方面的因素影响。在某种意义上，顾客的评价如何将取决于企业是否善于管理顾客与顾客、顾客与员工、顾客与企业内部环境以及员工与内部环境之间的关系。

2.3.3 了解购买服务的决策理论

购买服务的决策理论，包括风险承担论、心理控制论和多重属性论。这些理论是西方学者于 20 世纪 60 年代提出的，为服务营销决策和消费者购买服务的决策行为提供了理论依据。

1. 风险承担论

在购买产品或服务的过程中,消费者行为具有一定的风险性,消费者的任何行动都可能造成自己所不希望或不愉快的后果,具有风险性。因而,这种后果则由消费者自己承担,消费者在进行购买服务的决策中要尽可能降低风险、减少风险、避免风险。消费者作为风险承担者要面临四个方面的风险,即财务风险、绩效风险、物质风险和社会风险。

(1) 财务风险是指由于消费者决策失当而带来的金钱损失。

(2) 绩效风险是指现有服务无法像以前的服务一样能够达到顾客的要求水准。

(3) 物质风险是指由于服务不当给顾客带来肉体或随身携带的用品的损害。

(4) 社会风险是指由于购买某项服务而影响到顾客的社会声誉和地位。

风险承担论认为,购买服务的风险大于购买商品的风险的原因,出于服务的不可感知性、不可分离性和服务质量标准的难以统一等。消费者购买服务,一要有承担风险的心理素质;二要有规避风险的意识。消费者规避风险或减少、降低风险主要采取以下策略。

(1) 忠于品牌或商号。根据自身经验,消费者对购买过程中满意的服务品牌或商号不随意更换,不轻易去否定或背离自己认为满意的服务品牌或商号,不贸然去承受新的服务品牌带来的风险。

(2) 口碑是影响消费者做出购买决策的重要因素。优质服务企业往往会形成好的口碑,口碑是社会消费群体对企业服务的评价。好的口碑即是企业信誉度和美誉度的体现。消费者无法去测定企业的信誉度和美誉度,但可借助消费群体的口碑去判断其服务风险的大小。好的口碑,尤其是从购买者的相关群体获得的信息,对购买者具有参考价值和信心保证。

(3) 对于专业技术性服务,要多方面了解。购买者降低风险要从内部和外部两个侧面降低购买的不确定性及其后果,要通过加强调查研究、借助试验、大量收集服务企业的内部和外部的信息等方式避险。

风险承担论一方面客观地正视了消费者购买服务的风险性的事实;另一方面明确地为消费者规避、减少、降低风险提供了依据。这一理论为密切服务企业与消费者的关系,化解在服务购买过程中可能出现的矛盾具有理论指导意义。

2. 心理控制论

心理控制论是指现代社会中人们不再为满足基本的生理需求,而要以追求对周围环境的控制作为自身行为的驱动力的一种心理状态。这种心理控制包括对行为的控制和对感知的控制两个层面。

行为控制表现为一种控制能力。在服务购买过程中,行为控制的平衡与适当是十分重要的。如果控制失衡就会造成畸形,损害一方利益。如果消费者的控制力强,则服务企业的经济地位势必受到损害,因为消费者讨价还价能力强,则意味着企业利润的相对减少;如果服务人员拥有较多的行为控制权,则消费者会因为缺乏平等的交易地位而感到不满意,对于服务企业而言,其经营效率会随之下降。

在服务交易过程中,并不只表现为行为控制层面,还要从深层次的认知控制加以分析。服务交易过程中的行为控制是交易双方通过控制力的较量和交易,以消费者付出货币和控制权而换得服务企业的服务为目标。交易双方都在增强自己的控制力,在彼此趋近于平衡的状态下取得成交。但由于交易双方对服务质量标准的认知的不一致性,导致交易双方对交易结果难以获得十分满意的最佳感受。这是感知控制层面所要解决的问题。

感知控制是指消费者在购买服务过程中自己对周围环境的控制能力的认知、了解的心理状态。消费者对周围环境及其变化状态感知控制越强,则对服务的满足感越强,对企业的满意度也就越高。

服务交易过程既是交易双方行为控制较量的过程,也是感知控制竞争的过程。从本质上讲,服务交易的成败,顾客满意度的高低,主要取决于服务企业对感知控制的能力和举措。企业服务人员的感知控制能力与其工作的满意度具有正相关关系,也与消费者的满意度具有同样的正相关关系。

心理控制论尤其是感知控制对于企业服务和服务企业具有重要的管理意义。这一理论要求企业在服务交易过程中,应该为消费者提供足够的信息量,尽可能让购买者对服务提高认知度,使购买者在购买过程中感觉到自己拥有较多的主动权和较大的控制力,充分地了解服务过程、状态、进程和发展,以减少风险忧虑,增强配合服务过程完成的信心。例如,在民航服务活动中,如若飞机误点,航空公司应该及时解释飞机为何误点、何时起飞、食宿安排等相关问题,以使乘客能提高认知控制能力,减少埋怨,配合服务。

3. 多重属性论

多重属性论被广泛应用于市场营销研究领域。它的基本思路是,消费者在选购服务产品时,需要考察服务产品本身的一系列属性,并根据这些属性的重要程度进行综合判断与决策。

服务产品的属性一般可分为三类:明显性属性、重要性属性和决定性属性。

明显性属性是引起消费者选择性知觉、接受和储存信息的属性,是反映事物特征的、能把不同事物区分开的、容易被人觉察的那些属性。例如,旅馆的明显性属性有旅馆的店址、建筑物的特征、独特的品牌名称或标志等。这些属性虽然明显,但对某些消费者来说可能并不重要。

重要性属性是表现服务业特征和服务购买所考虑的重要因素的属性。重要性属性对消费者意味着关键的利益,消费者非常重视。例如,旅馆在客人心目中的重要性属性有安全、服务质量、客房设备、餐饮质量、声誉、形象等。重要性属性不一定就具有明显性,例如,有A、B、C、D四个航空公司,如果在飞机的安全性方面水平一样,那么安全性在此时就不能成为消费者区别A、B、C、D四个航空公司的明显的标志,它不具有明显性,也不能成为消费者选择航空公司的决定性属性。另外,属性的重要性也会因人而异。

决定性属性是决定消费者选择结果的那些属性,这些属性与消费者偏爱和实际购买决策关系最为密切。决定性属性一般是企业与众不同的某种属性,通过此属性将某企业和竞争者区分开来。例如,旅馆的决定性属性可能为服务质量、安全、安静程度、预订服务、总服务台、客房及浴室的状况、形象、令人舒适愉快的物品、高档服务、食品与饮料的价格及质量、地理位置、声誉、建筑艺术、保健设施和客房特点等。

决定性属性一定是明显性属性,但对某项服务而言不一定是最重要的属性,重要性属性不一定是决定性属性。服务的决定性属性是选择服务企业的最主要属性,其权重要高,重要性属性是消费者选择服务的重要因素,其权重虽略低于决定性属性但不能拉开距离过大。消费者对服务的选择就是依据多重属性论对服务属性进行综合考察而得出最佳选择,从而建立多重属性模型。

多重属性模型的具体应用。假定我们要测量旅客对A、B、C、D、E五家旅馆的评价。每家旅馆都用五个属性(或标准)进行衡量:安全性、声誉、价格、客房及浴室的设备、地理位置。假设在旅客心目中这五个标准的权重分别为0.3、0.3、0.2、0.1、0.1。然后,通过调查,让旅客给这五家旅店打分,以100分为最好,得到的结果如表2-1所示。

表 2-1 五家旅店多重属性模型

属性 \ 旅馆	A	B	C	D	E	权重
安全性	100	90	90	80	80	0.3
声誉	100	80	70	60	80	0.3
价格	90	100	100	100	100	0.2
客房及浴室的设备	100	100	90	80	70	0.1
地理位置	90	90	100	60	100	0.1

根据表2-1,可计算出旅客对每一家旅馆的评价,具体计算如下:

$A = 100 \times 0.3 + 100 \times 0.3 + 90 \times 0.2 + 100 \times 0.1 + 90 \times 0.1 = 97$

$B = 90 \times 0.3 + 80 \times 0.3 + 100 \times 0.2 + 100 \times 0.1 + 90 \times 0.1 = 90$

$C = 90 \times 0.3 + 70 \times 0.3 + 100 \times 0.2 + 90 \times 0.1 + 100 \times 0.1 = 87$

$D = 80 \times 0.3 + 60 \times 0.3 + 100 \times 0.2 + 80 \times 0.1 + 60 \times 0.1 = 76$

$E = 80 \times 0.3 + 80 \times 0.3 + 100 \times 0.2 + 70 \times 0.1 + 100 \times 0.1 = 85$

测算结果,A旅馆综合评分最高,应为首选对象。

实训课业

一、技能训练

(1) 从本章案例导入中可以看出目前我国服务消费占居民消费支出的比重超过40%,其中旅游、文化、体育、养老、家政这些服务消费十分活跃。结合当前社会发展分析其中的原因。

(2) 对国内电信运营商进行深入了解,分析其不同特征的消费市场目标人群的消费心理。

(3) 收集本班同学的月消费支出项目,统计服务消费所占比例,分析同学之间的服务消费行为的差异。

(4) 结合你的一次愉快的购物经历,谈谈不同的购买阶段,即购前阶段、消费阶段和购后阶段,你的消费行为特点。

二、实训项目

某一消费者群体服务消费行为和消费心理研究

1. 实训内容

选定你所在学校某一个专业班级的学生,调查与分析影响该班级学生餐饮消费的主要因素,并撰写一份调研报告(设计可行的调查问卷或访谈题目)。

2. 实训目的

了解、分析和总结某一消费者群的服务消费购买心理特点和规律,并以此为根据为某一服务行业设计营销策略。

3. 实训要求

(1) 组织学生以6~8人为一组,以团队形式,由组长负责利用方便的时间,到所在学校的某一个专业班级进行问卷调查。

(2) 以小组为单位组织学生座谈和撰写调研报告。

第 3 章 服务营销理念

本章阐释

本章通过对服务营销理念的基本理论和实务的介绍,使学生理解顾客满意的内涵、超值服务的内涵及特点,掌握提高客户满意度的策略和方法。在理解服务流程再造含义的基础上,掌握服务流程再造的方法和策略。

能力目标

(1) 掌握提高顾客满意度的技巧与策略,能够在企业的营销管理实践中创造较高的顾客满意度,为企业赢得更多的忠诚客户。

(2) 能应用顾客满意度理论和服务流程再造理论对企业的服务现状进行分析,找出影响企业服务质量的关键因素,提出改进意见,重新设计出更加科学的服务流程。

(3) 能在不同的企业环境中,结合不同业务及客户类型,对超值服务的方法进行不断创新。

3.1 顾客满意理念和超值服务理念

案例导入

肯德基的中国市场开拓和超值服务

2006 年 11 月,百胜餐饮集团旗下品牌肯德基成为世界上第一个从太空可以看到的品牌。8128 平方米的巨幅山德士上校标识在美国内华达州 51 区沙漠地带揭开了神秘面纱。这个向世人展现的标识正是肯德基在全球推出的第五代标志。这个史无前例的项目,团队成员经历了意想不到的挫折和磨难。由近 50 名设计师、工程师、科学家(包括天体物理学家在内)、建筑师及其他专业人员组成的团队,耗时三个月,构思、创作并建造了这一世界上最大的标识。这就是由 65000 块 1 平方英尺的彩色瓷砖拼装而成的太空可视肯德基标识。受到全球消费者的欢迎。这次推出的肯德基新标识保留了山德士上校招牌式的蝶形领结,但首次将他经典的白色双排扣西装换成了红色围裙。这红色围裙代表着肯德基品牌家乡风味的烹调传统。它告诉顾客,今天的肯德基依然像山德士上校 52 年前一样,在厨房里辛勤为顾客手工烹制新鲜、美味、高质量的食物。全新肯德基标识为肯德基这一世界上极具声誉、备受欢迎的品牌增添了与时俱进的现代感。新标识将应用到餐厅设计、广告、食品包装、员工制服、公共享品等所有视觉元素上。

百胜餐饮集团中国事业部总裁苏敬轼表示,"山德士上校是世界上最为人所熟悉的形象之一,今天赋予他新面貌预示着肯德基的全新未来","对于中国肯德基来说,新未来就是美味安全、高质快捷;均衡营养、健康生活;立足中国、创新无限的新快餐"。

肯德基这次在全球同步统一发布新标识,无论在美国、英国、澳大利亚,还是中国,人们都将陆续看到换上新装的肯德基餐厅。中国第一个使用全新标识及装饰理念的肯德基餐厅位于北京市望京商业区。1986年9月下旬,肯德基公司开始考虑如何打入人口最多的中国市场,发掘这个巨大市场中所蕴含的巨大潜力。虽然前景乐观,但是诸多难题也使肯德基的决策者们备感头痛,犹豫不决。对这家世界最大的鸡肉餐馆公司来说,面前的中国市场是完全陌生的:肯德基的纯西方风味是否能为中国消费者所接受?开发中国市场,不但需要技术资源,更重要的是还需要宝贵的管理资源。此外,从中国不能汇出大量的硬通货利润,即使是中等水平的汇出也不大可能。最为关键的是,要打入中国市场就必须选择一个特定的投资地点。而这又带有很大的不确定性。在情况并不明朗时,肯德基决定对中国市场进行更全面、更彻底的调查。面临的首要问题是:第一家肯德基店址应当选在何处?这一决策将对今后的盈利,对在中国其他地区的进一步开拓以及对投入管理资源时的决心等产生戏剧性的影响。肯德基通过把降低风险的可能性与通过投资可能得到的潜在的收益加以比较,且考虑到当时在中国没有其他竞争者是进入的最佳时机。于是,在平衡了可能的风险和收益之后,决定暂时把北京作为一个起点。把北京作为肯德基进入中国的首选城市为肯德基在中国的成功奠定了坚实的基础。在如此竞争激烈的快餐服务业,究竟为何肯德基能始终保持强劲的发展势头呢?是其在进入中国市场的不同发展阶段,制定了既符合组织文化又符合逻辑的战略。

进入期主要的战略为引入西方式的全新的快餐服务体系和餐饮理念。

(1) 以其统一标识、统一服装、统一配送方式的全新连锁经营模式,并最终依靠其优质的产品、快捷亲切的服务、清洁卫生的餐饮环境确立了其在中国市场的地位。

(2) 一直坚持做到员工100%的本地化并不断投入资金、人力进行多方面各层次的培训。从餐厅服务员、餐厅经理到公司职能部门的管理人员,公司都按照其工作的性质要求,安排科学严格的培训计划。为使管理层员工达到专业的快餐经营管理水准,肯德基还特别建立适用于餐厅管理的专业训练基地——教育发展中心。

(3) 肯德基"以速度为本"的快餐业企业精神使其特别注重发挥团队精神,依靠其团队合作达到的高效率,从而保证了营业高峰期服务的正确和迅速。使其形成了高效灵活、完善先进的管理激励机制,即团队合作精神和出色的管理水平正是肯德基立足于市场的秘诀。

(4) 优质的服务。在肯德基,你得到的服务会比你希望得到的服务多。肯德基的宗旨是顾客至上,正是这一宗旨使每一位来就餐的顾客,无论是大人还是小孩,都会有一种宾至如归的感觉。

在成熟期,制定了中西方相结合的战略。

(1) 肯德基聘请了10多位国内的专家学者作为顾问,负责改良、开发适合中国人需求的快餐品种。肯德基一直以炸鸡、菜丝沙拉、土豆泥作为当家品种,但是品种过于单一对发展前景不利。肯德基为迎合中国人的口味相继推出了备受中国人民欢迎的肯德基"辣鸡翅"

"鸡腿堡""芙蓉鲜蔬汤"等品种,对肯德基这家一向注重传统和标准化的老店来说,这是前所未有的转变。

(2) 肯德基特别成立了中国健康食品咨询委员会,研究、开发适合新一代中国消费者品味的饮食新产品,以进一步做大市场。

与其他地区的经营一样,特许经营对肯德基公司在中国的扩张起了重要作用。所谓特许经营是指由特许经营者向转让者付一定的转让费而获得的专利、商标、产品配方或其他任何有价值方法的使用权,转让者不控制战略和生产决策,也不参与特许经营者的利润分配。肯德基所采用的经营手段正是这种特许经营的加盟方式,肯德基提供品牌、管理和培训以及集中统一的原料、服务体系,合作方利用统一的品牌、服务来经营,最后双方按照约定分享商业利益。因为中国当时尚未对外开放,肯德基在中国发展的政治风险较大,且中国的文化分隔较严重,所以特许经营成为肯德基进入中国市场的首选经营方式。特许经营的另一个好处是肯德基公司可以保证在投资很少的情况下确保得到稳定的收入,它会对现有的经营状况产生杠杆作用。在那些能轻易避免特许商偏离肯德基公司经营规程的行为的地方,这是一个非常具有吸引力的选择。正是由于制定了正确地进入中国的市场战略,肯德基公司从1986年由美国引入中国以来,就呼啦啦地在中国遍地开花了。所谓"不从零开始"是指:肯德基将一家成熟的、正在盈利的餐厅转手给加盟者。加盟者不需进行选址、开店、招募与培训员工等大量繁重的前期准备工作,这些都是现成的。其中,选址往往是成功的关键,而肯德基已经帮你选好了。

自2000年8月中国第一家"不从零开始"的肯德基加盟店在常州溧阳授权转让以来,2004年1月已有11家这样的餐厅被授权加盟。肯德基在中国的1000家店中,95%的餐厅是直营,5%是加盟店。这种崭新的特许经营方式被肯德基称为"中国特色",其实质,即在特许经营的严格规定背后,是肯德基总部和加盟店共同的利益关系。肯德基的成功取决于各加盟商的成功。这与国内一些只收加盟费,对投资者没有管理,没有培训的连锁店主比起来,肯德基强烈的品牌意识正是其成功的另一保证。在中国数以百计的特许经营品牌中,肯德基的"不从零开始"的特许经营大概是最稳健也是整体效果最好的。这种方式保证了肯德基一直追求的双赢——投资者几乎没有风险地赚了钱,肯德基没有风险地扩张了品牌的市场占有率。

思考与分析

1. 肯德基在哪些方面创造了顾客满意?
2. 肯德基的超值服务体现在哪些方面?

3.1.1 理解顾客满意理念

1. 顾客满意理念的概念

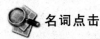
名词点击

所谓顾客满意理念,即 CS 理念(customer satisfaction),是指企业全部经营活动都要从满足顾客的需要出发,以提供满足顾客需要的产品和服务为企业的责任和义务,使顾客满意是企业的经营宗旨。

2. 顾客满意理念的内涵

顾客满意理念的内涵是个系统,它包括横向和纵向两个层面。

1) 横向并列层次

(1) 企业的经营理念满意,是指企业经营理念带给顾客的满足程度。其具体包括经营宗旨、经营方针、经营哲学和经营价值观等方面,以及各个不同阶段的具体理念等。

(2) 营销行为满意,是指企业的运行状态带给顾客的满足程度。其包括企业的行为机制、行为规则、行为模式和行为实施程序等的满意。

(3) 外在视觉形象满意,是指企业具有可视性的外在形象带给顾客的满足程度。其包括外在视觉形象标志、标准字、标准色、企业外观设计、企业环境和企业的各种应用系统等的满意。

(4) 产品满意,是指企业的实物产品和服务产品载体带给顾客的满足状态。其包括实物产品的质量、功能、设计、包装、品位、价格和服务产品载体相应因素的满意。

(5) 服务满意,是指企业服务带给顾客的满足状态。其包括绩效满意、保证体系满意、服务的完整性和方便性满意、情绪和环境满意等,并从时间的节约性和文化氛围的高品位等方面体现出来。

顾客满意理念是以培养和提高顾客的忠诚性为目标的。顾客忠诚是指顾客对某一企业、某一品牌的产品和服务形成偏爱并长期持续重复购买的行为,是企业以满足顾客的需求和期望为目标,有效地消除和预防顾客的抱怨和投诉,不断提高顾客满意度,在企业与顾客之间建立起一种相互信任、相互依赖的"质量价值链"。

2) 纵向递进层次

(1) 物质满意层次,即顾客对企业服务产品的核心层,如服务产品的功能、品质、品种和效用感到满意。

(2) 精神满意层次,即顾客对服务方式、环境、服务人员的态度、提供服务的有形展示和过程感到满意。

(3) 社会满意层次,即顾客对企业产品和服务的消费过程中所体验的社会利益维护程序感到满意,顾客在消费产品和服务的过程中,充分感受到企业在维护社会整体利益时所反映出的道德价值、政治价值和生态价值。

3. 企业塑造顾客满意理念的客观必然性

企业的经营理念是企业在经营运作中的信仰、宗旨和准则,它是企业所处外部经济环境的必然产物,也反映了企业自身生存发展的需要。

(1) 服务产品市场供给大于需求。在服务产品供给大于需求的市场环境下,消费者拥有充分的权利选择服务企业和服务产品。只有坚持顾客第一,顾客至上,努力使自己的产品和服务满足顾客的需求,企业才能赢得顾客的心,进而在市场竞争中处于优势地位。

(2) 市场竞争异常激烈。随着市场竞争越来越激烈,顾客满意度成为企业发展的"瓶颈",不断提高顾客满意度将成为企业竞争的焦点。

(3) 消费者越来越挑剔。消费者的需求多种多样,而且其发展是无止境的。随着社会经济的发展和人们收入及生活水平的不断提高,消费者对产品和服务的质量要求越来越高。在这种情况下,企业生产的产品和提供的服务只有满足顾客不断提高的质量需求,他们才会购买,才有可能成为忠诚的顾客。反之,企业就会始终处于追逐新顾客的危险境地。

4. 顾客满意理念指导下的企业营销策略

现代企业实施顾客满意的服务战略的根本目标在于提高顾客对企业生产经营活动的满意度,而要真正做到这一点,必须切实可行地制定和实施如下关键策略。

1) 在企业中树立"以客为尊"的经营理念

"以客为尊"的企业服务经营理念,是服务顾客最基本的动力,同时它又可引导决策,联结公司所有的部门共同为顾客满意目标而奋斗。企业的一切营销活动要从顾客的需要出发,以提供满足顾客需要的产品或服务作为企业的责任和义务,全心全意为顾客服务。要把为顾客服务、提高顾客满意的理念作为企业每一项工作的指导思想和每一名员工的自我要求。

2) 不断创新,开发令顾客满意的产品

企业必须熟悉顾客,了解用户,要调查他们现实的和潜在的需求,分析他们购买的动机和行为、能力、水平,研究他们的消费传统和习惯、兴趣与爱好。同时,顾客的需要是发展变化的,顾客的满意度也是发展变化的。因此,企业还要不断创新,千方百计利用新技术、新工艺、新材料、新设计、新发明来开发顾客喜欢的新产品和新服务。

3) 健全顾客服务体系,提供令顾客满意的服务

企业的服务质量直接关系到顾客的满意度和忠诚度。企业要不断完善服务系统,以便利顾客为原则,用产品本身的魅力和一切为顾客着想的实际行动去感动顾客。服务的具体内容和形式,应根据顾客需求和商品特性而展开。按服务时间分类,服务可分为售前服务、售中服务和售后服务。售前、售中和售后服务是企业生产经营者接近消费者直接的途径,所以企业要建立专门的机构和设立专人来搞好售前、售中和售后服务工作,接待和处理顾客投诉,加强与顾客的联系和沟通,倾听顾客的不满,不断纠正企业在营销活动中的失误和错误,及时挽回给顾客造成的损害。

(1) 售前服务是指在顾客未接触商品之前所采用的一系列服务,目的在于方便顾客购买和激发购买欲望。其核心是围绕如何更好地方便顾客而展开。售前服务常见的做法有:各种精心设计的商品性能、使用方法、维修措施的宣传介绍;优雅而又便于顾客选购的销售环境;送货上门;开展电视、电话订货及邮购和卡片预约订购;开展为顾客或用户提供购前的勘察、设计、咨询、培训等多种服务项目。总之,售前服务的内容和形式多种多样,企业界根据顾客的需要和变化趋势,在不断创新和扩展。当前出现的"试用""先尝后买""分期付款""还款销售""销售路线说明书"等,都属于售前服务的拓宽。

(2) 售中服务是指在商品销售过程中,为顾客和用户提供的一类服务。其目的是密切供需关系,增强购买者的信赖感,以期实现交易。其核心是围绕使顾客在物质和精神上获得最大限度的满意而展开。售中服务的具体内容包括:除对所有顾客都进行热情、主动的接待和从顾客立场介绍商品效益外,还有代为挑选商品,代为办理各种购买手续,代为办理合同、包装、托运、保险等项目,提供食宿方便及购买过程中一切方便顾客的措施。

(3) 售后服务是指商品卖出去后,继续提供的各种服务。热忱而周到的售后服务,可增加消费者对商品的安全感和对企业的信任感,不仅可以巩固现有顾客,促使其重复购买,也可通过购买者的宣传,争取更多的新顾客,开拓新市场。当今企业界,不少人认为,售后服务是关系着企业存亡的大事。它不仅是一种策略和手段,也是企业加强与顾客在技术、经济和情感方面联系的重要方式,从而可以准确而及时地反馈各种消费者的需求信息,促进企业不

断提高经营水平和发掘潜在市场。售后服务的内容极为广泛,不少领域还有待开发。从目前企业界的具体做法看,主要有:售后送货服务,售后"三包"(包修、包换、包退)服务,定点、上门和巡回维修服务,售后安装、调试服务,包装服务,多种形式的访问服务和技术服务等。

4) 掌握竞争对手情况

一个追求顾客满意的企业,不仅要了解顾客的需要,还要了解竞争对手的情况。在市场竞争愈演愈烈的条件下,只有比竞争对手做得更好的企业,才有希望在市场竞争中获得成功,才有机会获得不断的发展。

21世纪将是以服务取胜的年代,这个时代企业活动的基本准则应是使顾客感到满意。因为在信息社会,企业要保持技术上的优势已越来越不容易,企业必须把工作重心转移到顾客身上,从某种意义上说,使顾客感到满意的企业,将是成功的企业。

企业服务理念满意系统的建立,其核心在于确立以顾客为中心的企业理念,它应具体地体现和反映在企业的经营宗旨、经营方针和经营哲学上,并贯穿于企业的质量观念、服务观念、社会责任观念和人才观念等诸多经营观念中。

在顾客满意的服务理论中,为建立顾客满意系统而进行的顾客满意度调查,以及检验顾客满意系统的运作及其结果,需要通过顾客满意级度和顾客满意指标来进行测量和评价。顾客满意级度是顾客在消费了企业的产品或服务之后所产生的满足状态的等级。通常分为七个级度,即很不满意、不满意、不太满意、一般、较满意、满意和很满意。顾客满意指标是指用以测量顾客满意度的项目因子或属性。如企业产品的顾客满意指标,可以概括为七项:品质、数量、设计、时间、服务、价格和品位。企业服务的顾客满意指标,可概括为五项:绩效、保证、完整性、便于使用和情绪环境。

3.1.2 理解超值服务理念

1. 超值服务的概念

 名词点击

超值服务就是用爱心、诚心和耐心向消费者提供超越其心理期待(期望值)的、超越常规的全方位服务。

2. 超值服务系统

超值服务以顾客为导向,向用户提供最满意的产品和服务。它是贯穿科研、生产、销售全过程的。超值服务是由售前超值服务、售中超值服务和售后超值服务三个子系统构成的服务体系。这三个子系统相互关联、互为条件,共同来完成超值服务的任务。

1) 售前超值服务

售前超值服务是指按严格的要求和规范做好售前调研、售前培训、售前准备和售前接触四大环节的工作。其中,售前调研是前提,要调查消费者的现实需求和潜在需求;售前培训是对员工的培训,不仅包括服务技能的培训,更重要的是对员工的服务理念、服务道德、服务态度、服务意识的培训;售前准备包括服务开始前的心理准备和技术准备两个方面;售前接触是首先在小范围内与消费者接触,在征求消费者意见的同时了解消费者最新消费动向,及时改进服务。比如,在售前接触中邀请各方代表进行的"消费者模拟定价"活动,是新产品价格形成的重要因素。

2) 售中超值服务

售中超值服务是指服务人员与客户或用户进行交际、沟通和洽谈的过程。其主要包括操作规范、语言规范和姿势规范。此外,售中超值服务更重要的是服务人员应本着让顾客获得超值服务的原则,随时根据顾客的需求调整服务程序,增大服务流程弹性。

3) 售后超值服务

售后超值服务包括服务制度、用户沟通制度、员工服务规范、员工培训制度和奖惩制度等一系列服务规定。具体内容如下。

(1) 服务制度由上门服务制度、产品终身服务制度、免费服务制度、全天候服务制度等要素构成。

(2) 用户沟通制度由服务网点制度、用户访问制度、用户档案制度、用户投诉制度等要素构成。

(3) 员工服务规范包含员工语言规范、员工行为规范和超值服务纪律等要素。

(4) 员工培训制度坚持对服务人员技能和素质进行经常的培训,以保证超值服务的有效实施。

(5) 奖惩制度包含激励机制和处罚机制的各项细则,通过奖优罚劣促进竞争,以推动超值服务水平的不断提高。

3. 顾客附加价值与顾客满意度

(1) 顾客附加价值也称让客价值、让渡价值,它是顾客总价值与顾客总成本之间的差额,即

卓越实践 3-1
支付宝推 2.99 元
超值服务:出行神福利

顾客附加价值＝顾客总价值－顾客总成本

产品的顾客总价值包括产品本身的价值,购买过程中厂家为顾客提供的服务(称服务价值),产品对顾客具有的某种特殊意义的价值(称个人价值),产品的购买行为给顾客形象带来的价值(称形象价值)等。产品的顾客总成本,是顾客获取此产品所付出的总代价,它包括货币成本和非货币成本,非货币成本又包括顾客为获得此产品所付出的时间代价(称时间成本)、所花费精力的代价(称精力成本)和心理代价(称心理成本)等。因此,产品的顾客附加价值理论可以用下面的等式作一形象表达。

产品的顾客附加价值＝产品的顾客总价值－产品的顾客总成本
＝(产品价值＋服务价值＋个人价值＋形象价值)
－(货币成本＋时间成本＋精力成本＋心理成本)

这里的所有价值和所有成本,都是针对某一个特定顾客购买某一特定产品或服务而言的。因为不同顾客购买同一产品其价值项目和成本项目中的大部分都是各不相同的,而且不同的产品或同一产品对不同的顾客价值也不一样,例如,一幅历史名画对古画收藏家来说是无价之宝,但对买肉的老太太来说可能分文不值。因此,这里所说的产品的顾客附加价值是产品的顾客相对价值。

(2) 顾客附加价值理论的基本假设是:顾客是理性的经济人,他总是追求"顾客附加价值"。这一理论给我们的启示是:产品的顾客附加价值越大,顾客满意程度越高;当顾客为获取产品所付出的顾客总成本超过所得到的顾客总价值,也就是产品的顾客附加价值为负值时,顾客不满意就发生了。因此厂家只有努力提高其产品的顾客附加价值,才能提高顾客

的满意度。

从竞争角度考虑,企业应该努力向顾客提供其顾客附加价值高于竞争对手的产品或服务。该理论也表明,企业可以从三个思路来提高产品的顾客附加价值,提高顾客满意度:①增加产品的顾客总价值,包括产品价值、服务价值、个人价值和形象价值等;②降低产品的顾客总成本,包括货币成本、时间成本、精力成本和心理成本等;③双管齐下,既努力提高产品的顾客总价值,又努力降低产品的顾客总成本。

3.2 顾客满意度策略

顾客满意度策略是指企业为了使顾客能完全满意自己的产品或服务,综合而客观地测定顾客的满意程度,并根据调查分析结果,从企业整体的角度来改善服务及企业文化的一种经营战略。

3.2.1 理解顾客满意度的含义

 名词点击

顾客满意度可以简要定义为"顾客接受产品和服务的实际感受与其期望值比较的实际程度"。这里既体现了顾客满意的程度,也反映出企业(供方)提供的产品或服务满足顾客需求的成效,顾客满意度是对顾客满意程度的衡量指标,是企业永恒追求的目标,它包含以下两方面内容。

1. 顾客感知

顾客感知是指顾客在购买和使用产品或服务后,对实际效果的感受和认知。顾客对服务的感知一般是根据服务质量及其在服务过程中所体验到的总体满意程度来感知的。由于服务的特殊性,顾客对服务质量的感知还包括:在服务过程中对交互质量的感知;在服务过程中对有形环境质量的感知;对服务结果质量的感知。

事实上,顾客对服务质量、产品质量、价格、环境因素以及个人因素的感知都会对顾客满意度产生影响。

2. 顾客期望

顾客期望是指顾客在购买决策前对其需求的产品或服务所寄予的期待和希望。消费者一旦对某种事物产生了需求,期望便随之产生。

服务期望是顾客对所接受的服务质量水平的预期,顾客在评价服务质量时,会把对服务绩效的感知与服务期望进行比较。所以,了解顾客期望和顾客期望的产生对服务营销人员是很重要的,顾客的期望正是企业希望通过服务营销的努力去达到的。

顾客对服务期望的高低会影响其对服务绩效的评估,从而影响顾客的满意程度。顾客对服务的期望可以分为理想服务和适当服务。理想服务是顾客期望得到的最高水平的服务,是顾客在购买某项服务时所希望实现的绩效水平,如果没有这些期望,顾客可能不会购买这个服务。但是,顾客希望达到的服务期望又常常被认为是不可能的,因为这个原因,顾

客可能愿意接受服务的另一个较低水平的服务期望,这个低水平的期望就是适当服务,即顾客可接受的服务水平。适当服务水平远低于理想服务水平,它表示了顾客最低可接受的期望,即消费者可接受服务绩效的最低水平。

由于服务的异质性,不同的服务提供商、同一服务提供商的不同服务人员,甚至相同服务人员提供的服务都是有差异的。同样,顾客对服务的期望也不是一成不变的,不同的顾客对相同服务的期望也是不同的。比如,对快餐店的理想服务期望是清洁、卫生、便捷和可口的食物;对餐厅的理想服务期望是优雅的环境、亲切的雇员、良好的服务、美味精致的食物。

顾客满意与否,取决于顾客接受产品或服务的感知与之前的期望相比较后的体验,通常有三种感受状态。

(1) 不满意。当感知低于期望时,顾客会感到不满意,甚至会产生抱怨、投诉;如果对顾客的抱怨和投诉采取积极措施并妥善解决,顾客的不满意可能会转化为满意,并最终成为忠诚的顾客。

(2) 满意。当感知接近期望时,顾客会感到满意。

(3) 很满意。当感知远远超过期望时,顾客有可能由满意产生忠诚。

也可以把顾客的感受状态分为很满意、满意、基本满意、不满意、很不满意五档,并分别给予分值,比如可定为 1.0 分、0.8 分、0.6 分、0.4 分、0 分。

所以,顾客满意度是指顾客事后可感知的效果与事前的最低期望之间的一种差异函数。感知效果是指顾客购买和使用产品后可以得到的利益总和。期望值是指顾客在购买产品之前对产品所能提供利益的预期。

$$顾客满意度 = 感知效果 - 期望值$$

目前,很多企业都倾向于使顾客高度满足或很满意。实践证明,当更好的产品出现时,那些正好满意的顾客很容易改变购买行为,而那些很满意的顾客很少改变购买行为。事实上,高度满足能使品牌对顾客产生情感上的吸引力,而不是理性化的偏好,从而建立高度的顾客忠诚。

3.2.2　了解顾客满意度调查的方法

一般来说,打算购买或利用某种服务的人,必然怀着一种期待,希望它能很好地满足自己的需要。顾客的满意程度取决于他们对企业所提供服务的事前期待与实际效果之间的比较。也就是说,如果购买后在实际消费中的效果与事前期待相符合,消费者就会感到满意;超过事前期待,消费者会很满意;如果未能达到事前期待,消费者会感到不满意或很不满意。因此,企业要定量而准确地测量出顾客的满意度,才能改善企业经营,使顾客达到完全的满意。

服务企业在调查顾客满意度时,应按照以下几个步骤进行设计和实施。

1. 设计专业的问卷

企业的顾客满意度调查如果偏离真实的结果,只会给企业带来苦果,要想达到真正的效果,就不能在问卷中带有很强的情绪化与暗示性,其内容也应科学合理。因此,对于一般服务企业来说,顾客满意度调查最好从设计开始就聘请专门的调查公司来进行。

2. 改进满意度测定内容

服务企业对顾客满意度测定内容应该随企业经营的情况经常做出改进,不要指望出现

"百分百满意"的情况,除非顾客对问卷十分敷衍,或是企业的问卷设计得太差。

即使被调查者对企业在服务方面的改进给予了肯定,问卷调查的范围也不能局限于少数领域。顾客在市场上的选择、信息的流通、期望值的不断提升都决定了企业必须不断地推出新举措,满足新期望。因此,顾客满意度调查的内容设计也需要不断改变,真正调查出顾客的完整需要与感觉。

3. 确定满意度调查因素和权重

企业测定顾客满意度是为了改善对顾客的服务提供及服务体验。一个企业的资源有限,不可能立刻将所有问题全部解决,因此应分出轻重缓急,在一段时间内重点解决重大问题。

4. 利用多种手段进行调查

客户满意度调查可以利用多种手段进行,例如上门、邮件、电话、网站、服务现场表格等。此外,企业还可以利用呼叫中心进行客户满意度调查。

主动呼叫可以有效地保证样本选择的代表性,对质量的控制及问题的发现都有较大保障。如果结合经常性的客户接触活动,更能让客户感受到企业的重视与关怀。

知识窗 3-1
影响顾客满意度的主要因素

5. 进行结果分析

企业对调查结果进行分析时,首先要考虑期望值对顾客满意度的影响。一般来说,期望值的高低会影响顾客对服务的评价,如果客户的期望值较高,那么即使企业服务优质也很难得到客户认可;客户表现出的满意,并不一定是因为企业优异,而是因为客户没有经历过优质服务,没有比较。

此外,有时客户在被调查时的反应还受到某些主观因素的影响,在回答多种问题时不一定会做出最客观的评价。因此企业在收集了较长时期的数据后,可以做一些深入的分析,如问客户"您估计在座席代表接起您的电话前您大概等候了多久",将客户的回答与系统里的实际数据作比较,将得出的数值与客户的其他满意程度放在一起考量,可以帮助企业找出影响"主观数据"的相关因素。

企业还可以采用其他评价服务的方式,这要与客户满意度评价服务的方式进行协调。因为其他评价方式如果应用得当,选择合理,将为顾客满意度调查带来较大的改进与收益。

6. 满意度调查的后续工作

设计顾客满意度调查不应到分析报告出炉为止。除了企业内部需要制度改进举措外,还应当给被调查者足够的反馈,至少是对其参与表示感谢。企业在执行满意度调查这件事上,就已经能反映出服务质量的高低。因此,企业在调查完之后,在顾客参与的反馈方面一定要做好做实。

【小问答】 顾客满意度调研的基本目的是什么?

答:①确定影响满意度的关键决定因素。②测定当前的顾客满意水平。③企业竞争的优势和劣势。④发现提升产品和服务的机会。⑤寻找有效的改进方案以及改进效果的跟踪测试。⑥寻找提高满意度和忠诚度的行动策略——有效可操作决策支持。⑦最终目的是赢得更多的忠实顾客,实现成本最小化、收入最大化、利润合理化。⑧从顾客的意见和建议中寻找解决顾客不满意的策略。

知识窗 3-2
顾客满意度调查表

3.2.3 掌握提高顾客满意度的策略

1. 明确理念

企业要明确提出、阐述和广泛宣传"以客为尊"的经营理念,并通过实际行动,联络公司所有的部门,共同为顾客满意的目标奋斗,让消费者对企业产生依赖情结,建立起忠诚的合作关系。如海尔集团,以"海尔——真诚到永远"为企业经营理念,让消费者购买海尔确保"零烦恼"。

2. 提供顾客利益

站在顾客的角度,给顾客提供更多的利益。顾客的购买首先是一种利益选择,企业若能从更多方面持续地满足顾客需要,顾客每一次购买的良好体验就会以记忆形式保留下来,顾客在以后的购买中就会优先考虑原来的选择对象。在为顾客提供利益时,企业必须考虑以下两方面。

(1) 利益的适应性。如不断推出符合时代潮流的新产品、新服务,紧密把握住顾客的心理,防止顾客因需求变化或有更好的选择而改变忠诚。

(2) 利益的保护。企业应主动维护消费者的合法权益,尽量以补偿性办法调节与顾客的关系,让企业所有人员都充当企业信誉的"卫士"。

3. 加强沟通

企业通过传送各种信息对顾客的心理和思想施加重大影响,不仅有助于保持与现有顾客的关系,还有助于吸引新顾客。加强与顾客的沟通,不仅能提高顾客素质以适应企业产品,还能通过免费培训和试用来增进双方感情;通过显示新服务产品的用途乃至新的生活方式,可以激发顾客的潜在需求或改变某种消费观念,从而使新老顾客成为或继续成为企业一系列新产品的用户。

4. 与顾客建立有形的关系纽带

通过利益满足和沟通所结成的纽带基本上还是无形的,若能建立一些有形利益的纽带、情感纽带,则会更利于长期地保持双方关系,如发行会员卡、建立俱乐部及产品发烧友等。这些有形的关系纽带,会改变商业交往中那种冷冰冰的纯功利关系。实践证明,这些有形的纽带均能给企业带来良好的效益。

5. 建立消费者数据库

企业通过消费者数据库的建立,选择和收集大量的现有顾客和潜在顾客数据,了解这些消费者的状况,从而进行有针对性的沟通,提供比竞争者更好的产品和服务,增进顾客满意度。

6. 运用情感营销策略

运用情感营销策略把充满情感色彩或人情味的有形产品和无形服务送给消费者。

7. 增加消费者剩余

顾客在购买服务产品时感觉到的消费者剩余越大,消费者获得的满意度就会越高。实际产品接近或超过顾客心目中的理想产品,顾客就会对企业的服务产品以及企业本身产生格外的信任,从而成为满意顾客,进而变成忠诚顾客。增加消费者剩余的方法有两类:①降低顾客期望值。企业宣传自己的服务产品时应采取适度促销或低促销姿态。在促销中要增强责任感和道德感,不能采用夸大不实或闪烁其词等容易让人误解的,甚至是虚假的欺诈性广告,更不能只是口中说"顾客是上帝",一旦顾客采取购买行为后,却来个180°大转弯,置顾客利益于不顾,那样,必定会引发顾客的极大不满。②提升服务产品和服务企业形象,增大企业或服务产品的美誉度。

8. 及时、妥善地处理顾客的抱怨,挽回不满意顾客

顾客与企业的纠纷与矛盾是不可避免的,如何挽回不满意的顾客,对企业来说相当重要。因为如果能妥善处理顾客提出的投诉,这些顾客中的70%还会再次购买产品;如果能当场听取顾客的投诉并给他们一个满意的答复,那么至少有90%的顾客会成为你的回头客。而每个满意而归的顾客,又定会把你的做法告诉其他五个人,这样,企业就可坐享免费广告的收益。及时、妥善地处理顾客的抱怨,应注意以下问题。

(1) 尊重顾客的人格,专心对待顾客。

(2) 从顾客角度出发,分析顾客的实际问题,尽可能多地找出解决问题的途径,同时请顾客参与共同选择解决问题的最佳途径,给顾客一定的自主权。

(3) 对顾客的损失给予一定的补偿,同时增加顾客对未来交易的期望值,使顾客保持与企业的长久交往。

3.3 服务流程再造

3.3.1 理解服务流程再造的含义

1. 流程概述

《牛津词典》里,流程是指一个或一系列连续有规律的行动,这些行动以确定的方式发生或执行,促使特定结果的实现;而国际标准化组织在 ISO 9001—2000 质量管理体系标准中给出的定义是:流程是一组将输入转化为输出的相互关联或相互作用的活动。

流程有六要素:资源、过程、过程中的相互作用(即结构)、结果、对象和价值。把一些基本要素串联起来:流程的输入资源、流程中的若干活动、流程中的相互作用(例如,串行还是并行。哪个活动先做,哪个活动后做,即流程的结构)、输出结果、顾客、最终流程创造的价值。不论用什么样的语言来表达,一个完整的流程基本包括这六个要素,即更多的是从执行的角度把个人或组织确定的目标去执行到位,而不考虑或者改变组织的决策,在决策确立之后,流程要解决的就是怎么更好地实现决策的目标,而不是改变决策的目标。

按照以上两种权威的流程定义,流程对我们来说并不陌生。如生病了要去医院看病,要吃药或打针,然后康复,就构成了图 3-1 所示的流程。

挂号 → 诊断 → 开方 → 付款 → 取药 → 服药 → 康复

图 3-1 病人到医院就诊流程图

 名词点击

由此可见,流程实质上就是工作的做法或工作的结构,抑或事物发展的逻辑状况,它包含事情进行的始末,事情发展变化的经过,既可以是事物发展的时间变动顺序,也可以是事物变化的空间过程。

2. 服务流程的含义

比较有代表性的服务流程的定义如下。

(1) 美国服务营销专家斯蒂文阿布里奇对服务流程的定义是:服务流程是从顾客的角度观察事物,实质上是指顾客享受到的,由企业在每个服务步骤和环节上为顾客提供的一系列服务的总和。

(2) 根据流程再造的创始人哈默和钱皮特对企业流程的定义可将服务流程定义如下:服务流程是服务企业或部门把一个或多个输入转化为对顾客有用的输出的活动。

(3) 根据美国著名流程再造专家 T. H. 达文波特关于流程的论述可将服务流程定义如下:服务流程是跨越时间和地点的有序的服务工作活动,它有始点和终点,并有明确的输入与输出。

(4) H. J. 约翰逊对企业流程的定义如下:服务流程是把服务输入转化为输出的一系列相关活动的结合,它增加输入的价值并创造出对服务接受者更为有用、更为有效的输出。

3. 服务流程的分类

1) 根据服务流程的形式分类

(1) 线性流程。在线性流程作业方式下,各项作业活动按一定安排顺序进行。服务是依据这个顺序而产生的。

(2) 订单流程。订单生产过程,是使用不同活动的组合及顺序,而制造出各种各样的服务。这类服务可以特别设计和定制,以适合各种顾客的需要,以及提供事先预定的服务。

(3) 间歇性流程。间歇性流程是指各服务项目独立计算,做一件算一件或属于非经常性重复的服务。

2) 按照服务流程中与顾客接触的程度分类

(1) 服务工厂。有些服务流程的劳动密集程度较低(因此服务成本中设施设备成本所占的比重较大),顾客接触程度和顾客化服务的程度也很低。这种服务类型可称为服务工厂。运输业、饭店、休假地的服务运作是这种类型的例子。此外,银行以及其他金融服务业的"后台"运作也属于这种类型。

(2) 服务车间。当顾客的接触程度或顾客化服务的程度增加时,服务工厂会变成服务车间,就好像制造业企业中进行多品种小批量生产的工艺对象专业化的车间。医院和各种修理业是服务车间的典型例子。

(3) 大量服务。大量服务类型有较高的劳动密集程度,但顾客的接触程度和顾客化服务程度较低。零售业、银行的营业部门、学校、批发业等都属于大量服务。

(4) 专业型服务。当顾客的接触程度提高或顾客化服务是主要目标时,大量服务就会成为专业型服务。例如,医生、律师、咨询专家、建筑设计师等提供的服务。

4. 服务流程再造

(1) 服务流程再造的含义。

名词点击

服务流程再造是指服务企业或服务部门,从顾客需求出发,以服务流程为改造对象,对服务流程进行根本性的思考和分析,通过对服务流程的过程要素进行重新组合、重新设计,从而使服务真正做到以最终消费者为导向,让服务全方位贴近消费者。

(2) 在理解服务流程再造时,应着重注意以下几点。

① 服务流程再造的出发点:消费者需求。以消费者需求为导向必须使服务企业的各级人员都明确,企业存在的理由是为消费者提供价值,而价值是由流程创造的,只有改进为消费者创造价值的流程,服务活动才有意义,以消费者为导向,意味着企业在判断流程绩效时,是站在消费者的角度思考问题,尽管这样做常常与企业的其他需求发生冲突。

② 服务流程再造的最终目的:消费者满意。就像一部电影的成功是赢得观众一样,一个企业的成功必须赢得顾客,尤其是服务产品,无论多么优秀,得不到消费者喜爱的企业,只能眼看着其他企业赚钱。今天的市场竞争,在很大程度上是对顾客的竞争。一家能充分满足消费者需要的服务企业,必然是一家令消费者满意的企业。

③ 服务流程再造的对象:企业的整个服务过程。企业的服务过程是指企业为完成某一服务目标而进行的一系列相关活动的有序集合。

3.3.2 理解服务流程再造的目标

1. 提供能够满足消费者需求的服务产品

将"一切为了客户"的理念植根于企业员工的心目中。这里所说的"客户"是一个广义的概念,不仅指最终的消费者,而且对于上一道服务工序而言,下一道工序就是"客户"。这一概念看似简单,但如果每一位企业员工都以这样的"客户"来规范自己的工作,"提供能够满足消费者需求的服务产品"就不再是一句口号。

2. 降低服务产品成本,让利于消费者

流程再造给企业带来的最大好处是企业绩效的增加,服务流程绩效的改善则涉及企业中其他各部门运营绩效的提高。对服务产品而言,衡量绩效改善的一个重要指标就是服务产品成本的降低,要做到这一点,主要依靠对服务流程的再设计。

3. 增强市场反应灵敏度,缩短服务产品创新周期

服务流程再造就是要在企业所有员工中贯彻"消费者满意"理念,让每一位员工在服务过程中注意消费者需求的变化,并及时反馈到企业决策层。另外,流程再造尽量减少不能带给消费者满意度增加的活动和机构,缩短服务传递过程,让服务企业组织结构扁平化,灵敏地反映市场信息,及时做出服务产品决策。

4. 以提高顾客忠诚度为核心目标

大多数消费者在首次消费某种服务产品时,都是抱着试一试的心态,而当他再次光临时,说明他对你的服务已经基本满意,并且对你的服务有了基本的期望。如果此时你通过服务流程再造,提供给消费者更加完善、更加舒适的服务产品,在消费者心目中就会留下深刻的印象,从而提升顾客满意度,进而形成高的忠诚度。

3.3.3 掌握服务流程再造的方法

1. 流程图法

流程图法包括蓝图法(在设计一个已想好或者已修正的程序以及描述它应该如何运作时)和服务图法(在描述一种当前的状况时)。

1) 蓝图法

G. 林恩·萧斯塔克(G. Lynn Shostack)提出了服务过程的蓝图概念。根据服务蓝图模型,一项服务所需的每项工作及各工作时间的相互关系都将在蓝图中画出。蓝图中还需要指出该服务的所有步骤和变化点。详细程度应符合特定的目的和要求,特别是共有服务和竞争性服务的区分要在蓝图中指出来。蓝图中还应该指明可能出现的错误以及破坏被感知的服务质量的失误点,以便在计划过程时采取预防措施。从服务蓝图中可以分析出资源的动态变化是如何影响服务过程及其结果的。

在绘制蓝图时应该注意以下几个关键步骤。

(1) 明确制定流程图的目的:关于何种类型的服务,会涉及什么样的顾客及在何种条件下使用,以及你需要了解什么。

(2) 编写一张包括相关顾客经历的所有活动的清单。其中首先应对这些活动进行汇总,比如,不要把"登机"分解成"把登机牌交给服务人员,走下登机桥,进入机舱,找到座位,把随身携带的行李放好,坐下"。

(3) 根据正常情况下接触发生的先后顺序,把顾客经历的每一步画成框图。

(4) 把为每一个前台活动提供支持的后台活动画成框图(这个工作对检查服务质量问题和制订针对后台工作人员的内部营销计划特别有价值)。

(5) 证实你的描述——从顾客那里得到支持,确保相关服务人员的参与(每个人对过程都有他自己的理解,一个开放的讨论可能有助他们之间的相互关系)。确保清楚地界定了不同的角色。同时,画流程图没有唯一正确的方法,两种不同结构的描述都有可能同样好地为你的目的服务。

关注主要顾客和服务人员对过程中某一个点上发生的问题的抱怨,因为这些问题为你在哪些地方应当关注细节的问题,在哪些地方想把"登机"这样的大步骤分解成更具体的部分提供了很好的线索。

2) 服务图法

J. K. 布伦戴奇提出了服务图的概念。与蓝图不同,服务图的首要目标是从顾客的角度来安排企业的活动,确保服务的方方面面都能增加顾客享受服务时的价值,同时找到服务体系可以分解的转折点,防止为顾客创造的价值达不到预期目标。

服务图既可以简化,也可以复杂化,这需要视具体情况而定。图 3-2 是一张简单的服务图,列出了医院的几个流程,如诊断、登记、入院、手术等。

在图 3-2 的左半部分列出了过程的参与者,水平方向列出了过程所涉及的各种步骤。在设计服务图时,一般需要企业多位成员的参与,以便集思广益。图中粗线上方的活动代表顾客可以看到的活动,通常也是顾客参与程度比较高的活动。这些活动要求员工必须以顾客认可的方式来进行。设计服务图的最后一步是识别可能出现失误的环节,通常包括:

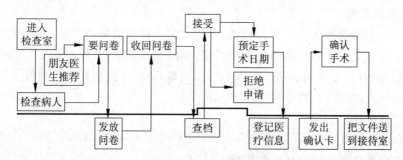

图 3-2 医院服务流程图

①服务过程中的有些步骤不能增加顾客享受服务时的价值,这些步骤在大多数情况下都是重复的。②在提供服务前未能有效地调整顾客的期望。③有些步骤中顾客的参与和合作非常重要,但顾客却没有认识到这一点。④有些步骤过分强调员工个人的判断能力。⑤服务提供系统本身在某些环节上设计欠佳,或者缺乏可靠性。医院应尽量避免这些情况,例如,医生在病人住院后会不断与其进行沟通,外科手术要严格按照规定的技术进行,以减少个人的判断。复杂的服务图需要测量整个过程中每一步骤的时间和成本。但不管简单与否,设计出正确、实用的服务图是成功的基础。

2. 流水线法

流水线法的服务程序设计源于制造业的生产活动。众所周知,由于操作工人各自在流水线上完成一定程序的操作,因而效率很高,并且不易出错。根据这一思想,有的服务企业也采用类似的方法来指导顾客服务。这种流水线法要求提供顾客标准化的、程序化的服务。为此,企业需要制定详细的制度、规范和服务内容,使服务人员做到有章可循。采用流水线法为了达到服务的高效率和规范化,一般要采用如下做法。

(1) 对工作任务进行简化。

(2) 明确的劳动分工。

(3) 尽量用设备代替服务人员的工作。

(4) 使服务人员决策权尽可能减少。

(5) 建立系统的服务制度和工作内容并使之标准化。

流水线法具有高效率、低成本、交易量大的优点。由于工作有章可循,工作内容已经标准化,工作方式制度化,因此,工作比较容易进行。同时,由于经常进行重复性的工作,因而服务人员在演示、操作时损坏产品的概率就会降低,大大降低了工作成本。当工作规范时,其交易量也会因效率高而增加。此外,流水线法比较容易培训员工,而且也给顾客一种工作比较规范的感觉。

3. 授权法

20 世纪 90 年代,授权法越来越受到人们的推崇。这种通过赋予服务人员一定权力、发挥他们主动性和创造性的方法,被认为是治疗低品质和低效率服务的一剂良药。它强调对服务人员的尊重,重视"人性"的东西。授权法认为制度、规章、工作程序等许多细节性的规定是对服务人员自尊的一种轻视和贬低,该方法把服务人员从细枝末节的严格规定中解放出来,让他们自己寻找解决问题的方式和方法,并对自己的决定和行动负责,以唤起他们的工作投入感、责任感和对顾客的真切关怀。

1) 授权法的实施

成功地在企业顾客服务中实行授权法，看起来是一件很简单的事情，实际上是一项复杂的系统工程。不仅要求企业在理念上做出转变，而且要在制度、组织结构和行动上采取实质性的举措。研究表明，企业只有从以下四个方面采取行动，才能成功实现授权。

(1) 在组织内进行适当的分权。

(2) 组织信息共享。

(3) 组织内知识共享。

(4) 组织成员共享组织的利润和报酬。

以上四个方面必须都实现，授权法的作用才能发挥。我们可以用"授权公式"来表示四者之间的关系。

$$授权效果 = 分权 \times 信息共享 \times 知识共享 \times 报酬共享$$

需要注意的是，公式中用的是乘号，而不是加号，因而不管其他因素努力程度有多大，只要有一个因素是零，授权效果就为零。比如，有的管理者虽然给予员工一定的权力，但却没有提供给他们足够的信息，或者在报酬方面不公平，都会导致授权法起不到预期的作用。

在分权方面，企业要给予员工自由处理日常工作的权力，特别是在一些需要顾客参与的服务中，因为顾客不但直接受到服务错误的影响，而且注视着服务员工是否改正。给予服务人员这种自由和权力有以下两个方面的好处：①及时更正服务中的错误。尽管在服务中杜绝失误是不可能的，但如果员工能及时改正错误，不但会使顾客感到真正的关怀，而且可以减少以后类似错误的发生；②超过顾客期望，使顾客快乐。如果服务人员不但解决了服务过程中的失误，而且还提供一些顾客需要的特殊服务，那么就会使顾客感到非常惊喜。

当然，企业在分权时，绝不能忘记让员工共享信息、知识和报酬。这是因为，员工不但提供给顾客本职内的服务，还要担任顾客的向导，给顾客提供想要了解的其他方面的信息和知识。因而，企业应当使员工更多地了解顾客期望、顾客反馈以及企业生产、销售，特别是顾客服务方面的信息和知识。同时，企业也要根据服务人员的服务质量和企业财务业绩，让他们共享企业的收益，如发放股利、利润共享等，以激励他们。

2) 授权法的效果评价

企业在权力、信息、知识和报酬四方面做出改变后，"授权"是否起到了作用？员工是否拥有了"授权"观念？顾客是否比以前更满意？这些问题都需要进行调查和评估。除了经验性的判断之外，企业还可以通过以下几种方法获得信息资料的支持。

(1) 询问员工。最简单、最直接的方法就是询问企业的员工是否感到被授权，然后评估授权状况。

(2) 调查顾客。企业也可以通过调查顾客的方式来评估员工是否被授权。当然，这种顾客感受可以与顾客满意度结合在一起考察。

(3) 追踪被授权员工的比例变化。假如有一个企业，其中一部分员工可以获取顾客反馈的信息，并享受利润分配计划。显然，如果这部分人数发生变化，那么企业的"授权"状况和效果也会发生变化。企业应当考察"授权"员工比例变化与顾客满意度变化之间的关系。

(4) 组织结构的变化。一般来说，管理层次的减少和管理幅度的增大也是授权成功的一个重要标志。

3.3.4 掌握服务流程再造的策略

1. 变职能中心为流程中心

在传统的服务企业中,每一位员工属于不同的职能部门,各司其职,员工的任务是将自己的工作干好,而不管这项工作对提高企业整体绩效有什么帮助,职能部门之间的工作相互独立。在一个以流程为中心的服务企业中,企业的基本组成单位是不同的流程,不存在刚性的部门。在传统服务企业中,服务流程隐含在每一个部门的功能体系中,没有人专职对完整具体的流程负责,任务和任务间经常脱节和冲突,而在以流程为中心的企业中,每一个流程都由专门的流程负责人控制,由各类专业人员组成团队负责实施。比如,在服务业盛行的"首问负责制"实质上就是以流程为中心的管理模式,消费者有什么要求,自始至终只需要与一个人联系,接下来的任务就是等着享受满意的服务。

以流程为中心的服务企业,还意味着企业形态的弹性特征,流程是直接面对消费者需求的,随着市场需求的变化,流程也应随时变化。

2. 打造以人为本的自我管理的服务团队

传统企业面对的是相对静止的市场环境,企业中除了领导人之外,其他人思考问题的出发点是如何把本职工作做好,其他的事情用不着他来考虑。如服务产品开发工程师只需要关注他的设计方案,至于消费者将有什么反应,市场前景如何,那是别人的事。而在激烈的市场竞争中生存的服务企业,必须以流程为中心,每一位员工都要既关心过程又关心结果。

进行团队式管理,不是现代管理者随意的选择,也不是企业领导者任意发挥,这是流程组织所担负的任务所决定的。让全体员工从"要我做"变为"我要做",这是服务企业流程再造的最高境界,也是打造服务团队的精髓所在。

3. 顾客导向策略

顾客导向策略实质上就是要企业管理者和企业员工实现思考中心的转移,即从以企业自身为基点的思维方式转向以顾客为基点的思维方式。这就要求我们在进行一切服务活动的时候,都不仅是考虑到顾客的利益,而是根本从顾客的角度来考虑问题。这与我们常说的"顾客是上帝"的价值表述是完全不一样的。在实际服务过程中,应从以下几个方面开展工作,让顾客导向的价值观融入企业员工的服务行为体系中。

(1) 将这一价值观在企业发展战略和远景规划中充分表述,并植根于员工的心目中。只有让员工主动地、自觉地去完成这个以顾客为中心的价值体系建设,服务流程再造才能得到真正的贯彻。

(2) 以顾客满意为目标,自上而下地改进服务体系。首先,领导的以身作则必然会导致上行下效;其次,将优质服务的思想贯彻于企业文化建设中;最后,打破职能界限,对服务过程进行流程式改造。

(3) 创造具体的优质服务目标。通过明确的制度使顾客导向这一理念明晰化为对员工的行为期望。例如,企业规定在接到顾客要求服务的电话后,必须在一定时间内服务到位;再如,荣事达集团推出的红地毯服务,以及星级酒店对客房服务人员的服务规范等。

(4) 训练员工从顾客的角度去理解和体谅顾客。顾客的满意度在很大程度上取决于需求的满意度和感觉的良好程度。前者主要通过服务过程获得满足,而后者是顾客的主观感受,服务人员良好的服务态度和服务意识,无疑会给消费者极大的满足。

（5）给予员工宽松的自主决策的行为空间。服务过程就是服务产品的生产过程，在同一服务过程中，消费者的需求和感受千差万别，管理者不可能在之前对所有的情况都规定清楚，员工也不可能事事请示汇报，企业必须要授权员工自主解决问题的权力。北欧航空公司总裁卡森认为：要想赢得一位新顾客必须付出一定代价，但留住满意的顾客却无须花钱，而要想赢回不满意的顾客，就得付出高昂的代价。所以危险并不在于员工向顾客承诺太多，而在于他们不敢承诺任何事情——只因为他们害怕违反规定。

卓越实践 3-2
酒店核心业务
服务流程

实训课业

一、技能训练

（1）如果你是一家餐饮店的老板，你将如何树立服务理念，并具体在哪些方面展现你的理念？

（2）请选择你家附近的一家饭店，帮助其策划如何能给消费者带来更多超值服务的措施。

（3）如果你是一家医药公司的销售代表，请按照工作的客观内容简单列出一张销售流程图。

二、实训项目

服务营销理念的应用

1. 实训内容

要求每名学生选择一家知名企业，认真查阅其相关资料，了解其市场营销理念，特别是服务营销理念。

2. 实训目的

通过学生对企业文化的了解，深刻认识服务营销理念对于企业增强核心竞争力，尤其是可持续发展的重要作用。

3. 实训要求

以分组讨论的方式分析以下问题。

（1）企业的核心价值观是什么？

（2）企业的服务营销理念是什么？企业是如何在实际工作中贯彻执行其服务营销理念的？其效果如何？

第 4 章 服务营销战略

本章阐释

本章通过对服务营销规划、服务营销战略选择和服务营销组合的基本理论和实务的介绍,使学生了解服务营销规划的内容,理解制定服务营销战略的思路,掌握服务营销战略的分析方法,能应用服务营销战略的基本类型和具体服务战略形式的理论,结合某些企业的实际,为其选择和制定正确的服务营销战略。

能力目标

(1)能应用服务营销战略分析方法为某一企业选择和制定服务营销战略提供分析报告。

(2)能应用服务营销战略的基本类型和具体服务战略形式的理论,结合某些企业的实际,为其选择和制定正确的服务营销战略。

4.1 服务营销规划

4.1.1 了解服务营销规划的含义和过程

1. 服务营销规划的含义

 名词点击

服务营销规划是指企业为了达到一定的服务营销目标,在综合分析企业内部资源和外部环境的基础上,对实现企业目标所需要的战略、策略和详细计划加以制定并进行控制和反馈的整体性活动。

战略、策略和计划是管理上常讲的课题,也是重大的挑战。能否制定出正确的战略、策略和计划,决定着企业竞争能力的强弱和企业的生死存亡与发展。

2. 服务营销规划的过程

(1)从组织内部和外部环境收集信息。

(2)分析和确认企业内部的优势、弱点和外部的机会与威胁(SWOT 分析)。

(3)确定成功营销要素的基本假设。

(4) 设定公司的市场目标：主要依据已获得的信息、对各种假设和既定策略所作的 SWOT 分析。

(5) 设计、制订详细计划和方案以实现目标。

(6) 衡量完成任务的进度，必要时检讨并修正计划。

4.1.2 了解服务营销规划的内容

1. 企业目标

确定企业目标是企业制定明确战略的重要组成部分，企业有了明确的目标，才会有明确的方向，才会产生内在的驱动力。目标的设置包括以下方面。

1) 市场地位

(1) 服务的销售额。

(2) 企业所占的市场份额。

(3) 服务质量应达到的水平。

(4) 服务拓展的可行性。

2) 创新目标

(1) 服务营销理念上的创新。

(2) 服务营销方式上的创新。

(3) 服务营销手段上的创新。

3) 生产率水平

(1) 服务劳动效率。

(2) 资本产出率。

4) 资源开发利用

(1) 建筑物、设备的利用率。

(2) 技术开发目标。

(3) 原材料和部件成本的减缩。

5) 利润率

(1) 利润及利润率的预期。

(2) 利润的使用与扩大投入。

(3) 风险奖励。

(4) 吸引新资本。

6) 管理者的业绩和发展

(1) 管理者业绩的目标与具体指标。

(2) 管理者培训、学习和晋级。

(3) 管理者的职业发展。

7) 职工的业绩和态度

(1) 职工业绩的目标和指标。

(2) 职工服务态度规范。

8) 公共责任

(1) 对社会发展和公益事业的贡献。

(2) 对社会生态环境保护的贡献。

企业目标有的可以通过量化的方法来体现。例如，一个银行表达其企业目标可以如下所述。

(1) 利润——到 2022 年赢利翻一番。

(2) 增长——到 2022 年年收入增加一倍。

(3) 创新——每三年开发一个新的服务项目，而且，它将占用启用后三年内至少 10％全部销售年收入。

(4) 形象——提升知名度和美誉度，到 2022 年知名度提升 50％，美誉度提升 30％。

(5) 服务——增加咨询和延伸服务的附加值，到 2022 年年总收入由 15％增长到 25％。

(6) 员工——新增员工 20％，综合素质提高 20％。

2. 态势考察

态势考察是对企业的内在条件、外部环境和发展态势的评审和分析。

1) 营销评审

营销评审的目的是收集所有必要数据，从而确定如何在所选择参与竞争的每个营销环节获得成功。数据收集包括两类：企业外部环境的评价和内部评估。这些数据与现有情况和未来可能发展趋势相关联。营销评审主要包括环境分析、市场分析、竞争分析和企业分析四个方面的综合全面和系统的考察与分析。在每一个方面还可以再次划分为若干个细目。例如，经济变量可以划分为通货膨胀、收入、价格、存款和贷款限制等。

(1) 环境分析：包括政治、经济、金融、法律、文化、技术、宗教、社会、全球等方面的环境分析。

(2) 市场分析：包括规模、增长、市场需求、购买行为、中间商等方面的分析。

(3) 竞争分析：包括竞争对手的目标、市场份额、定位与增长、服务质量、营销组合等方面的分析。

(4) 企业分析：包括企业目标、市场份额、定位与增长、服务质量、营销组合等方面的分析。

营销评审既要全面，又要抓住重点。按照帕累托原则，20％的数据将给出一个满意的营销评审所需的 80％的信息。例如，在美国运营的银行可能与宗教没有什么关系，但一个在北爱尔兰运营的银行就可能与宗教有关。

2) SWOT 分析

SWOT 分析的目的，是把营销评审中有意义的数据分离出来，从而发现如何管理才能最佳地满足每个市场的各个环节内顾客的需要，识别那些对企业营销战略形成和实施有潜在影响的趋势、力量和条件。

3) 关键假设条件

关键假设条件的目的，是从态势考察角度辨别那些对营销战略的成败至关重要的因素。具体包括以下内容。

(1) 国内生产总值的变化。

(2) 经济形势。

(3) 预计需求水平。

(4) 通货膨胀率。

(5) 利率变化等。

对关键假设条件的变化,企业要制订应急方案,以保证原有规划的顺利实施。

3. 战略选择

战略选择是营销决策中重要的战略决策工作,本章 4.2 节将详细阐述服务营销的战略选择问题。

4. 营销组织

为了适应营销环境的变化,实现服务营销目标,必须要对营销组织进行科学设计。

5. 方案实施

方案实施是对企业实施营销规划的具体时间安排,以及每一阶段要达到的目标及相关策略支持的原则和要点的统筹性、纲要性方案。

4.2 服务营销战略选择

● 案例导入

海底捞的服务差异化战略

餐饮业是一个主要由产品质量和服务质量决定企业竞争力的行业,在产品种类和质量相同时,不同的服务决定着顾客不同的满意度。对于餐饮企业来说,这种战略的应用主要表现在餐厅服务的差异化。海底捞的餐厅服务差异化与众不同的鲜明特点是深度的、人性化的、全程化的超值服务,具体表现如下。

1. 餐前服务

当您开车来时,有免费的停车位,免费为您洗车;走进里面,如果人很多,您可以坐在那里享受免费的瓜子、甜品、水果、饮料;还有儿童专区。如果有很多人在等待,服务员还会主动送来扑克、跳棋等桌面游戏供大家打发时间。或者趁等位的时间到餐厅上网区浏览网页,还可以来个免费的美甲和擦皮鞋,使本来很痛苦的等餐过程变成了一种愉悦。

2. 餐中服务

待客人坐定点餐时,围裙、热毛巾已经一一奉送到眼前了。服务员还会为长发的女士递上皮筋和发夹,以免头发垂落到食物里;戴眼镜的客人则会得到擦镜布,以免热气模糊镜片;服务员看到您把手机放到台面上,会不声不响地拿来小塑料袋装好,以防油腻……每隔15分钟,就会有服务员主动更换您面前的热毛巾;如果您带了小孩子,服务员还会帮您喂孩子吃饭,陪他们在儿童天地里做游戏;抽烟的人,他们会给您一个烟嘴,并告知烟焦油有害健康;为了消除口味,海底捞在卫生间准备了牙膏、牙刷,甚至护肤品;过生日的客人,还会意外得到一些小礼物……如果您点的菜太多,服务员会善意地提醒您已经够吃;如果随行的人较少,他们还会建议您点半份。每张位子边至少一名服务员,几乎满足您的所有要求。

3. 餐后服务

餐后,服务员马上送上口香糖,一路上所有服务员都会向您微笑道别。孕妇会得到海底捞服务员特意赠送的泡菜,分量还不小;如果某位顾客特别喜欢店内的免费食物,服务员也会单独打包一份让其带走……

这就是海底捞的粉丝们所享受的"花便宜的钱买到星级服务"的全过程。毫无疑问,这样贴身又贴心的"超值服务",经常会让人流连忘返,一次又一次地不自觉地走向这家餐厅。这种超出顾客期望的、令人感动的、深度的、人性化的、有别于其他竞争者的超值服务就是海底捞成功的奥秘。

海底捞人深刻地认识到:只有让顾客满意的服务才是成功的服务,那么,怎样做才能使服务让顾客满意呢?那就是提供人性化的、让顾客想象不到的、令他们感动的超值服务。即使顾客打个喷嚏,海底捞的服务员也会察觉并送来姜汤,这种服务怎能不令顾客感动?他们的服务是完全超出顾客期望值的、是意想不到的,而且他们明白,这种服务在其他餐厅是绝对享受不到的。在海底捞,顾客成了名副其实的上帝。

在当今市场竞争异常激烈的时代,产品质量和服务质量对企业来讲是同等重要的。顾客的品位不同,但他们对服务质量的追求大同小异,所以海底捞凭借独特的服务可以在肯德基、麦当劳称霸的餐饮业占得一席之地。

资料来源:周宪奇.海底捞的服务案例分析.道客巴巴网.

思考与分析

1. 海底捞服务差异化战略内容的特点和表现是什么?
2. 海底捞为什么要实行独特的差异化战略?

4.2.1 理解服务营销战略的总体思路

1. 服务营销战略的含义

 名词点击

服务营销战略是指服务企业为了谋求长期的生存和发展,根据外部环境和内部条件的变化,对企业所作的具有长期性、全局性的计划和谋略。服务营销战略是企业在组织目标、资源和各种环境机会之间建立与保持一种可行的适应性的管理过程。营销战略被认为是最佳管理七要素(战略、结构、系统、作风、技能、人员和价值观)之首,是企业竞争与成长的利器,制定营销战略实质上就是根据情况选择做最恰当的事,"做恰当的事比恰当地做事更为重要"。

2. 制定服务营销战略的总体思路

制定服务营销战略的总体思路是:要在科学地分析企业内部资源、能力和企业外部环境的基础上,制定出一个使企业目标、资源、能力和环境相互协调、相互适应的市场竞争战略。

1) 科学地分析企业的内部资源和能力

制定服务营销战略是为了在特定的竞争环境中,使企业的资源与顾客的需求达成一致,充分发挥企业业务优势,构建企业的核心竞争力。换言之,制定服务战略是为了在企业已有资源的基础上,形成自身的核心能力。企业资源理论认为,企业是一个资源的集合体,它是构成企业经济效益的稳固基础。由于企业的许多资产和能力是长期积累起来的,因此企业的战略选择必然受到现有资源存量以及获取或积累新资源速度的限制,这就造成了不同企业之间的战略差异。在资源差异能产生效益差异的假定下,企业资源理论认为企业之所以赢利,是因为企业内部有形资源、无形资源以及积累的知识在企业间存在差异,而企业可以利用这些资源差异形成低成本优势或差异化优势,从而由资源优势产生企业竞争优势。

根据资源优势产生和支撑企业竞争优势的论断,企业必须要对自己的资源进行评估,搞清楚哪些资源是优势资源,哪些资源是劣势资源,通过加强和扩大优势资源使其成为企业持续竞争优势的源泉。一般来说,资源大体上可以分成三大类,即有形资产、无形资产和组织能力。而作为战略性的资源,通常具有三个重要属性:①能为顾客创造价值,而且能比竞争对手的资源更好地满足客户需求,否则这种资源就失去了市场的认可和市场价值;②稀缺性,不为众多企业所拥有,否则就不是战略性资源;③可获性,这种资源必须是企业现有,或能通过其他途径获取的,否则对企业来说只是空谈。因此,企业的战略资源就是指具有独特价值的、不易模仿和替代的、能够产生竞争优势的资源。

企业能力理论认为,企业是一个能力体系或能力团队,能力是企业生存的前提,它具体表现为行为流程或潜在特点的智力资本、资源等。因此,企业的目标就是改善企业内部的能力配置,形成异质性核心能力,在市场竞争中获取优势。但是,并不是企业所有的资源、知识和能力都形成持续的竞争优势,只有当这些资源、知识和能力具有稀缺性、价值性、异质性、难以模仿性等特性时,它们才能构成企业的核心能力。由于核心能力的上述独特性,它能够大幅度地增加价值或降低成本,并转化成企业的竞争优势。因此,它是企业竞争优势的源泉,也是企业战略竞争制胜的焦点。

资源理论和能力理论是紧密联系不可分割的。企业战略资源是形成企业核心能力的基础和前提条件,同时,企业战略资源在运动过程中,通过借助企业的吸收能力、创新与整合能力、延伸能力等将企业资源转化成为核心能力,从而将战略性资源转化成了企业的战略性能力,即核心能力,或称为核心竞争力,这也是服务企业战略管理的宗旨。

2)科学地分析企业的外部环境

企业的外部环境包括宏观环境和市场环境等,应认清企业发展面临的机会和威胁,并制定出有针对性的、有效的市场竞争战略。

20 世纪 80 年代以来,以迈克尔·波特为代表的哈佛学派提出了以企业竞争者、购买方、供应方、替代产品、潜在竞争者五种产业结构力量为元素的竞争力量模型。该理论认为,企业制定战略与其所处的市场环境高度相关,而企业所处的产业环境最为关键。对于不同产业而言,上述五种

知识窗 4-1
核心能力理论
的来源和含义

竞争力量的综合作用是不同的,这导致了不同产业或同一产业在不同发展阶段具有不同的利润水平,进而影响了企业战略的制定。

该理论将产业组织理论引入企业战略管理研究领域,侧重从企业所处的行业环境切入,将竞争分析的重点放在企业的外部环境上,认为行业的吸引力是企业赢利水平的决定性因素,即市场结构是决定行业内部和行业间绩效差异的主导力量,市场结构分析是企业制定竞争战略的主要依据。因此,服务企业的竞争优势也来源于服务企业所处特定的行业结构,以及由此而来的服务企业的具体战略行为。

总之,一方面,服务行业的结构限定了服务企业的行业条件;另一方面,服务企业的资源和能力决定了企业可能采取的战略主张。上述两方面共同决定了企业的战略决策,进而决定了服务企业相对于竞争对手为顾客所创造的不同价值。正是这两方面决定了服务企业

的竞争优势,这两方面也就构成了服务企业战略制定的总体思路,见图 4-1。

图 4-1 服务企业竞争战略制定框架

【小问答 4-1】 企业制定战略的程序是什么?

答:一般而言,企业制定战略可分为以下九个步骤:综合研究、战略定位、战略目标、战略方针、战略步骤、解决方案、战略预算、战略控制、战略调整。

4.2.2 掌握服务营销战略的分析方法

服务营销战略分析是制定营销战略的重要组成部分和先决条件。根据服务营销战略制定的总体思路,其分析方法可采用 SWOT(strength、weakness、opportunity、threat),此法即是对服务企业的内因分析(优势 S、劣势 W)、环境分析(机会 O、威胁 T),从而确定应选择的战略方针的方法。

1. 优势、劣势分析

优势是指能使企业获得战略领先并进行有效竞争,从而实现自己的目标的某些强而有力的内部因素和特征;劣势则与其相反。服务企业的优劣势分析一般围绕下述问题展开。

(1) 企业在行业中的地位。

(2) 企业的资本状况及融资渠道。

(3) 企业的目标市场顾客的信赖度、忠诚度。

(4) 企业服务进入市场的难易度。

(5) 企业竞争对手的状况。

(6) 企业决策者、管理者、员工素质。

(7) 企业与社会有关部门的关系。

(8) 企业服务开发空间的大小等。

2. 机会、威胁分析

机会是指企业营销行为富有吸引力的领域,在这一领域中,该企业将拥有更多的发展空间和优势;威胁则是指环境中对企业不利趋势所形成的挑战,面对这些挑战企业若不采取趋利避害的营销决策,则会导致企业市场份额被侵蚀。服务企业的营销机会与威胁分析一般围绕以下问题展开。

(1) 是否有新的商机或新的竞争对手入侵。

(2) 是否创新替代服务或被替代服务所取代。

(3) 国际、国内市场的变化是否有利于服务企业。

(4) 各类环境的变化对服务企业的发展是利还是弊。

(5) 企业的定位是否得当等。

3. 服务营销对策分析

服务企业制定营销对策时,可将企业的内因(优势、劣势)和外因(机会、威胁)进行综合分析,形成图 4-2,分别表示不同的对策选择。

(1) SO 战略,即扩张性对策。这时企业内部拥有优势,而环境又提供了机会,这是理想的最佳状态。扩张性对策可以采取以下具体措施:①外延扩张式,即扩大目标市场范围和领域,增设服务网点,拓宽服务渠道,扩大营销队伍;②内涵积累式,即通过技术改进、成本降低,以追求高收益率;③资本营运式,即通过资本营运,实行特许经营、兼并、联合等方式加以扩张。

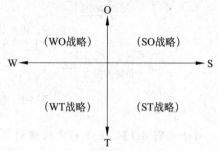

图 4-2　服务营销对策分析图

(2) WO 战略,即防御性对策。这时内部条件已处于劣势,但外部环境尚有机会,企业要趋利避害。

防御性对策的最主要的举措是不断利用环境提供的市场发展机会,引入创新机制,不断推出新的服务,淘汰陈旧过时的服务。

(3) WT 战略,即退出性对策。这时企业内部处于劣势,而外部又处于威胁状态,要果断撤离。

(4) ST 战略,即分散性对策。这时企业内部拥有优势而外部则受到威胁,关键在善于运作。分散性对策主要是指多元化对策,多元化对策包括同心多元化、水平多元化、跨领域多元化等。分散性对策的目的,在于分散营销风险,是采取关联性多元化还是非关联性多元化要依据企业的情况而定。

4.2.3　掌握服务营销战略的基本类型和具体服务战略形式

1. 成本领先战略

1) 成本领先战略的含义

名词点击

成本领先战略是指服务企业通过降低服务总成本,使其以低于竞争对手的服务总成本吸引更多的顾客,实现企业赢利。成本领先战略逻辑体现在两方面:①大规模可以带来规模经济,这将有效降低服务总成本;②低成本的服务,可以有效降低顾客的服务支出。

企业在整个行业中的成本结构及其地位,取决于企业的价值链效率。因此,服务企业要实施低成本战略,就必须提高企业的价值链效率。一般来说,价值链效率可通过以下两条途径实现:①从宏观上改善整条价值链;②在价值链基本不变的前提下,对单个价值活动的效率予以改善。因此,成本领先战略的具体实施方式主要有以下两种。

(1) 重组价值链。重组价值链是指企业对现有价值链进行大幅调整或重新设计,使其以不同于竞争对手的方式更高效地设计、生产或销售。重组价值链的方向:①使价值活动的组合与排序更为合理;②对价值活动的内容及性质作出大幅度的合理调整。例如,美国西南航空公司(Southwest Airline)就是通过对价值活动内容的重新界定显著降低了成本,从而成为 20 世纪 90 年代初经营最为出色的美国航空公司之一。表 4-1 体现了美国西南航空公司的价值链重组的结果。

表 4-1　美国西南航空公司重组后的价值链

航空公司	售票业务	登机业务	飞行作业	机上服务	行李托运
其他航空公司	售票处设在市区,提供全面周到的服务和票种选择	全面周到的服务	购买多型号的全新飞机从事飞行,员工属于工会成员	提供餐饮、娱乐等多种免费服务	免费托运行李
西南航空公司	无售票处和售票柜台,机上售票或售票机售票,不售中转票,几乎无票价选择	只在候机楼简陋的二等机场提供服务,不提供座位安排服务	只使用一种型号的飞机,座位密度大,员工不属于工会成员	仅供应小吃和饮料,且一律收费	提供有限的行李放置空间,且托运行李一律收费

（2）控制价值链中的部分环节。所谓控制价值链中的部分环节,就是瞄准占总成本比例较大或比例在不断增长的价值活动,并对其进行有效改善。企业价值链中的成本,主要受到一些结构性因素的影响,这些因素也就是成本驱动因素。因此,企业要控制价值链部分环节,就是要对相关成本驱动因素,特别是对企业价值活动成本影响较大的驱动因素进行有效控制,削减各成本驱动因素对企业价值活动的不利影响。表 4-2 列举了价值活动与主要成本驱动因素之间的对应关系,企业可以对这些价值活动中相应的成本驱动因素加以关注和分析,并适时采取相应的成本控制措施。

表 4-2　价值活动与主要成本驱动因素之间的对应关系

价值活动	主要成本驱动因素
内部后勤	地理位置、供应的纵向联合程度
生产经营	学习、规模经济、技术政策、购买资产的时机选择
外部后勤	订货规模、同企业内其他经营单位的关系、地理位置
市场和销售	广告规模、市场大小、销售人员利用率
服务	服务网络规模、同企业内其他经营单位的关系
企业基础建设	地理位置
人力资源管理	人力资源政策
技术开发	纵向联合程度、与其他经营单位的联系、企业内部政策
采购	采购政策、纵向联合程度、购买规模

实施总成本领先战略必须具备三个基本前提条件:服务产品的品质相同;企业资金实力雄厚;服务功能相同。

实施总成本领先战略还可以采取以下途径:调整企业资产结构和服务产品结构;压缩费用,减少支出;改善分销渠道和促销措施;在高成本、劳动密集型的活动中实现自动化等。

2）成本领先战略的具体服务战略形式

成本领先战略的具体服务战略形式是服务成本与效率战略,该战略形式是指企业通过降低服务成本和提高服务效率,从而降低服务价格水平和顾客的支出成本,使顾客满意,使企业占有较高的市场占有率。采取何种形式有效地降低服务成本和提高服务效率是该战略能否实现的关键,可供选择的具体形式如下。

（1）采用非现场服务。服务的一个明显特性就是服务生产与顾客消费通常是同时进行的,这势必增加服务现场中企业与顾客间的互动,从而提高了企业的服务成本。根据顾客与服务组织之间相互作用的性质,可以将服务分为顾客到服务场所、上门服务和远程服务三大类。由于电信技术和交通设施的发展,企业与顾客间的联系已经变得非常方便,这使企业有可能将一些服务的交易过程和作业过程分离开来,从而减少顾客的参与和互动。例如,修鞋店可以在很多分散的地方设置收取站,然后将收集好的鞋子集中送到某一个修鞋厂,这样就避免了顾客参与服务过程。将服务交易与服务作业分离,就使服务企业的运作像工业那样可以在后台高效率地进行,进而降低了服务成本。

(2) 减少服务中的人员互动。这是与服务标准化相对应的,服务标准化的目的之一就是减少服务人员与顾客之间的关系互动。如 ATM 机(自动柜员机)的大量使用,使顾客不必到银行与银行职员进行面对面的接触,这样既便利了顾客,又降低了银行业务的交易成本。一般来说,这类服务形式适用于低接触性的服务需求,而对高接触性需求的顾客是不合适的。同时,企业需要尽量降低顾客使用的技术门槛,便于顾客的使用。

(3) 实施标准化服务。服务标准化是与服务个性化相对的,其目的就在于通过服务生产和传递的工业化技术,减少服务过程中服务人员与顾客之间的互动,从而降低企业的服务成本。

随着技术的进步,不少服务企业都尝试应用服务的工业化和标准化技术。如以麦当劳、肯德基为代表的快餐业,通过标准化生产制作过程,为所有顾客提供几乎相同的食品与服务;同时,由于服务的标准化,服务企业可以在多场所提供几乎相同的食品和服务,实现了服务企业的低成本扩张。

(4) 寻找低成本顾客。服务企业可以从几个不同角度来识别和寻找低成本顾客。

① 考察顾客服务需求的特性。如果顾客没有特殊的服务需求,企业就可以为他们提供大众化的服务,这样就可以有效降低企业的服务成本。如一些大型超市,沃尔玛、家乐福、麦德龙等国际零售企业,其服务定位就是那些愿意批量购买、追求实惠、不需特别服务的顾客,这类顾客的服务成本较低,这也是沃尔玛、家乐福、麦德龙等国际零售企业得以实现低成本服务战略的重要依据。

② 考察顾客服务的预订程度。如果顾客经常使用企业的服务预订系统,那么就等于顾客将自己的服务需求交由服务企业管理,这将有利于服务企业对总体服务的供需平衡进行有效管理,通过疏导顾客服务需求的时间安排,尽量避免某一时段服务过分拥挤的现象,这样既可以避免在服务高峰期发生部分顾客因为拥挤和排队而流失的后果,也可以避免服务企业为了应付某一需求高峰期可能增加服务人员和设施投入而增加的企业成本。

③ 考察顾客在服务中的参与程度。如果顾客参与服务程度较高,就可以减少服务人员的投入,降低服务成本。如瑞典的宜家家具超市,鼓励自助型(do it yourself,DIY)的顾客,让他们自己组装家具、搬运家具,从而降低了服务成本,同时又使顾客从中获得了价格优惠。

④ 考察顾客的风险程度。如人寿保险企业经常会把年轻人作为它们的目标顾客,因为与老年人相比,年轻人身体健康,发病、死亡的概率更低,企业可以降低保险成本。

2. 差别化战略

1) 差别化战略的含义

 名词点击

差别化战略是指企业针对顾客的独特需求,设计和创造个性化的服务,以赢得顾客的消费偏好,提高服务传递价值和顾客感知价值,从而实现企业赢利。随着社会的进步和经济的发展,一方面,由于技术的成熟和管理的完善,以及这些技术与管理在不同企业之间的迅速扩散,致使企业降低成本的空间日渐缩小;另一方面,消费者收入水平的提高,对服务质量的要求也日益提高,非价格竞争的因素在争夺顾客中所起的作用越来越重要。因此,差别化战略应用日益广泛。

【小问答 4-2】 差别化战略的实质是什么?

答:差别化就是与众不同,差别化战略的实质就是通过创新创造竞争优势。

差别化战略的目标是发现顾客的独特需求,并设法满足之。因此,差别化战略的实施可以从以下四个方面加以考虑。

(1) 认识独特性的来源。独特性的来源极其广泛,它可来自价值链上的每一个环节、每一个方面。企业在某种价值活动中的经营差别取决于一系列基本驱动因素的影响。企业只有辨认这些具体的驱动因素,才能从中找到创造经营差别化的新形式。

(2) 识别顾客的购买标准。服务的差别化,最终依赖于顾客的感知和认可。差别化不是简单的标新立异,而是建立在顾客需要的基础之上的,它只能是符合顾客购买标准的标新立异。因此,实施差别化战略,非常重要的一点就是识别顾客的购买标准。顾客的购买标准可分为使用标准和信号标准,前者是指企业在满足顾客需求过程中创造价值的具体尺度,后者是指顾客借以判断产品是否符合其使用标准的一组信号。服务企业应该充分理解和深入分析这两方面的标准,并以此作为企业生产、提供和传播的准则。

(3) 获取满足顾客需要的独特性。企业所提供的服务只有符合顾客需要的独特性,才具有买方价值与市场价值,才能转化为企业的生产力。因此,服务企业必须在符合顾客购买标准的前提下,才能获取满足顾客需求的独特性,这正是服务企业进行有效服务生产和提供价值的基础。

(4) 使顾客感知并认同企业所提供服务的独特性价值。由于服务的无形性、异质性等特点,顾客评价服务的难度比评价有形产品更大,相比而言,顾客将面临更大的购买风险。为此,顾客希望服务企业能提供一些简单明了的信息帮助其作出购买决策。服务企业在保证服务独特性、满足顾客使用标准的同时,要注重信号标准的建立与宣传,使顾客更容易感知服务的独特性价值,提高企业服务的独特性价值。

实施差别化战略的企业必须具备以下前提条件:创造性的眼光;强大的市场营销能力;服务方面享有盛誉;拥有传统的优质技能;销售渠道的合作伙伴强有力的合作。

2) 差别化战略的具体服务战略形式

(1) 服务定制化与个性化战略。服务定制化与个性化战略是指服务企业通过对顾客服务需求的差异化进行分析,为不同的顾客提供不同的服务,提高顾客的感知服务质量,进而提高顾客的利益所得,达到顾客满意,使企业占据稳定的市场份额的战略。因此,服务定制化与个性化战略的核心,就是采取何种形式形成企业的服务差别化。

随着人们收入水平的提高,顾客越来越要求有个性化的服务以满足自己的个性化需求。随着信息化技术的发展,顾客可以更加方便地与企业进行沟通,共同设计服务。同时,企业柔性生产能力得到提高,企业有能力根据顾客的个性化需要调整生产计划,为顾客提供定制化的服务。于是出现了大规模定制化,即在大规模基础上,定制化产品或服务的开发、生产、营销和传递。大规模定制化将大规模化生产的效率、低成本和顾客定制化的差异化优势有机结合起来,如汉堡王推行"点后再做"的定制策略与麦当劳的标准化服务相比就形成了明显的差别化特征。

大规模定制化要求服务企业真正树立起顾客关系管理观念,倾听顾客的声音,满足顾客内心的真实需求。互联网的发展,便利了顾客与企业之间的直接沟通,这也是未来顾客定制化的一个重要平台。服务定制化的方法和形式主要包括以下几种。

① 模块组合定制化服务。模块组合定制化服务是指服务企业根据自己所处行业特点,根据不同的顾客需求,开发不同的服务模块,这些独特的服务模块可以进行不同的组合,最终形成不同的服务产品,供顾客进行选择。如旅游公司可以为游客提供不同的服务组合,如不同的饭店、航班、停留时间等,旅游者可以根据自己的实际情况选择不同的组合,设计自己的旅行计划。

② 交付地点定制化服务。交付地点定制化服务是指服务企业根据顾客的需要,按照顾客指定的地点进行服务。如家教服务、医疗服务等,服务人员通常就可以到顾客的住所、单位等指定地点服务。

③ 自我设计定制化服务。自我设计定制化服务是指服务企业根据顾客自己的设计需求,提供相应的服务。例如,通过互联网提供的网上购物服务、自动票务系统等,顾客可以根据自己的需求,在计算机系统上进行操作,输入特定的指令,计算机系统就会为顾客提供相应的个性化服务,如订票服务系统等。

④ 非核心定制化服务。非核心定制化服务是指服务企业在核心服务之外,为顾客提供一些附加但对顾客有重要意义的选择性服务。例如,宾馆通常提供的标准化的核心服务是为旅客提供相应档次的住宿服务。除此之外,宾馆可以提供不同类型的客房,如允许吸烟的房间和不允许吸烟的房间,或者提供尺寸大小不同的床铺,为商务旅客提供笔记本电脑或传真服务等,以吸引不同需求的顾客。

(2) 服务质量战略。服务质量战略是指服务企业力图在服务质量上与竞争对手形成差异,提高顾客的感知质量水平,达到顾客满意,建立顾客忠诚。一般来说,顾客对服务质量的感知主要来自两方面:一是服务结果质量;二是服务过程质量。服务企业对不同质量维度给予不同程度的重视,形成了不同的服务质量战略类型。以结果质量和过程质量为两轴,在不同象限的不同区域构成了不同服务企业的不同战略定位,见图 4-3。

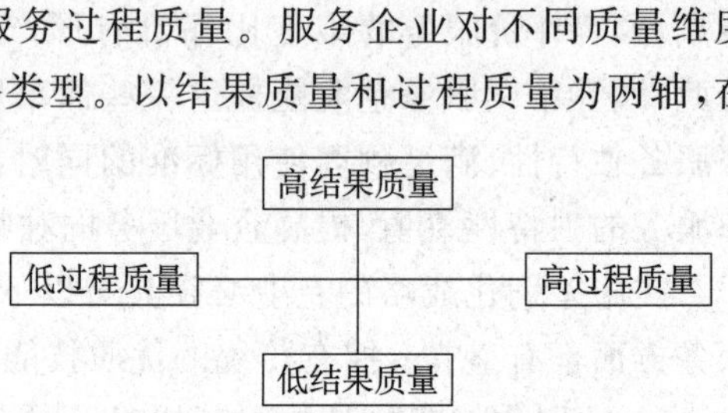

① 服务结果质量战略。服务结果质量是指服务生产过程的结果,它是顾客在服务过程结束后的"所得",是顾客对服务企业提供给他的技术产出的感知。虽然服务是无形的,但对"得到了

高结果质量
低过程质量 —— 高过程质量
低结果质量

图 4-3 服务企业质量战略定位

什么服务",尤其是当某项服务有特定结果时,顾客就能以该结果为基础来判断服务的有效性。由于结果质量主要与技术相关,因此顾客对结果质量的衡量还是比较客观的。为此,服务结果质量又称为技术质量。服务结果质量战略是指服务企业强调在服务结果方面与竞争对手的差异,突出服务中更容易感知的层面的战略。

服务结果质量战略经常应用到搜寻性服务以及经验性服务类型中,因为这两类服务与信任性服务相比,它们具有更强的可感知性。对于搜寻性服务来说,顾客在消费前即可得到与服务的相关信息;对于经验性服务来说,顾客在消费之后也容易对感知服务质量作出评价与判断。因此,顾客对最终得到了"什么样"的服务更为重视。可见,服务结果质量是强调服务企业的工具性绩效。因此,如果服务企业通过分析确认自身所提供的服务属于搜寻性

服务或经验性服务,则可以将战略重点放在服务结果质量战略方面。

② 服务过程质量战略。服务过程质量是指顾客接受服务的方式以及在服务生产和服务消费过程中的体验,它是指服务的方式,顾客是如何得到服务的。由于顾客很难对无形服务进行评价,顾客倾向于对服务过程的评价,重视服务企业提供服务的方式。因此,服务过程质量对顾客的感知服务质量评价具有十分重要的影响。为此,服务过程质量又称为功能质量或互动质量。服务过程质量战略是指服务企业强调在服务过程方面与竞争对手的差异,突出服务中不容易感知的层面的战略。

服务过程质量战略经常应用到信任性服务,因为这类服务与搜寻性、经验性服务相比,它的可感知性更低,即便是在消费后,顾客也很难对服务质量作出客观的评价与判断。因此,顾客更重视服务的过程因素,他们往往是通过对服务过程的感知来形成最终的感知服务质量。可见,服务过程质量是强调服务企业的情感性绩效,因此,如果服务企业通过分析确认自身所提供的服务属于信任性服务,则可以将战略重点放在服务过程质量战略方面。

服务结果质量战略与服务过程质量战略二者之间并不是非此即彼的关系。相反,它们是相辅相成的。如果没有一定的服务结果为基础,那么服务过程再好,也无法满足顾客的基本需求;同理,即便企业非常重视服务结果质量,但如果服务过程中顾客抱怨很多,他们也很难对服务质量作出正面的评价,最终会影响顾客对服务结果质量的评价。因此,服务结果质量战略与服务过程质量战略二者应当是任何一项服务的内在组成部分,不可分割。服务企业的战略选择,只是在结果和过程之间寻找一个适当的平衡点。相对而言,是突出服务结果质量还是突出服务过程质量,这取决于企业所生产、提供的服务类型,企业可以从搜寻性、经验性、信任性等不同服务性质方面进行分析和取舍。

(3) 服务市场标准。服务市场标准是指顾客对服务行业所提供服务的惯例要求,这种顾客角度的要求往往也成为服务企业参与竞争的标准。

通常顾客在选择服务企业之前,首先会根据自己的基本需求,确定可选的服务企业范围;然后,对这些潜在的可选服务企业进行比较,进一步作出选择;顾客在接受服务之后,如果服务企业在某些方面未能有效满足自己的愿望,顾客可能将该服务企业排除在自己的选择清单之外,这样企业就出现了顾客流失。因此,服务企业应当清晰地了解自己所处行业的服务市场标准,并针对不同的服务市场标准采取相应的措施和对策。

① 服务资格标准。服务资格标准是指服务企业要参与某一市场的竞争所必须具备的竞争实力。因为只有具有与其他竞争对手相近的实力时,顾客才会考虑选择该企业的服务,该企业才会进入顾客的选择清单中。换言之,服务资格标准就是服务企业参与行业竞争的起码条件或敲门砖。例如,在宾馆行业,不同的星级就代表了不同宾馆参与不同市场竞争的资格标准,三星级宾馆是无法吸引五星级的目标顾客的,因为它与五星级宾馆处在显著不同的市场定位上。换言之,它们的服务资格标准是不一样的。因此,服务企业必须根据自身的市场定位,了解相应的服务资格标准,这也是企业进入特定市场应该具备的资格条件。

② 服务优胜标准。服务优胜标准是指服务企业在具备服务资格标准之后,参与竞争赢得顾客的吸引力所在。这种吸引力可能表现在多个方面,如价格、质量、品牌等,它们主要体现为一种差别化特色。服务优胜标准与服务资格标准不同,它通常并没有一定的定规;相反,它通常是权变的,如在中档的中餐饭店中,不同的顾客之所以选择不同的饭店,顾客可能有不同的理由,这些不同的理由可能就成为相应的服务优胜标准。同样,同一顾客在不同的

时间去中档的中餐饭店就餐,也可能有不同的选择,顾客也有其不同的考虑和想法,这些不同的考虑和想法也同样可能成为相应的服务优胜标准。因此,服务企业要深刻掌握不同顾客的需求心理,以及同一顾客的心理变化情况,在不改变企业服务定位的基础上,相应地推出自己的服务特色,吸引更多的顾客,从而成为行业的优胜者。

③ 服务失败标准。服务失败标准是指服务企业在竞争过程中,导致顾客流失的原因。不同行业顾客流失的共同原因是顾客期望没有得到满足,顾客感知服务质量低于其感知成本付出,致使顾客转向接受其他竞争对手的服务。服务失败标准可以有多种表现:它既可能是企业在服务资格标准方面有问题,也可能是在服务过程中的某一细节有问题;既可能是服务结果质量的问题,也可能是服务过程质量的问题。为此,服务企业需要对行业中的服务失败标准进行分析,并尽最大努力避免这些问题在本企业中发生。

服务资格标准、服务优胜标准和服务失败标准三者之间存在着内在的联系,不具备服务资格标准的服务企业,是无法谈论服务优胜标准的;具备服务优胜标准的服务企业,必然具备服务资格标准。一般来说,服务资格标准可以理解为顾客的保健因素,而服务优胜标准可以理解为顾客的激励因素。但随着竞争的加剧,服务企业可能会将某些激励因素转化为保健因素,从而提高行业的服务资格标准。对于服务失败标准来说,克服服务失败标准,显然不是吸引、保留顾客的充分条件,但却是必要条件。在此基础上,服务企业应该不断创新,形成自己的服务优胜标准,努力成为行业中的优胜者。

知识窗 4-2
服务差异化的途径

3. 集中战略

 名词点击

集中战略是指服务企业把产业中的一个或一组细分市场作为企业的服务目标,依托企业资源与局部竞争领域的良好适应性创造企业的局部竞争优势。实施集中战略的企业,既可以在目标竞争领域中寻求成本优势,也可以在目标竞争领域中寻求差别化优势。因此,集中战略又可以分为成本集中战略和差别集中战略两大类。

服务企业之所以选择实施集中战略,可能是出于不同的原因与考虑:①由于企业实力较弱,难以在大范围的市场展开竞争,转而在局部区域谋求竞争优势;②由于市场与产业的同质性较弱,存在一些未被占领的细分市场机会,企业趁机进入。一般来说,服务企业可以根据市场细分的步骤,寻找行业中潜在的市场机会,从细分市场的规模与增长速度、细分市场竞争状况,以及企业的资源与能力等方面进行分析和考虑。集中化经营的积极意义在于:资源的相对集中,能保证成本领先优势;活动范围的缩小,促使企业采取科学管理方式;企业经营方向和目标十分明确,风险较小。其局限性在于,企业竞争范围狭窄,企业的应变能力较弱。

集中化战略的实施必须具备以下条件:市场需求具有较大规模并具有明显的不同的顾客群;服务特点适宜于专业化经营;适合于按标准化管理的企业。

4. 多元化战略

 名词点击

多元化战略又称多角化战略。其内容是:一个企业同时经营两个以上行业的服务产品的市场经营战略。多元化经营是在企业内部各项功能高度分化和专业化,并拥有协调方式的情况下而采取的分散风险的战略。

实施多元化战略的前提条件:所有服务产品都处于市场生命周期的同一阶段;所有服务产品都是风险产品或滞销产品;所有服务产品都存在对某种资源的严重依赖。

多元化经营可分为以下几类。

(1) 不相关多元化。一个企业的主要业务收入低于企业全部收入的70%,而且其他业务与主业务之间不具备相关性。

(2) 相关—关联型多元化,又称同心多元化。主业收入占总收入的比例低于70%,但与其他相关业务(并不与主业直接相关)总共所占的比例超过70%。

(3) 相关—延长限制型多元化。主业收入不超过70%,但与其他直接与主业相关的业务一起所占的比例超过70%。

(4) 优势垂直型多元化。垂直整合的业务收入占总收入的70%以上。

4.3 服务营销组合

4.3.1 认识服务营销组合的含义

名词点击

所谓服务营销组合,是指服务企业对可控制的各种市场营销手段的综合运用。具体地说,就是服务企业运用系统的方法,根据企业外部环境,把服务市场营销的各种因素进行最佳的组合,使它们互相协调配合,综合地发挥作用,实现服务企业的战略目标。

4.3.2 了解服务营销组合的七要素

服务业的营销组合(7P)如表4-3所示。

表4-3 服务业的营销组合(7P)

要 素	内 容
1. 产品	(1)领域;(2)质量;(3)水准;(4)品牌;(5)服务项目;(6)保证;(7)售后服务
2. 价格	(1)水准;(2)折扣(包括折让及佣金);(3)付款条件;(4)顾客认知价值;(5)质量/定价;(6)差异化
3. 地点或渠道	(1)所在地;(2)可及性;(3)分销渠道;(4)分销领域
4. 促销	(1)广告;(2)人员推销;(3)销售促进;(4)宣传;(5)公关
5. 人	(1)人力配备:①训练,②选用,③投入,④激励,⑤外观,⑥人际行为;(2)态度;(3)其他顾客:①行为,②参与程度,③顾客/顾客接触度
6. 有形展示	(1)环境:①装潢,②色彩,③陈设,④噪声水准;(2)装备实物;(3)实体性线索
7. 过程	(1)政策;(2)手续;(3)器械化;(4)员工裁量权;(5)顾客参与度;(6)顾客取向;(7)活动流程

1. 产品

服务产品是一种特殊的商品。服务产品应考虑服务产品的范围、服务水准、服务质量、服务品牌、服务保证(或承诺)和售后服务等。要提高服务产品的竞争能力,就需要将这些因素有机地组合。

2. 价格

价格方面要考虑的要素包括:价格水平、折扣、折让和佣金、付款方式和信用。在区别一项服务与另一项服务时,价格是一种识别方式,顾客可以从服务的价格感受到其价值的高低。价格与质量间的相互关系,是服务定价的重要因素。

3. 地点或渠道

提供服务者的所在地及其地缘的可及性都是服务营销效益的重要因素。地缘的可及性不仅是实物上的,还包括传导和接触的其他方式。分销渠道的类型及其涵盖的地区范围都与服务的可及性密切相关。

4. 促销

服务促销是为了提高销售,加快新服务的引入,加速人们接受新服务的沟通过程。促销包括人员促销与非人员促销两大类,而非人员促销又包括广告、销售促进、宣传、公关等营销沟通方式。

5. 人

由于服务生产过程与消费过程同时进行,服务人员或者在服务企业担任生产(或操作性)角色的人在服务产品的生产与营销过程中扮演着服务表现和服务销售的双重角色,因而,在顾客看来其实就是服务产品的一部分,这在那些经营"高接触度"的服务企业尤其如此。所以,服务企业必须十分重视对服务人员的甄选、训练、激励和控制。

6. 有形展示

有形展示会影响消费者和顾客对于一家服务企业的评价。有形展示包括的要素有:实体环境(装潢、色彩、陈设、噪声),服务提供时所需要的装备实物(如餐饮企业盛菜用的餐具,出租汽车公司所需要的汽车),以及其他实体性线索(如超市包装用的方便袋)。

7. 过程

服务过程对服务企业是一个十分重要的因素。在服务营销过程中必须重视服务表现和服务的递送。在服务的过程中服务人员表情愉悦、专注和关切对提高顾客的满意度或消除顾客的不满都是有好处的。因此,服务企业的经营管理者必须重视企业整个服务体系的运作政策和程序方法的采用、服务供应中器械化程度、员工裁量权、顾客参与服务操纵过程的程度、咨询与服务的流动、订约与等候制度等。

服务营销组合包括七项要素而不是产品营销组合的产品、价格、渠道、促销四项要素即4P,其主要原因如下。

(1) 4P的营销组合是根据制造业的情况确定的。由于服务业产品的非实体性特征,决定了适用于实物产品的营销组合并不能适应服务业的需要。

(2) 服务业的营销实务从事者认为实物产品的营销组合内容不足以涵盖服务业的需要。在实践中服务业管理者发现,若与制造业公司相比,他们必须要应付一些显然不同性质的问题。例如,维持服务质量的问题;从事服务的人成为"产品"的一部分;服务不能申请专利;服务产品不能库存等。

(3)越来越多的证据显示,实物产品营销组合的层面和范围,不适用于服务业管理,有一系列的要素(如人员、有形展示和过程)是传统的实物产品营销组合框架所未能涵盖的。

● 实训课业

一、技能训练

(1)国际著名零售企业家乐福是实施差别化战略的典型代表,到图书馆和网上搜集、阅读有关家乐福的资料,分析说明它是如何成功实施这一战略的?这一战略的优越性是什么?

(2)北京庆丰包子铺等快餐企业在外卖平台推行的"先点后做再送"服务策略,属于什么类型的服务营销战略?推行这一服务营销战略的客观原因和好处是什么?

(3)消费者利用计算机和手机在网上购物、买火车票、飞机票和电影票等属于服务企业提供的服务差别化战略的哪种具体战略和形式?这种战略和形式对消费者和服务企业的好处是什么?

(4)旅游公司为游客提供不同的服务组合,如不同的航班、停留时间、旅馆、饭店、景点等,旅游者可以根据自己的实际情况选择不同的组合。请运用所学的有关理论分析旅游公司这样做的原因与意义。

(5)英语教师到消费者家里为其孩子讲授英语课程,医务人员到病人家中提供医疗服务,家政公司服务人员应顾客要求到顾客家里提供家政服务,装修公司服务人员到顾客家里为其装修房子,以上这些服务属于定制化和个性化服务的哪种具体形式?这一形式对消费者和服务公司或服务人员有什么好处?

(6)银行大量使用ATM机属于成本领先服务营销战略的哪种具体形式?采用这一形式对顾客和银行的好处是什么?这一形式适用于什么样的消费需求?

(7)人寿保险企业为什么经常把年轻人作为自己的目标顾客?这是企业采取的成本领先战略中的哪种具体战略形式?

(8)中国著名企业集团海尔公司是实施质量战略的典型代表,到图书馆和网上搜集、阅读有关海尔公司的资料,分析说明它是如何成功实施这一战略的?这一战略的优越性是什么?

二、实训项目

服务营销战略的应用

1. 实训内容

教师带领学生到学校所在地区的著名服务类企业实地参观访问,聘请企业的高级管理人员为学生作报告,详细讲解该企业所采用的服务营销战略的实施情况。

2. 实训目的

提高和检验学生应用服务营销战略分析和解决实际营销问题的能力。

3. 实训要求

(1)教师引导学生思考企业实施某一类型服务营销战略的客观原因、具体措施和效果。

(2)课后要求每位学生以《对××企业实施××服务营销战略的系统思考》为题目写一篇论文作为实训成果,成绩分为优、良、中、及格和不及格五档。

第 5 章 服务市场的细分、选择和定位

本章阐释

本章通过对服务市场细分、服务目标市场的选择与定位的基本理论和实务的介绍,使学生能正确理解服务市场细分、目标市场选择与定位的含义及意义,掌握服务市场细分、目标市场选择与定位的原则、步骤、工具和方法,能应用所学理论与方法为某些服务企业制定符合实际的、切实可行的目标市场定位方案。

能力目标

(1) 掌握市场细分的依据和步骤。
(2) 掌握细分市场评估和目标市场选择的方法。
(3) 掌握服务市场定位的原则、层次、步骤和方法。
(4) 能应用服务市场细分、目标市场选择和定位的理论与方法为某些服务企业制定符合实际的切实可行的目标市场定位方案。

5.1 服务市场的特征

5.1.1 认识服务市场

1. 市场的含义

名词点击

市场是商品经济的产物,人们对市场的认识是随着经济的发展而不断深入的,人们从不同的角度认识市场,对市场的理解也就不一样。人们对市场的解释通常可以概括为如下三种。

(1) 市场是指买主和卖主聚集在一起进行交换的场所。这是传统的市场概念,它强调的是交换的场所或地点。

(2) 市场是商品交换关系的总和。所谓交换关系的总和,是泛指交换某种特定商品的所有买者和卖者的总和。它强调的是商品交换的这一行为或行动,既包括买方,也包括卖方。经济学家将市场表述为卖主和买主的集合。

(3) 市场是指某项产品或服务现实的或潜在的购买者的总体。这是站在企业、卖方和市场营销者的角度来理解市场,它强调的是买方,即购买者,包括现实的和潜在的购买者。在市场营销者看来,卖主构成行业,买主则构成市场。

2. 服务市场的含义

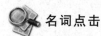 名词点击

服务市场就是服务商品市场,是组织和实现服务商品流通的交换体系和销售网络,是服务生产、交换和消费的综合体。从其反映的经济关系来看,服务市场是参加服务商品交易活动的所有买者和卖者的集合。而对于一个服务企业而言,它的市场则是其特定的服务对象,即顾客。另外,服务市场也可以指某些有形的交易场所。

5.1.2 了解服务市场的特征

1. 供给者和需求者直接见面

由于服务具有不可分离性特征,这一特征决定了服务产品的生产和消费是同时进行的,所以,服务市场中产品的销售在一般情况下不能通过中间商,而必须由生产者和消费者直接见面,采用直销的方式。生产者和消费者对服务的效果都会产生影响。

2. 供给和需求分散

由于服务的销售方式在一般情况下只能采取供给者和需求者直接见面的直销方式,而服务的需求者不仅包括人数众多的分散的个人消费者,而且还包括各类组织消费者,这些消费者的需求各不相同,从而决定了服务需求的分散性。同时,从供给者方面看,服务产品的生产和供给方式也具有分散性特点。因此,服务企业面对的是具有不同需求的分散的消费者,必须提供各种各样分散的服务。

3. 供给和需求弹性大

这一特征集中表现为服务产品的生产能力和购买能力之间的矛盾在通常情况下难以暴露,只有在矛盾激化的时候才能表现出来。其原因如下:一是服务设施、设备的设计能力与实际能力是不同的量,实际能力大于设计能力。例如,火车的实际运载能力可以通过增加车皮、车次的方法来提高,从而缓解火车载重服务供应不足的问题,从而化解掩盖运输活动中的供求矛盾。二是自我服务和社会服务处于相互转换中,社会服务不足,可转向以自我服务为主;社会服务发展,自我服务可相对减少。例如,各家各户可采用自己做饭满足自己饮食需求的方式来抵消社会食品供应的不足,从而使食品的供求紧张状态烟消云散。三是服务产品与一般实物商品可以相互替代,也起到了化解服务供求矛盾的作用。例如,对于修理、干洗、整烫等服务活动,消费者可通过购买新的商品而免除对旧商品的整理服务。

4. 需求多样且多变

首先,消费者人数众多,性别、年龄、文化、收入、习惯等不同,又有规模性质不同的社会组织,这一切决定了需求的多样性和差异性。其次,随着社会经济发展和人民生活水平的提高,购买服务的人也在增多,对服务的需求也会发生变化,表现出多变性的特征。

5. 销售渠道单一

由于服务产品具有无形性特点,因此企业销售服务不能像有形产品那样通过陈列、展销

的方式供消费者挑选,而只能靠良好的信誉、形象或具有创造性的方式和行之有效的广告宣传等方式来吸引顾客,销售服务产品。

5.2 服务市场细分理论

◉ 案例导入

联想计算机的产品和服务市场细分

1. 按地理因素细分市场

针对新兴市场,联想将市场细分为农村和城市、东部和西部,打造贴近市场的高效强大的渠道体系,响应国家家电下乡的口号,向农村推出了经济型计算机,把产品第一时间推向市场,满足客户需求。

2. 按人口因素细分市场

现在的市场对于产品的细分要求越来越高,联想考察市场后将市场群体细分为学生、商务人士、想要购买第二台计算机的家庭、一般家庭等群体。

3. 按消费者心理因素细分市场

对于学生爱玩游戏也爱追求时尚的特点,联想推出 Y 系列计算机,性能出色,外观时尚;对于商务人士,联想推出 V 系列商务本、V 系列便携带本,满足商务人士对办公要求高、经常出差的特点;想要购置第二台计算机的家庭,一般都用来上网,联想推出的是 S 系列的上网本;对于一般家庭想要购买计算机,但是经费不足的特点,联想推出 G 系列计算机。

4. 按消费者行为因素细分市场

按照消费者购买联想品牌产品行为的频率,可以将消费者分为忠诚顾客和一般顾客。为了提高联想品牌的知名度、美誉度和消费者对联想品牌的忠诚度,增加忠诚顾客的数量,联想推出了一系列售后服务以及应用软件。

资料来源:百度文库,https://wenku.baidu.com。

思考与分析

1. 谈一谈你对联想计算机产品和服务市场细分标准的看法。
2. 联想针对不同的细分市场采取了哪些经营策略?效果如何?

5.2.1 了解市场细分的含义、意义和条件

1. 市场细分的含义

 名词点击

所谓市场细分,是指企业按照一种或几种因素,把整个市场分割为若干个有相似需求和欲望的消费者群,形成子市场的市场分类过程。不同的细分市场之间,消费者的需求差别比较多、比较明显;而在每一个细分市场内部,消费者需求的相似点则比较多。

市场细分理论的提出,是基于以下两个理论基础。

(1) 消费者需求的异质性。也就是说,并不是所有的消费者的需求都是相同的,只要存在两个以上的顾客,需求就会有所不同。由于消费者的需求、欲望及购买行为是多元化的,所以其需求满足呈现差异。

(2) 企业资源的有限性和为了进行有效的市场竞争。现代企业由于受到自身实力的限制,不可能向市场提供能够满足所有需求的产品或服务。另外,即使是处于市场领先地位的企业也不可能在市场营销的全过程中占有绝对优势,因此,为了进行有效竞争,企业必须将市场细分,选择最有利可图的目标市场,集中企业资源,制定有效的竞争策略,以获得或增强竞争优势。

【小问答 5-1】 市场细分的实质和出发点是什么?

答:市场细分不是对产品进行分类,而是对顾客的需要和欲望进行分类。比如服装的需求市场可以分为老年市场、中年市场、青年市场、少年市场、童装市场等。不要把自己的产品分类等同于市场细分。市场细分一定要从顾客的特点出发。目光要先盯着顾客,然后再来看自己的产品。

2. 市场细分的意义

(1) 分析市场机会,选择目标市场。通过市场细分,一方面企业可以了解到不同消费群体的需求情况和目前的满足状况,发现尚未满足或没有完全满足的市场需求;另一方面企业可以掌握细分市场中其他竞争者的营销实力及市场占有情况,使企业避重就轻,选择最适合企业发展的目标市场。

(2) 集中企业资源,以小博大。这对广大中小企业来说意义尤为重大。资源和市场经营能力都很有限的中小企业,不可能与大企业展开正面竞争,只能通过市场细分,把握住力所能及的市场机会,选择有利的细分市场,集中人、财、物及信息等一切资源投入该细分市场,以企业的全部对抗大企业的局部,变竞争劣势为竞争优势,使自己在市场竞争中能够生存和发展。

(3) 增强市场营销战略的有效性。企业在未细分的整体市场上一般只会采取一种营销组合,但由于整体市场的需求差异性较大,企业的营销活动往往不能取得令人满意的效果,而且由于整体市场的需求变化较快,企业难以及时把握,使企业的营销活动缺乏时效性。而在细分市场上,市场需求具有同质性,企业又能密切关注市场需求的变化,并相应地及时调整营销战略,从而取得市场主动权。

3. 市场有效细分的基本条件

将市场进行细分、形成有效的细分市场必须具备以下条件。

(1) 购买者需求的多样性和稳定性。多样性是指顾客对服务存在不同的需求。如果一家旅馆的所有顾客对服务具有相同的要求,就没有必要对他们进行商人和旅游者的细分。稳定性是指一个细分市场的潜在顾客能够在相当长的时间内保持稳定。

(2) 可确定性和可衡量性。可确定性是指需要一些标准,能明确辨别谁在细分市场之内,谁在其外,以此来衡量潜在需求。可衡量性是指顾客具有的特征信息易于获取和衡量。

(3) 可赢利性。可赢利性是指细分市场应具有适当的规模和潜力,具有一定的购买力,企业可从中获得效益。

(4) 可达到性。可达到性是指企业能够比较方便地进入细分市场,不受太多限制。例如,空间上的可进入性,观念上的可接近性等。

(5) 可行动性。可行动性即为吸引和服务细分市场而系统地提出有效计划的可行程度。

5.2.2 了解服务市场细分的依据和步骤

1. 服务市场细分的依据

1) 按地理环境因素细分

按地理环境因素细分是根据消费者工作和居住的地理位置进行市场细分的方法,即按不同的地理单位,比如国家、省、区、县等进行细分。由于地理环境、自然气候、文化传统、风俗习惯和经济发展水平等因素的影响,同一地区人们的消费需求具有一定的相似性,而不同地区的人们又形成不同的消费习惯与偏好。因此,地理因素得以成为市场细分的依据。由于这种方法比较简单明了,为许多服务企业所偏爱。比如,肯德基在上海首先推出了花式早餐粥以及为消费者量身定做的早餐组合套餐,而在北方城市推出了"寒稻香蘑饭"。肯德基按地区安排它的市场营销计划,使其产品更具有地方性,广告、推广和销售等工作也更适应各地区顾客的需求。

2) 按人口和社会经济因素细分

这里的人口因素包括年龄、性别、家庭人数、生命周期等。人口统计变量是区分顾客群最常用的依据,因为顾客的欲望、偏好和使用频率等经常与人口统计变量密切相关,而且人口统计变量也比其他类型的变量更容易衡量。比如,美国的一些银行根据顾客的生命周期划分市场,它们把顾客生命周期分成单身、年轻满巢(即年龄在 40 岁以下,至少抚养一个孩子)、中年满巢(年龄超过 40 岁,至少抚养一个孩子)、年老空巢就业(年龄超过 60 岁,仍就业,但孩子独立)和年老空巢退休等几个不同的阶段。由于处于生命周期不同阶段的顾客其需求有很大差异,银行可以借此寻求目标市场,提供适合顾客需求的服务。

社会经济因素则是指收入水平、教育程度、社会阶层、宗教和种族等变量。一个人的教育背景、职业与收入、社会地位等变量之间存在直接关系。一般来说,一个人受教育水平越高,就越可能获得较高的地位和收入。近年来,按职业进行市场细分的方法正得到一些企业的重视。另外,诸如社会阶层、住所的类型等细分变量也被一些公司所采用,如顾客对住所类型的关注对那些房屋租赁公司有很大的现实意义。

3) 按消费心理因素细分

影响顾客购买行为的心理因素,如价值观念、生活态度、生活方式、个性和消费习惯等都可以作为市场细分的依据,尤其是当运用人口和社会经济因素难以清楚地划分细分市场时,结合考虑顾客的心理因素如生活方式的特征等将非常有效。比如,人们形成和追求的生活方式不同,消费倾向也不同,那么他们需要的服务也就不同。常见的心理细分会把具有共同个性、兴趣、心智特征的顾客归纳为某一个整合群体。许多服务企业已越来越倾向于采用心理因素进行市场细分。

4) 按消费行为因素细分

复杂的消费行为也是市场细分所要面对的问题,同时,它也可能成为市场细分实现的依据,包括购买时机、使用状况、使用频率、忠诚程度、促销反应以及态度等。

(1) 购买时机。按顾客购买和使用产品的时机进行分类。例如,某些产品和项目专门适用于某个时机(春节、中秋节等)，企业可以把特定时机的市场需求作为服务目标。如旅行社可以专门为某个时机提供旅游服务；文具店可以在新学期开始前专门为学生准备学习用品等。

(2) 使用状况。按使用状况进行细分，就是根据顾客对产品的使用方式及其程度进行细分。据此顾客大体上可以被划分成从未使用者、曾经使用者、准备使用者、首次使用者、经常使用者、偶尔使用者等几个细分市场。服务企业往往关注那些经常使用者，因为他们的使用次数比偶尔使用者要多得多。所以，许多快餐店愿意为那些经常光顾的顾客提供快速服务，价格也较为低廉。银行则对各种使用者都表示关注：一方面，它们希望了解那些经常使用者的特点、行为和身份等，以不断吸引其购买服务；另一方面，又会采取一些措施来刺激那些偶尔使用者，促使其向经常使用者转变。

(3) 使用频率。采用这种细分标准可以先将顾客群体划分为使用者和非使用者，然后再把使用者划分为小量使用者和大量使用者。

(4) 忠诚程度。顾客的忠诚度包括对企业的忠诚和对品牌的忠诚，也可作为细分依据。比如按品牌忠诚不同可将顾客分为单一品牌忠诚、多品牌忠诚和无品牌忠诚。

(5) 促销反应。这是根据顾客对促销活动的反应进行市场细分的方法。显然，不同的顾客对于诸如广告、销售推广、室内演示和展览等促销活动的反应是各不相同的。比如，喜欢企业向其邮寄产品目录的顾客可能喜欢使用信用卡，并对其他邮寄品也有较高的反应率。由此，服务企业可采用直接邮购的方式与这类顾客沟通，并建立起较好的顾客关系。一旦顾客对某个服务企业表示忠诚，那么即使他们偶尔对企业的服务不满意，通常也不会轻易改变这种忠诚。有研究表明，在银行业，尽管顾客对企业提供的服务常常感到不满意，但仍有75%的顾客会忠诚于该企业。所以，有些银行的营销部门指出，顾客可能会改变生活伴侣，但不会改变银行。

(6) 态度。顾客对产品的态度大体可分为：热爱、肯定、冷淡、拒绝和敌意。针对不同的态度，企业可采取不同的营销对策。

5) 按顾客受益因素细分

顾客之所以购买某项服务，是因为他们能够从中获得某种利益。因此，可以根据顾客在购买过程中对不同利益的追寻进行市场细分。这种方法与前面几种方法不同，它侧重于顾客的反应，而不是产品的购买者本身。比如，不同的顾客希望从不同的银行那里得到不同的利益：一部分希望能从声誉较好的银行那里获得全面、整体性的服务；另一部分则希望获得低利息的优惠贷款；还有人希望在私人银行进行高利率储蓄。一家银行可以根据自身的资源状况，选择其中的一个或两个细分市场进入，提供独具特色的服务。服务的特点使利益细分的方法几乎适用于所有的服务企业。

按顾客受益因素细分市场，首先必须了解顾客购买某种产品所寻求的主要利益是什么；其次要调查寻求某种利益的顾客是哪些人；最后还要了解市场上的竞争品牌各自适合哪些利益，以及哪些利益还没有得到满足。

6) 按服务要素细分

这是根据顾客对企业服务的反应进行细分。虽然从某种意义上来说，它可以归入利益细分，但是仍有单独论述的必要，因为通过了解顾客对企业服务中不同要素的看法及反应，将有助于企业设计更合理的服务组合。

利用服务要素进行市场细分时,通常要考虑以下三个问题。
(1) 是否存在拥有同种服务要求的顾客群体。
(2) 企业能否使自己的产品差异化。
(3) 是否所有的产品都需要同一水平的服务。

彼得·吉尔摩(Peter Gilmour)对设备供应行业进行了研究,以了解不同细分市场对售后服务、电话订货效率、订货的便利程度、技术人员的能力、送货时间、送货可靠性以及资料的提供等九种顾客服务的反应。结果表明,不仅购买者和供应商对这些服务重要性的看法有所侧重,而且不同购买者对这些服务重要性的看法也有很大区别。因此,通过测定购买者对不同服务重要性的看法,供应商将能更加有的放矢地为不同的细分市场提供最佳服务,满足购买者的愿望和要求。

2. 服务市场细分的步骤

服务市场细分一般包括三个步骤:通过调查研究确定相关市场、确定最佳细分变量、细分市场。

1) 通过调查研究确定相关市场

所谓相关市场,是指企业向其推广服务产品的目标顾客群。如某家投资银行将资产超过 100 万元的人士作为自己的目标客户;某家酒店则瞄准商务人员市场等。为确定企业的相关市场,服务营销者要与消费者进行非正式的接触,并将消费者分成若干个小组,以便了解他们的动机、态度和行为,进而通过问卷调查向消费者收集相关的市场资料,如服务产品的知名度、服务产品的使用方式、对该服务产品所属类别的态度等。在了解这些信息的基础上,企业必须对自身的资源状况做一分析,明确自己的优势和劣势,然后确定企业服务产品线的宽度、顾客的类型、地理范围等营销要素。

2) 确定最佳细分变量

前面我们介绍了很多可以用来细分服务市场的变量,实际上,企业在选择细分市场的依据时,并不能照搬这些标准,而必须对其进行甄别或有所创新。所以企业必须确定最佳的细分变量。

一般而言,在确定最佳细分变量时,首先要把各种潜在的、有用的标准都罗列出来。在列出这些标准之后,要对其重要性做一评估,选择出那些被认为是重要性的标准。同时,还需对那些重要的标准作进一步的详细划分,以确定最佳细分变量。一般而言,一项好的或适合的细分变量应具备以下三个特征。

(1) 恰当性。这是好的细分标准必须具备的第一个特征。这意味着它必须与消费者对指定的产品或服务的行为、态度有密切的联系,或者说,它所定义的所有细分市场必须在对指定产品或服务的行为和态度中显示出各自鲜明的区别。

(2) 测量的可能性。一项合适的标准应当是易于测量的,或者至少是可识别的。如细分标准中人口统计、地理等标准总体上符合这一条件,而个性和心理因素则不太容易测量。如焦虑可以作为细分人寿保险市场的标准,但却很难获得关于特定的人群中有多少人是焦虑的、多少人是沉着的统计材料,而且也很难从调查中获得相关的统计。

(3) 实际操作价值。合适的细分标准应具备的第三个特征是对市场营销人员有实际用途,以引导他们向某个或某些特定的细分市场努力;或者使他们根据不同的细分市场,确定不同的营销组合。

3）细分市场

在这一阶段，服务营销者按照确定的细分标准，将消费者划分成不同的集群，然后根据主要的不同特征给每个不同的细分市场命名。

需要说明的是，由于细分市场是不断变化的，所以细分市场的过程必须定期反复进行。在这个过程中，要密切地关注市场出现的一些新变化、新特征，尤其应当关注新的服务类型的出现，以及它对本企业市场的影响，以便及时调整营销策略。

5.3 服务市场选择理论

● 案例导入

屈臣氏的中国目标市场选择

屈臣氏个人护理用品商店（以下简称屈臣氏），是亚洲地区最具规模的个人护理用品连锁店，是目前全球最大的保健及美容产品零售商和香水及化妆品零售商之一。

屈臣氏在调研中发现，亚洲女性会用更多的时间逛街购物，她们愿意投入大量时间去寻找更便宜或更好的产品。这与西方国家的消费习惯明显不同。中国大陆的女性平均在每个店里逗留的时间是20分钟，而在欧洲只有5分钟左右。这种差异，让屈臣氏最终将中国大陆的主要目标市场锁定在18～40岁的女性，特别是18～35岁、月收入在2500元以上的时尚女性。屈臣氏认为这个年龄段的女性消费者是最富有挑战精神的。她们喜欢用最好的产品，寻求新奇的体验，追求时尚，愿意在朋友面前展示自我。她们更愿意用金钱为自己带来大的变革，愿意进行各种新的尝试。而之所以更关注40岁以下的消费者，是因为年龄更大一些的女性大多早已经有了自己固定的品牌和生活方式。

事实证明，屈臣氏对于市场的判断是准确的，在广州和上海，即便不是周末时间，也能看到屈臣氏门店内充斥着努力"淘宝"、购买"美丽"的年轻女性。为了让18～35岁的这群"上帝们"更享受，在选址方面屈臣氏也颇为讲究。最繁华的地段是屈臣氏的首选，例如有大量客流的街道或是大商场、机场、车站或是白领集中的写字楼等地方就是考虑的对象。屈臣氏中国区个人护理商店常务董事艾华顿曾说："随着中国经济的增长，人们的收入大大增加，而在这一阶段的女性是收入增长最快的一个群体。当然，这个年龄段的女性还分很多类别，而我们瞄准的目标群体是月收入在2500元人民币以上的女性。"屈臣氏集团董事兼中国区总经理谭丽娴也强调说："我们的目标客户群是18～35岁的女性。"她认为，这类目标客户群比较注重个性，有较强的消费能力，但时间紧张，不太喜欢去大卖场或大超市购物，追求的是舒适的购物环境。"这与我们的定位非常吻合。"

在北京屈臣氏的消费者更多的是年轻的时尚白领，奇怪的是一些洗面奶及个人护理用品价格很便宜，可时尚白领进屈臣氏店消费并不认为身份掉价。但到别的商业网点就有可能认为身份掉价。年龄大的进店人数并不多，这点充分说明屈臣氏目标顾客群定位的准确。即使非节假日，也能看到屈臣氏门店充斥着衣着时髦、谈吐不俗、喜欢新奇的年轻女性。

资料来源：百度文库，https://www.wenku.baidu.com.

思考与分析

1. 谈一谈你对屈臣氏目标市场选择的看法。
2. 屈臣氏对目标市场采取了哪些经营策略？效果如何？

5.3.1 掌握评估和选择细分市场的方法

对细分市场的评估和选择必须考虑以下四个因素。

1. 细分市场的规模和发展潜力

潜在的细分市场要具有适度规模和预期的增长率，只有规模和预期增长率适当的细分市场才能成为服务企业进入的驱动力。适当的规模和预期增长率是一个相对量，对实力雄厚的大企业来讲，是指规模较大、增长速度较快的细分市场；对中小企业来讲，则是指不被大企业看好、规模较小、增长速度比较温和的市场。但无论是实力雄厚的大企业还是实力较弱的中小企业，都必须考虑目前的销售量及其增长率，选择与自身条件相适合的市场作为目标市场。

衡量一个企业在某一市场上的发展潜力可以采用购买力指标（buying power index）法。购买力指标以三个指标为基础：细分市场消费者人数与总市场人数之比；细分市场消费者实际工资与总市场消费者的实际工资之比；细分市场的销售额与总市场的销售额之比。细分市场购买力指标（BPI）的计算公式为

$$BPI = \frac{0.2 \times 细分市场人数}{总市场人数} + \frac{0.5 \times 细分市场实际工资}{总市场实际工资} + \frac{0.3 \times 细分市场的销售额}{总市场的销售额}$$

假设该市场的年销售额是 X，那么该市场的潜在销售额是 X×BPI。如果公司在细分市场中的实际销售额是 Y，那么该公司完成了潜在销售额的 Y/X×BPI(%)。将此结果与现阶段市场中的份额相比，如果比较的结果大于1，则说明该市场发展的余地较大；结果的正向差异越大，说明市场潜力越大。

2. 细分市场的赢利能力

细分市场不但要具备理想的规模和预期增长率，还要有理想的赢利能力。当然，不同服务企业的目标利润率是不同的，即使同一个服务企业，在同一个时期的利润率也会有所不同。但从长期来看，任何服务企业都必须保证一定的获利水平，否则企业将无法维持生存与发展，企业也就失去了进入细分市场的意义。

3. 细分市场的结构吸引力

理想的赢利能力会使细分市场更具吸引力，但具有相同市场赢利能力的细分市场，由于结构的差异，对企业的吸引力是不同的。我们通常从以下五个方面来研究一个细分市场的结构。

（1）细分市场内的竞争状况。如果某个细分市场已经有了为数众多、实力强大、竞争意识强烈的竞争者，则该细分市场就会失去吸引力。如果企业的细分市场正处于稳定或萎缩状态，面临生产能力不断扩大、固定成本过高、市场退出壁垒过高或者竞争者投资很大等问题时，企业要想坚守该市场，通常需要付出高昂的代价。

（2）新加入的竞争性服务的提供者状况。若某个细分市场的赢利能力过高，则可能吸引新的竞争者加入。它们会投入大量的资源，增加新的生产能力，并争夺市场份额，那么这

个细分市场可能就会失去吸引力。反之,如果新的服务面临着森严的进入壁垒,并且有可能遭到市场内原有服务企业的强烈报复,它们就很难进入。

知识窗 5-1
华为的主要
竞争对手

(3) 替代服务。如果某个细分市场已经出现了替代服务或者具有潜在的替代服务,该细分市场就失去了吸引力。替代服务会限制细分市场内价格和利润的增长,服务营销者必须密切关注替代服务的发展状况。

(4) 购买者的议价能力。如果某个细分市场中购买者的议价能力很强或正在增强,则该细分市场的吸引力就较小。拥有强大议价能力的购买者会设法压低价格,对服务提出更高要求,这会使服务提供者的利益受到损害。

(5) 供应商的议价能力。如果服务企业的原材料或设备供应商具有较强的议价能力,则可能导致价格的上升或者所供应产品或服务的质量降低,使企业蒙受损失。这样的细分市场也是缺乏吸引力的。对于服务企业,最佳的防卫办法就是与供应商建立起良好的合作关系或开拓多种供应渠道。

4. 企业的目标和资源

即使某一细分市场具有合适的规模和增长速度,也具有较好的赢利能力和结构性吸引力,服务营销者仍需将本企业的目标和资源与其所在细分市场的情况结合起来考虑。例如,某一细分市场虽然具有较大的吸引力,但不符合企业的长远发展目标,这时,企业不能只顾眼前利益而损害长远的战略利益,这样的细分市场也只能放弃。另外,即使某一细分市场符合企业的目标,企业也必须考虑其是否具备进入该市场并在竞争中取得优势的资源和技术条件。如果企业没有超过竞争者的技术和资源,甚至缺乏赢得市场竞争的必备力量,那么也不应该进入该细分市场。

此外,服务企业在选择目标市场时除了要认真考察上述四个要素外,还应当考虑到营销的社会责任这一越来越受关注的因素。这表现在企业选择目标市场时应当尽力避免将脆弱的或处于不利地位的顾客当成目标市场,或向顾客提供有争议的或具有潜在危险性的服务。

5.3.2 了解目标市场的进入模式和市场覆盖战略

1. 目标市场的五种进入模式

通过对不同细分市场的评估,服务企业会发现一个或几个值得进入的细分市场,下一步就是要决定进入哪几个市场。通常情况下,服务企业可以选择以下五种方式中的一种进入选定的细分市场即目标市场。

(1) 密集单一市场。密集单一市场是一种最简单的进入方式,服务企业只选择一个细分市场进入,并向该市场只提供一种服务,以取得企业在这一特定市场上的竞争优势。这个细分市场可能会成为企业服务延伸的基点,如图 5-1(a)所示。

(2) 产品专业化。产品专业化即企业集中生产一种服务产品,并向各类顾客销售这一服务。企业用服务产品 P_2 去满足 M_1、M_2、M_3 三个子市场的需求。企业可以通过这一策略在某个服务产品方面获得很高的声誉,并且利于企业降低成本,但这种策略在面临替代服务的威胁时,对企业很不利,如图 5-1(b)所示。

(3) 市场专业化。市场专业化即企业专门为满足某个顾客群体的需要而提供各种服

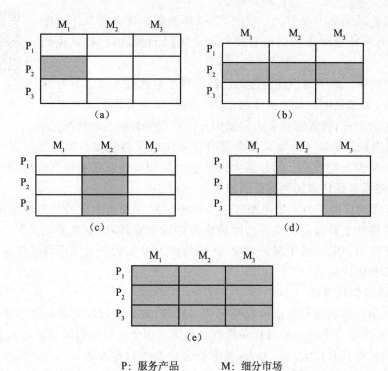

P：服务产品　　　M：细分市场

图 5-1　目标市场进入模式

务。这一策略可以使企业在特定的顾客群体中获得良好的声誉,并可能成为这个顾客群体所需要的各种新产品或服务的提供者或销售代理商,如图 5-1(c)所示。

(4) 有选择的专业化。有选择的专业化即企业决定同时进入几个不同的细分市场,为不同的顾客群体提供相应的服务。其中,每个被进入的细分市场都具有吸引力,并且符合企业的经营目标和资源状况,但各个细分市场之间很少或根本没有联系,然而在每个细分市场上企业都可获利。此种进入策略较之于单一细分市场策略,更利于企业分散经营风险,如图 5-1(d)所示。

(5) 整体市场。整体市场即企业全方位进入市场,用各种服务产品满足各种顾客群体的需求。只有那些资源实力雄厚的大型企业才可能采用此种策略,如图 5-1(e)所示。

2. 目标市场的覆盖战略

市场覆盖战略即目标营销战略,一般来说,有三种市场覆盖战略可供服务企业选择：无差异性市场营销、差异性市场营销、集中性市场营销。

1) 无差异性市场营销

无差异性市场营销即企业只推出一种服务产品,运用一种营销组合,在整个市场上进行销售,试图吸引尽可能多的顾客,如图 5-2(a)所示。

企业采用这一战略的前提应是消费者需求的同质性,即认为面对的是同质市场,或忽略消费者需求的异质性,而着眼于其共同的需求和偏好,不进行市场细分,将整个市场当作目标市场,针对共同的需求,推出一种产品和单一的营销手段加以满足。

采用无差异性市场营销的优势是可以获得规模效益,它是一种与大规模生产和标准化生产相适应的一种营销方法。首先,无差异性的广告宣传、单一的销售程序、相同的管理模

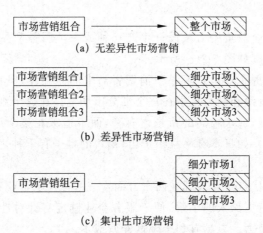

图 5-2　目标市场覆盖战略

式,降低了销售费用和管理费用;其次,以整个市场作为目标市场,节约了市场细分的调研和规划费用,从而也降低了企业的经营成本。

无差异性营销战略的不足:首先是无法满足消费者需求的差别性偏好。实际上很难找到一个需求是完全同质的市场,所以用同一种营销策略去满足所有消费者的需求是不可行的。尤其是消费者需求个性化、差别化的趋势日益明显,这一目标营销战略正面临着严峻挑战。其次是对抗竞争风险的能力较差。无差异性市场营销战略容易受到竞争者的冲击,一旦竞争者将市场细分化,从而从各个细分市场进入,则企业的市场地位将面临危机。

2) 差异性市场营销

差异性市场营销即企业分别提供不同的服务产品,运用不同的市场营销组合,为若干个细分市场服务,满足每个细分市场的不同需求,如图 5-2(b)所示。

企业采用这一战略主要是着眼于消费者需求的差异性,在市场细分的基础上,针对各个细分市场的不同需求和偏好,制订相应的营销方案去满足消费者的需要。现在,越来越多的服务企业在采用差异性市场营销战略,如美国爱迪生兄弟公司就是个典型的例子。爱迪生兄弟(Edison Brothers)公司经营着 900 家鞋店,分为 4 种不同的连锁店形式,每一种都服务于不同的细分市场:钱德勒(Chandler)连锁店专营高价鞋;贝克(Baker)连锁店专卖中档价格的鞋;勃特连锁店专售廉价鞋;瓦尔德派尔(Eduard Pyle)连锁店专营时装鞋。这种策略使该公司的不同类型的连锁店即使距离很近,也不会彼此影响,因为它们针对的是不同的细分市场。这种策略已使该公司成为全美最大的女鞋零售商。

差异性市场营销战略的优点是能扩大销售,提高企业的竞争能力。首先,以多种不同的服务产品、多种营销组合,可以更好地满足不同消费者的需求和偏好,争取更多的顾客,从而扩大销售量。其次,服务企业通过此战略可以在不同的细分市场上都占有一定的份额,可以有效地抵抗某一细分市场需求、竞争状况突变时对企业的威胁。

差异性市场营销的不足:首先,因为差异性营销战略要比无差异性营销战略投入更多的研究开发费用、市场细分调研及规划费用,以及差异性的广告宣传等费用,致使企业总的经营成本偏高。其次,此种战略要求服务企业有较强的综合管理能力,分别对不同的市场设计不同的营销组合,并使企业整体经营状况协调一致,因而管理的难度更大。所以,对于那些资金、技术实力较弱的中小企业来说,原则上不适合采用此种战略。

3）集中性市场营销

集中性市场营销即企业集中力量设计生产一种或一类服务产品，采用一种市场营销组合，为一个细分市场服务，如图 5-2(c) 所示。

采用这一战略的服务企业也是着眼于消费者需求的差异性，但其目标不是整个市场或多个细分市场，而是将资源和精力集中在一个细分市场上。在这个细分市场上，利用有限的资金和力量，向纵深发展，追求较高的市场占有率，而不追求在整个市场或多个细分市场上都占有相对较小的份额。如日本有一家帽子店，销售的帽子有千种之多，在该细分市场获得了较大的竞争优势。

集中性市场营销的优点主要表现在两个方面：一是有利于企业集中力量在一个小的范围内，对消费者的需求有更深入的了解，便于服务企业制定有针对性的营销组合，提供最好的服务，增强企业的竞争力。二是有利于降低经营成本。

集中性市场营销战略的不足：主要表现为风险大。由于采用此种战略的企业的目标范围较小，一旦目标市场内出现剧烈的需求波动或出现强大的竞争者，企业就容易陷入困境。

上述三种不同市场覆盖战略各有利弊，分别适用于不同的企业和市场情况。一般而言，实力较强的大中型服务企业通常可采用无差异市场营销或差异市场营销战略；那些实力薄弱的小企业虽无力与大企业竞争，但其灵活性强，可以"见缝插针"地在一些大中型服务企业不参与、竞争不激烈的某个狭小的细分市场上立足，即采用集中性市场营销战略。

5.4 服务市场定位理论

案例导入

屈臣氏的服务市场定位和经营策略

屈臣氏以"个人护理专家"为服务市场定位，围绕"健康、美态、快乐"三大理念，通过为消费者提供别出心裁的产品、优雅的购物环境和专业的资讯等服务来传达积极美好的生活理念，旨在协助热爱生活、注重品质的人们塑造自己内在美与外在美的统一。屈臣氏是一家超市，她的营销手法非常细致和有特色。为了方便顾客，以女性为目标客户的屈臣氏将货架的高度从 1.65 米降低到 1.40 米。将走廊的宽度适当增大，增加顾客选择的时间和舒适度。另外店面颜色更多使用浅色，让顾客更容易兴奋起来。每家屈臣氏个人护理店均清楚地划分为不同的售货区，商品分门别类，摆放整齐，便于顾客挑选。在商品的陈列方面，屈臣氏注重其内在的联系和逻辑性，按化妆品—护肤品—美容用品—护发用品—时尚用品—药品的分类顺序摆放。屈臣氏还在不同的分类区域推出不同的新产品和促销产品，让顾客在店内不时有新发现，从而激发顾客的兴趣。归根结底，屈臣氏的制胜法宝就在于把握了以下四个方面的经营原则。

1. 主题式的商超氛围

屈臣氏以其新颖独特的产品组合以及高质量的产品深受消费者的青睐。其经营的产品可谓包罗万象,来自20多个国家,有化妆品、药物、个人护理用品、时尚饰物、糖果、心意卡及礼品等25000种。纵向截取目标消费者群中的一部分优质客户,横向做精、做细、做全目标客户市场。屈臣氏所倡导的是"健康、美态、欢乐"的经营理念,锁定18～35岁的年轻女性消费群,专注于个人护理与保健品的经营。

在屈臣氏销售的产品中,药品占15%,化妆品及护肤用品占35%,个人护理品占30%,剩余的20%是食品、美容产品以及衣饰品等。但是,这种产品比例并不意味着屈臣氏每个店里所售卖的产品都大同小异。屈臣氏会根据不同的地段安排店内的摆设和产品的布局,尽量符合当地顾客的习惯和需求。因此,在优雅的购物环境中,消费者不仅可以轻易见证高质低价的承诺,更能从其独一无二的产品组合中,体验屈臣氏独家提供的与世界同步的购物惊喜。走进屈臣氏,给人的感觉,不是走进了一家超市,而是一家专业的个人护理店。

2. 专业化的购销理念

屈臣氏主要诉求的是时尚和健康。所以,在各地的店铺主要实行统一门店形象,统一采购、进货及统一实施营业管理的运行流程。不少女性消费者走进屈臣氏最大的感受就是店内的氛围、营业员的素质、商品的陈列和商品的吸引力。

屈臣氏拥有一支强大的健康顾问队伍,包括全职药剂师和供应商驻店促销代表。他们均受过专业的培训,为顾客免费提供保持健康生活的咨询和建议。屈臣氏在店内陈列《护肤易》等各种个人护理资料手册,免费提供各种皮肤护理咨询;药品柜台的"健康知己"资料展架提供各种保健营养分配和疾病预防治疗方法;积极推行计算机化计划,采用先进的零售业管理系统,提高订货与发货的效率。如此种种,可以让客户看到屈臣氏关心的不仅是商品的销售,更注重对顾客体贴细致的关怀,充分展现了其"个人护理"的特色服务。

3. 自有品牌战略

屈臣氏的核心产品主要分为两部分:一是全球各类品牌的护理用品,如宝洁、美宝莲、雅芳在店内都设有专柜;二是屈臣氏自有品牌,有化妆品类和个人护理用品类等。自有品牌在屈臣氏的店内是一个独特的类别,消费者光顾屈臣氏不但选购其他品牌产品,也购买屈臣氏的自有品牌产品。自有品牌产品每次推出都以消费者需求为导向和根本出发点,不断带给消费者新鲜的理念。通过自有品牌,屈臣氏时刻都在直接与消费者打交道,能及时准确地了解消费者对商品的各种需求信息,又能及时分析掌握各类商品的运销状况。在实施自有品牌的过程中,由零售商提出新产品的开发设计要求,与制造商相比,具有产品项目开发周期短、产销不易脱节等特征,在降低风险的同时,降低了新产品的开发成本。不少的女性消费者都有这样的印象:屈臣氏的东西不贵;的确,以统一标注不断冠名其他企业加盟,屈臣氏就从一个终端零售商变成了一个产品直营商。价格优势,不容小觑。

4. 终端促销创新理念

深度研究目标消费者群体的心理与消费趋势,从品质到包装,全方位考虑消费者需求。

掌握了雄厚的上游生产资源,屈臣氏就可以将终端消费市场的信息第一时间反馈给上游生产企业,进而不断调整商品。从商品的原料选择到包装,容量直至定价每个环节,几乎都是从消费者的需求出发,因而提供的货品就像是为目标顾客量身定制一般,正是从消费者的角度出发,屈臣氏似乎总走在别人前面。根据目标客户群的定位,屈臣氏提出了"个人护理"的概念。凭其准确的市场定位,屈臣氏"个人护理专家"的身份深入人心,以至于人们一提到屈臣氏,便想到"个人护理专家",其品牌影响力可见一斑。

资料来源:百度文库,https://wenku.baidu.com.

思考与分析

1. 请对屈臣氏在中国的目标服务市场定位和经营策略进行简要评价。
2. 站在女性消费者角度,你觉得屈臣氏的哪些经营手段能够打动你?为什么?
3. 根据行业发展和行业专家对化妆品产业的发展预测,描述近期或将来市场消费者行为的发展,并为屈臣氏制定新的相应对策。

5.4.1 认识服务市场定位的含义、意义和特点

1. 服务市场定位的含义

 名词点击

所谓服务市场定位,是指服务企业根据市场竞争状况和自身资源条件,建立和发展差异化竞争优势,以使自己的服务在顾客心目中形成区别,并优越于竞争者服务的独特形象。当企业选择了目标市场并遇到竞争对手时,自然而然要作定位分析。比如,企业需要了解在这一细分市场上顾客心目中所期望的最好服务是什么,竞争对手所能够提供服务的程度,以及本企业提供的服务是否与顾客需求相吻合,如果顾客的期望尚未或很少被满足,那么企业应该采取怎样的措施使自己的产品达到顾客期望的水平等。

从20世纪80年代开始,定位的战略意义逐渐被一些领先的服务企业所认识,因为它给不可触摸的服务提供了一个实实在在的框架。进入20世纪90年代以后,定位对于服务企业的重要意义就表现得更加明显了。由于市场竞争的加剧,顾客很容易被铺天盖地的广告信息所淹没,他们要区分不同的企业所提供的服务日益困难,此时服务企业的定位宗旨就是如何使顾客比较容易地识别本企业的服务。

定位是一种战略性营销工具。据此,企业主管能够明确企业现有的位置、希望占据的市场,企业可以确定自身的市场机会,并且当竞争情况发生变化时,企业能够采取相应的措施。服务定位是服务差异化的先决条件,更是服务品牌形象确立的基础。每一种服务都会因提供者和提供标准的不同而形成一系列区别于其他产品的特征,其中有的是实质性的,有的是感觉上的。市场定位就是使这些特征在顾客心目中和市场舆论中得以强化和固化的过程。

【小问答5-2】 服务市场定位的中心和出发点是什么?

答:服务市场定位是营销观念的具体体现,即它是以了解和分析顾客的需求心理为中心和出发点的。定位绝对不是首先要公司决定把自己以什么样的形象发布出去,或者是通过行为表现出来,而是首先从市场出发,从探求顾客的心理着手,去搞清楚他们是一个什么样的想法,再把公司或产品与服务的特色结合起来考虑。

2. 服务市场定位的意义

1) 定位能创造差异

企业通过市场细分与目标市场选择,选定了自己的目标市场。但仅是确定了目标消费者还是远远不够的,因为企业此时还处于"一厢情愿"状态,使目标消费者购买本企业的服务才是关键。为此,企业要将其服务定位在目标消费者所偏爱的位置上,并通过一系列营销活

动向消费者传达定位信息,使本企业与竞争者的差异凸显于消费者面前,从而引起消费者的注意并使之感到本企业的服务就是他们所需要的。如果本企业的定位与消费者需求相吻合,则企业就在消费者心目中占据了有利位置。

我国香港报业是定位创造差别化的典型例子。香港共有报纸60多种,在狭小的市场空间内竞争十分激烈,而其中的佼佼者无不是通过定位战略来创造差异的。如《明报》定位于政论性;《信报》定位于财经、商业;《东方日报》定位于市民家居;《星岛日报》定位于社区新闻等。

2) 定位形成竞争优势

迈克尔·波特(Michael Porter)提出,企业获得竞争优势的两个基本途径是低成本和差异化。定位可以创造出本企业区别于竞争企业的独特性,并通过定位沟通将此差异化深植于消费者的心中,从而获得较为持久的竞争优势。在这个定位时代,企业必须明确的是,关键不是对产品本身做什么,而是在消费者的心目中做什么。例如,香港报业竞争中的佼佼者无不是通过定位战略来创造差异从而形成竞争优势的。

3) 实现定位差异化的方法——价值链分析

市场定位过程在很大程度上取决于企业有效地为顾客提供优越传递价值的能力。优越传递价值是企业提供给顾客的全部价值减去顾客购买成本之差。其中全部顾客价值包括服务价值、产品价值、人员价值和形象价值等,全部顾客成本则包括货币价格、时间成本、能源成本和心理成本等。因此,顾客的购买决策过程实际上就是对这些成本和价值进行比较和考量的过程。

波特的价值链(value chain)模型有助于对优越传递价值进行分析。利用价值链分析,企业能够发现通过增加价值实现产品差异化的途径。波特认为,价值链上的活动可以分成两种类型。一种是基本活动,如内部和外部物资管理、经营、营销和服务等;另一种是支持性活动,如基础设施、人力资源管理、技术开发等。支持性活动渗透于基本活动的过程中。如图5-3所示。考虑到服务行业的具体特点,可以设计出符合服务行业实际情况的价值链。比如,一家管理咨询公司的价值链如图5-4所示。通过价值链分析,企业将不断明白如何从价值链上的各种活动着手建立竞争优势。一方面可以通过有效地从事各项活动而获得低成本的优势;另一方面也可以通过利用独特的方式从事这些活动而获得差异化优势。应该明确的是,价值链上的各项活动并不是独立进行的,它们之间也存在着相互影响、相互作用的关系。而且,在服务企业内这些活动之间的界限更为模糊。比如,营销、经营和人力资源管理等活动之间并不存在真正的独立。因此,企业有必要根据实际情况对这些活动或职能进行协调和整合,以达到有效为顾客提供优越传递价值的目的。

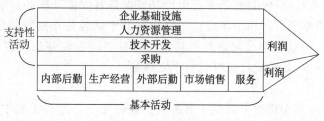

图5-3　一般价值链

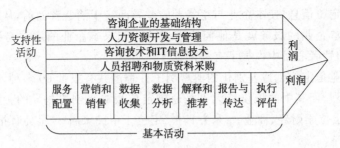

图 5-4 管理咨询公司的价值链

价值链的每个元素代表了应该彻底考察和辨别现有的和潜在的企业可以实现其成本优势或差异性优势方法的一个领域。为了获得差异性,将竞争对手的价值链加以考察是很有必要的。价值链的分析方法可在如下方面对服务企业有所帮助。

(1) 企业可通过价值链分析,对自己的价值链有一个清晰的认识和了解,并且可以寻找到赢得差异性或成本优势的资源,从而实现给顾客传递卓越的价值。

(2) 通过价值链分析,企业可以了解适合其顾客的价值链在什么地方。如果顾客是普通的制造企业,则其价值链与上文所述的普通价值链基本相同;如果顾客是服务企业,则企业应当将其价值链从一般价值链中区分出来;如果顾客是个体消费者而不是企业,则个人价值链也应被考虑在内。

(3) 企业可以通过价值链分析,了解其供应商或分销商的价值链,以便更好地与之合作。

(4) 企业可以了解竞争对手的价值链,并将其作为自己的竞争基准。

3. 服务市场定位与服务的特性

在本书第 1 章中,我们已经讨论了服务的基本特征,这些特征对于服务企业市场定位和选择合适的服务具有重要意义。尤其是服务的无形性、差异性和不可分离性等特征对于服务企业市场定位的意义更为重要。克里斯托弗·J. 伊斯沃德(Christopher J. Easingwood)和维贾伊·马哈詹(Vijay Mahajan)根据这三个特征提出了服务企业市场定位的不同选择。

1) 服务的无形性

服务的无形性特征使服务企业的营销区别于生产性企业的营销,因为企业无法根据看得见、摸得着的有形产品特征来推广产品。但是,市场定位却可以使无形的服务变得有形化。它通过有形产品证据的作用而使顾客感知到无形的利益。比如,一位旅客投宿某酒店时希望酒店非常整洁,也就是说,他愿意得到"整洁"的利益。而当他走进酒店房间时看到的是一尘不染的地毯、整齐洁净的设施,连卫生间马桶的盖子上都贴着"已为您消毒"字样的便条。旅客所看到的地毯、设施和便条等有形产品证据都将促使其在心目中形成一个良好的印象,即这家酒店很整洁。采用市场定位策略也有助于顾客对其他附加在服务上的有形特征进行识别。比如,一家保险公司进行市场定位时希望顾客能够比较容易地参加投保,这时,公司会设计出详细、易懂的投保说明书并免费赠阅。

2) 服务的异质性

服务的异质性在很大程度上取决于服务人员在服务生产过程中的作用。比如,在一家餐馆中,主要是服务员与顾客打交道,他们的表现将直接影响顾客对餐馆的服务评价。然而,他们的服务质量在不同的时间里也会有所不同,而且服务员之间的水平也参差不齐,这就使整个餐馆的服务存在很大差异。同时,提高或降低服务中任何一部分的质量都将会影响整体服务质量。比如一家被认为服务质量水平很高的酒店可能会因为个别服务人员仪表不整而给顾客留下不好的印象。因此,企业在进行市场定位时也可以从提高服务人员素质的角度入手。麦当劳快餐店就充分认识到了这一点。该公司开办了"麦当劳汉堡包大学"对其雇员进行严格培训,从而在人员素质方面与其他快餐店形成差异化。

3) 服务的不可分离性

正如在本书第1章中所指出的,由于服务本身不是一个具体的物品,而是一系列的活动或过程,所以,在服务的过程中,顾客和服务提供者必然发生联系,二者缺一不可。当服务人员向顾客提供服务的时候也正是顾客消费服务的时候,即服务的生产和消费过程同时进行,其中离不开顾客的参与。因此,企业也可以从管理顾客参与的角度实现产品的差异化。

总之,服务的上述基本特征为企业进行市场定位提供了现实依据,企业可以从多个角度实现自身产品的差异化。事实上,在本书第1章中我们还分析了划分服务类型的不同方法和模型。这些方法和模型也为企业市场细分提供了条件。比如,企业有可能充分地满足顾客的实际需求,但是,这种需求又是捉摸不定的,只有第一线的服务人员才能把握得住。所以,当SAS航空公司认识到这一点后,公司放权由服务人员自主决策。这些一线服务人员自己给自己定位,努力做到关心顾客,切实满足顾客的实际需求。

5.4.2 理解服务市场定位的原则和层次

1. 理解服务市场定位的原则

市场定位的最终目的是提供差异化的产品,使之区别和优越于竞争对手的产品,而不论这种差异化是实质性的、感觉上的,抑或是二者兼有的。虽然无形的产品即服务的差异化不如有形产品那样明显,但是,每一种服务都能让顾客感受到互不相同的特征。既然如此,服务企业在进行定位时,必须尽可能地使服务具有十分显著的特色,以最大限度地满足顾客的要求。通常,在评价差异化特征时有以下几个标准可供选择。

(1) 重要性,即差异所体现的需求对顾客来说极为重要。

(2) 显著性,即企业产品同竞争对手的产品之间具有明显的差异。

(3) 沟通性,即这种差异能够很容易地为顾客所认识和理解。

(4) 独占性,即这种差异很难被竞争对手模仿。

(5) 可支付性,即目标顾客认为因产品差异而付出额外花费是值得的,从而愿意并有能力购买这种差异化产品。

(6) 赢利性,即企业能够通过实行产品差异化而获得较多的利润。

每一种服务都会有一系列区别于其他服务的特征,其中有些特征可能是实质性的,另外一些则可能是感觉上的。企业在市场定位时将面临一项重要的抉择,即向目标顾客推销其服务所需要的特征数量究竟是一个还是多个。有的营销人员喜欢"强调一点而不及其余",他们认为,通过大力推广服务的某一个优点容易在顾客心目中形成市场领导者地位的形象。也有一些营销人员认为应该介绍服务的多个特点,这样能够寻找到更多的市场机会,并不易被其他竞争者跟随。不管怎样,有一点是必须强调的,即企业必须承认和接受服务在顾客心目中已有的形象和看法,如果试图否认或挑战顾客的已有认识,必然会导致失败的结局。一个成功的定位战略必须考虑到顾客对服务的已有认识,然后确定哪些服务需求在顾客心目中是十分重要的,哪些需求是竞争对手所没有或很少满足的。企业所要选择的正是那些未被满足的,并且对顾客极为重要的需求。

2. 理解服务市场定位的层次

本章前面提到的定位,均指服务企业提供的产品或服务的定位。事实上,定位有好几个层次,以前提到的只是其中之一,即"产品定位"层次,而作为一个系统的服务市场定位一般包括以下几个层次。

1) 服务行业定位

在考虑企业位置以及产品位置之前,服务企业必须首先考虑自己所在的行业在整个服务产业中的位置。图 5-5 显示了部分服务行业的相对位置。

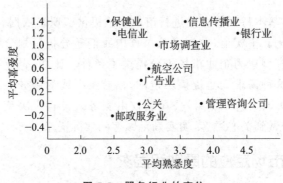

图 5-5　服务行业的定位

2) 服务企业定位

服务企业定位与它的产品定位是相辅相成的。企业定位处于定位层次的高层,服务企业必须先定位它们的产品,然后才能在公众中树立自己良好的企业形象。而企业定位则对产品定位起着强化作用。一旦企业定位成功,获得了良好的社会声誉,则企业的产品定位也会相应得到巩固,并为企业带来长期效益。

一般而言,企业根据其自身的资源状况和市场中的竞争状况可在以下定位中进行选择。

(1) 市场领导者。即在行业中处于领导地位。这样的企业既是市场竞争的主导者,也是其他企业挑战、效仿或回避的对象。如零售业中的沃尔玛、快餐业中的麦当劳等。

(2) 市场追随者。即在市场上居于次要地位,一时不能成为行业领导者的企业。根据其追随领导者的程度可以分为紧密跟随者、距离跟随者和选择性跟随者三种定位。

(3) 市场挑战者。即在同行业中虽然居于次要地位,但已发起与领导者的竞争并迅速后来居上的定位。

(4) 市场补缺者。即那些在市场中某些部分实行专业化经营,以避免与重要企业发生冲突,仅为市场提供某些有效的专业化服务的企业定位。这种定位一般适用于那些实力较弱的中小企业。

企业定位的具体方法很多,例如,企业形象定位、杰出人物定位、服务特色定位、公共关系定位等。

3) 服务定位

服务定位是将某个具体服务定位在顾客心目中,只要顾客产生了相关需求,就会自然而然地想到这种服务,从而达到先入为主的效果。服务定位是定位系统的基础,只有企业最终售出的服务在顾客心目中占据了有利的位置,企业定位才有了基础。

服务可以是有形的东西,比如饭店的各种饭菜等,也可以是无形的东西,比如理发、音乐会等。服务定位的目的就是让这些有形、无形的服务在顾客心目中留下深刻的印象,因此,产品的各个要素都要与这一定位形象相符合。按照现代观念对产品进行界定,产品是指为注意、获取、使用或消费以满足某种欲望和需要而提供给市场的一切东西。产品内涵已从有形物品扩大到服务(如美容、咨询)、人员(如体育、影视明显等)、地点(如桂林、维也纳)、组织(如保护消费者协会)和观念(如环保、公德意识)等;产品的外延也从其核心产品(基本功能)向一般产品(产品的基本形式)、期望产品(期望的产品属性和条件)、附加产品(附加利益和服务)和潜在产品(产品的未来发展)拓展,即从核心产品发展到产品五层次。为了取得有利的市场地位,企业必须围绕着产品的五个层次进行服务定位,使自己的服务与竞争对手的服务有所差异。

需要说明的是,企业并不需要在上述所有层次进行定位。比如出租车公司和饭店,只需在企业层次和个别服务层次定位就行,而且定位决策也相当简单。但对于一些规模大、开展多项业务的服务机构,上面三个层次的定位都是必要的。但是,有两点需明确:一是企业定位和个别定位必须有清晰的相关性并有内在的逻辑关联;二是品牌可以产生于产品组合层次,也可产生于个别产品层次。

5.4.3 掌握服务市场定位的步骤和工具

1. 服务市场定位的步骤

1) 确立定位层次

采取哪一个层次的定位一般是很明确的,但有些企业会在不同的时期强调不同的层次。例如,一些英国的结算银行目前高度重视公司定位,而非产品定位。

2) 确定关键特性

定位层次确立后,需要针对选定的细分市场确立一些重要的专门特性,尤其应当考虑影响购买决定的那些因素。每个人在对服务作出购买决定时都会采用不同的标准,购买服务的目的也可能影响评价标准,比如人们对商业保险和人身保险的评价标准是有差异的。使用服务的时间同样会影响服务选择,比如人们为工作日午餐和周六晚餐选择不同的餐馆。另外,决策单位也有关系,比如个人使用服务和集团使用服务时决策方式是不同的,家庭将比个人更重视服务企业的友好态度。

顾客基于自身所感受到的不同服务机构之间的差异来作出选择,有时这种差异并非本行业最重要特性之间的差异。比如,乘飞机的旅客通常都把"安全性"作为首要选择标准,但事实上大多数航空公司提供的飞行安全性相差无几,顾客的选择实际上是基于舒适性、正点率以及飞机上提供的饮食等其他品质。因此,应当通过调查,确认决定服务选择的显著特性是什么,这将构成定位的基础。

因此,服务企业应当确认目标细分市场要求的显著特性和专门利益。重要的是了解顾客希望这些相关的显著特性带来什么利益,并设法让顾客感受到这种利益的存在。借助计算机的帮助有许多分析研究工具,可以用于确认显著特性,比如因果分析、多元相关和回归分析、差分方程分析等手段。

3）将特性置于定位图上

在确定了最重要的特性之后，应将具备这些特性的服务企业的相对位置在定位图上标示出来。如果存在一系列重要特性，建议通过统计方式将之综合并简化为二维且能代表顾客偏好的主要选择特性。

定位图可表示竞争企业依据选择出的特性所处的市场位置，其中空白之处还暗示着企业潜在的市场机会。如果企业有多个细分市场，则可以根据顾客在不同市场上对服务和利益的不同评价做多个定位图。

定位图既可基于客观特性，也可基于主观特性。英国一家报纸在一项研究中使用的定位图就采用了平均年龄和社会阶层这两个客观变量。定位图也可将客观特性和主观特性结合起来，比如银行在进行定位研究时可分别以"最优贷款利率"和"友好服务"这两个客观主观特性作为二维的衡量指标。图5-6显示了通常采用的二维定位图。

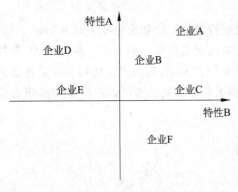

图5-6 二维定位图

利用定位图，我们不仅可以确定竞争企业的位置，而且能够发现核心需要之所在，从而沿着满足核心需要的路径对自己进行重新定位。

4）评价定位选项

（1）可供选择的定位方式。利斯和德鲁特曾提出三种定位选项。

① 避强定位。这是一种避强就弱、抢占市场薄弱环节的定位方法。服务企业采用这种定位方法可以避免激烈冲突并巩固当前的位置。比如一家出租车公司在全国排名第二，为了避免来自强手的打击，它把第二这个市场位置当作一项资产，其宣传用语是："我们暂时屈居第二，所以我们会更加努力！"这样既宣传了自己，又激发了顾客的同情心和信任度，从而巩固了当前的市场位置。服务企业还可以采用确定空缺的市场位置，打击竞争对手弱点的定位方法。比如联合泽西银行是新泽西州的一家小银行，它把自己定位为"一个快速行动的银行"，以便在与花旗银行等大银行竞争时，攻击其反应较慢的弱点。

② 迎头定位。这是一种以强对强的市场定位方法。由于与强有力的竞争对手对着干，所以这种方法的风险较大，但同时也能激励企业以较高的目标要求自己，奋发向上，如麦当劳、肯德基在很多地方的竞争就是属于这种定位策略。

③ 重新定位。当企业产品出现滞销、市场反应迟钝等现象或第一次定位不准确时，就需要进行重新定位。重新定位往往基于以下三种情形。

a. 原有定位不能达到营销目标。此种情形或是因为传播的困难，或是因为虽有效地向目标顾客传递了企业的定位观念，但市场占有率、利润率等经营指标不理想。比如，纽约附近的长岛有一家小银行叫长岛信托公司，面临来自纽约的花旗银行等大银行日益激烈的竞争。市场调查表明长岛信托在六家银行中按分支行数目、服务范围、服务质量、资本金等指标衡量均排名最后。为此，长岛信托把自己重新定位为"长岛人的长岛行"，所有指标的排名不久就有了大幅度提高。

卓越实践 5-1
定位使这家托儿所
连锁企业在竞争
中脱颖而出

b. 发展新市场的需要。新的市场有不同的市场环境和不同文化、社会背景的顾客,原有定位可能变得不准确,需重新定位。

c. 竞争的需要。企业在竞争中可能会丧失原来在某些方面的明显优势,而建立在原有优势基础上的定位无法再使企业具有竞争力,需要重新定位。

一般而言,重新定位具有一定的风险。首先,企业内部要在定位方面达成共识是比较困难的;其次,要重新获得顾客的认同也并非易事;最后,企业还可能面临资金投入的困难。

(2) 成功定位的原则。企业在确立自己的市场位置之后,应当努力维持或提升其相对于竞争者的市场位置。托马斯·康斯尼克(Thomas Kosnik)提出了下列成功定位必备的特征。

① 定位必须是有意义的。定位不应是一些漂亮的宣传口号,而应当是具有实际意义的,否则企业可能陷入困境。如计算机行业的苹果公司,它一直把自己树立成一个年轻的、具有自由精神的,立志要改变世界的硅谷公司形象,这种形象在家庭和教育市场上很受欢迎,可在相对保守的企业市场上则似乎并没有得到认可。可以说,在企业市场上,苹果公司的这种定位有华而不实之嫌。所以,后来苹果公司开始在解决顾客问题方面投入了更多的关注,并在宣传中也注意强调这一点,使其定位更有实际意义。

② 定位必须是可信的。服务企业的市场定位必须能让其目标顾客信服,而不是一厢情愿地宣传一些在其顾客看来并不可信的东西。如许多公司声称能为所有的人提供所有的服务,这显然是令人难以信服的。即使是那些行业中的领先者,也没有声称自己无所不能的,而是集中于某一特定领域做一个可信任的企业。虚假夸大的、不可信任的定位往往会适得其反,给企业带来不利影响。

③ 定位必须是唯一的。企业应当在既定的目标市场上,发掘能持续地使自己保持领先地位的市场定位,差异化的方法有很多种选择,表 5-1 列出了 12 种领先方式及其内涵,即 12 种可使企业获得领先地位的定位选项,企业应当根据自己和市场的竞争状况加以选择。

表 5-1 定位方式

定位选择	含义
市场份额领先者	最大的规模
质量领先者	最好的或最可信的产品或服务
服务领先者	最迅速地为顾客解难
技术领先者	最早发现新技术
创新领先者	在技术应用上最具创造性
灵活领先者	最具适应性
关系领先者	最致力于顾客的成功
特权领先者	最具排斥性
知识领先者	最好的功能和技术
全球领先者	在国际市场上占据最佳位置
折扣领先者	最低的价格
价值领先者	最好的价格/性能比

企业在考虑这些定位选项哪一个最为合适时,应回答下面的问题。

- 哪一种定位最能体现企业的差异化优势?
- 哪一种定位为主要竞争对手所占据?
- 哪些定位对每一目标细分市场最有价值?

- 哪些定位有众多的竞争者？
- 哪些定位目前的竞争尚不激烈？
- 哪些定位最适合于企业的产品和产品线定位战略？

以上关于定位选项的选择，是从顾客感知服务的角度来分析的。事实上，考虑定位的角度有多种，因为企业的位置要受到竞争群体和顾客群体的影响。企业、竞争者、顾客便构成一个定位感知网络，这个网络（见图 5-7）对企业实施营销战略的方式有深远的影响。

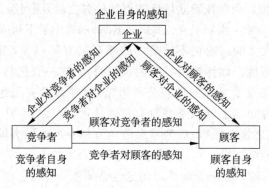

图 5-7　定位感知网络

应当注意到，企业对自身的感知与竞争者和顾客对企业的看法经常相悖。立足于企业层次的定位必须致力于管理和宣传自己差异化的位置，以提高企业的可见度和可信度，为此企业必须不断地与顾客对话，以支持并提升其市场位置。

5）执行定位

企业和服务的定位需要通过与顾客隐性和显性的接触传达出去，这就意味着公司的职员、政策和形象都应当传递期望中的市场定位。事实上，企业期望的位置和实际传递的位置往往不相一致。比如，英国航空公司曾标榜自己服务周到，但旅客的实际感受并非如此，为此公司需要作大规模的内部调整，其中包括职员必须真正想顾客所想，而经理对职员也要采取关怀的态度。在广告战略上，公司大胆放弃了沿用很久的"我们关心您"这一口号，转而从具体行动上体现公司的特色。可见，成功的定位取决于协调的、整体的内部和外部营销策略。

如果目标细分市场的顾客对企业提供的服务反应冷淡，那么定位就很有可能失败。反应冷淡的原因主要是企业的服务毫无特色，与竞争者相比没有明显的优势，为此企业的定位战略必须突出本企业服务的与众不同之处，而且这些不同之处正是顾客所看重、所渴望的。因此，企业必须经常考察其定位战略，使之不至于过时或者脱离目标顾客所需。

市场营销组合是执行定位战略的关键所在，执行定位的市场营销组合必须基于与目标细分市场相关的、关键的、突出的特性。确立这些特性应该分析竞争者的位置以发现其弱点所在。市场营销组合代表着定位的无限机会，下面将说明每一组合因素如何支持服务企业的定位。

（1）产品。产品本身能够传递定位，比如银行发行某种新卡可以将企业定位为具有创造性。

（2）价格。零售商和服务企业非常清楚价格在定位中的作用。价格以及一定价格带来的服务质量的改变有助于企业进行重新定位。

（3）服务便利性和地理位置。一些银行把自己定位为更接近顾客，这有赖于技术的进步。

（4）沟通与促销。沟通与促销和定位联系十分紧密，因为正是广告等沟通与促销规划使定位得以传达出去。定位主题或标志,比如"我们在倾听您的意见""全球最佳航线"等有助于强化期望的定位。

(5)职员。职员对定位起着关键作用。如果企业的定位是"我们会更加努力",那么它必须设法保证每个职员确确实实在为服务顾客而付出更大的努力。企业在传递定位之前,首先要培训职员以改善其服务表现。

(6)程序。程序对定位也是至关重要的。如果在银行或超级市场门前排起长队,再训练有素的职员也束手无策。另外,通过改革程序结构(包括提供服务的复杂性和多样性),也可以对企业进行重新定位。

(7)顾客服务。顾客服务对顾客感知有很大影响,因此顾客服务可用来创造竞争者难以模仿的竞争优势,即在定位中创造差异性。

2. 掌握服务市场定位的工具

定位不仅是一种思考,在实践中还需要专业性的工具使之操作具体化。下面介绍定位图、排比图和配比图三种定位工具。

1)定位图

定位图是一种直观、简洁的定位分析工具,一般利用平面二维坐标图的服务识别、服务认知等状况作直观比较,以解决定位的问题。其中,坐标轴代表消费者评价服务的特征因子,图上各点则对应市场上的主要服务产品或服务企业,它们在图中的位置代表消费者对其在各关键特征因子上的表现的评估。

知识窗 5-2
几种常见的
定位失误

利用定位图进行定位通常分为两步:确定关键特征因子和确定各服务在定位图上的位置。其中,确定特征因子是编制定位图的关键。影响消费者购买特征因子的因素多种多样,企业必须通过市场调查确定那些对消费者购买决策影响最大的因素,并要注意该因素应该能够和竞争者进行比较。然后将各竞争服务或企业置于定位图,即可发现企业的定位空间。

如图 5-8 所示,以 A 市餐饮业为例,说明定位图的应用,对于餐馆,消费者最关注的三项特征因子是服务、环境和价格,这是通过调查分析得来的。从图 5-8 中可以看出,该市的餐饮业主要集中在两端,一是服务、环境很好,但价格同样不菲的高档酒楼;二是低档、价廉的小食肆。这两类市场竞争很激烈,市场空隙很小,但从图 5-8 中可以看出,服务、环境优良但价格适中的市场领域却是一片空白,餐饮企业可以定位于此,获得相对广阔的市场空间。

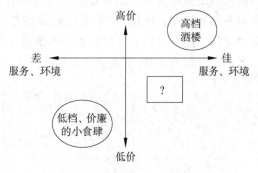

图 5-8 餐饮企业定位图

2)排比图

随着消费者的需求差异越来越大,同时产品同质性越来越高,对消费者购买决策产生影响的产品特征因子也越来越多,这使营销者选择关键特征因子的难度越来越大,由双因素分析发展为多因素分析已是客观要求。而若定位图超过两维,不仅其直观性大受影响,而且也增加了分析的难度。排比图突破了这一局限性,兼顾多因素分析与直观性。所谓排比图,就是将特征因子排列出来,在每一因子上分别比较各竞争服务产品或企业的表现,最后在此基础上确定定位。图 5-9 所示是以一家管理咨询公司为例说明排比图的运用。

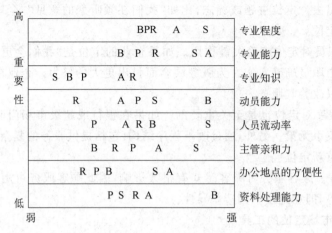

图 5-9 竞争公司强度

在图 5-9 中,描述咨询公司的 8 个特征因子的重要性由上到下不等,其中专业程度最重要,专业能力次之,资料处理能力最不重要。图中 B、P、R、A、S 代表各主要竞争对手,其中,S 公司在最关键方面——专业程度上能力最强,而且在专业能力、动员能力、主管亲和力方面实力都很强。而 A 公司则在专业能力方面最强。不难发现,前两项特征因子已是强手如林,不宜再强行进入。但从图 5-9 中可以看出,在"专业知识"上,排在最前面的 R 公司也表现平平,连出众的 S 公司在此方面也很弱,因此,定位的范围就很明显了,专业知识不失为一个有价值的定位位置。

3)配比图

运用配比图比较容易发现市场空当,从而找到定位的范围。如图 5-10 所示,配比图左边列出的是竞争者及自己服务的优势与劣势,而右边则列出了经细分的消费者群对服务的各自要求。经左右配比,定位成功的服务都可以击中某一群消费者,如 A-G4、C-G1。至于那些定位不成功或缺乏定位的服务则游离于市场需求之外。企业要注意的是哪一群消费者的需求没有得到满足,这就意味着那是一个潜在市场。

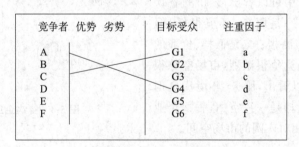

图 5-10 定位配比图

实训课业

一、技能训练

(1)如果你想在大型百货商店中创建一家女装销售店铺并采取特许经营的方式进行营业,作为老板,在当前女装市场竞争日趋白热化的情况下,你认为应该怎样对女装进行市场细分、目标市场选择和市场定位?

(2) 中国某城市有 A、B、C、D、E 五家酒店参加评比,通过问卷调查,顾客按照价格水平和服务水平两个主要评价要素对五个酒店的经营状况的评分结果见表 5-2,请根据表 5-2 所示数据制成企业定位图并对酒店服务市场现状进行分析。

表 5-2 酒店经营状况社会评分结果一览表 单位:分

评价要素	A 酒店	B 酒店	C 酒店	D 酒店	E 酒店
价格水平	98	90	60	80	40
服务水平	98	90	60	45	40

(3) 某城市卫生管理部门对五所医院的竞争强度的评分结果见表 5-3,请根据表 5-3 所示的评分结果绘制成排比图并对定位的目标进行分析。

表 5-3 医院竞争强度评分结果一览表 单位:分

评价要素	A 医院	B 医院	C 医院	D 医院	E 医院
医生数量	98	96	90	80	70
医德水平	98	90	80	85	75
医疗和护理技术水平	95	98	80	84	82
医疗设备水平	90	96	85	75	70
病床数量	90	80	70	60	50
科研水平	70	60	50	20	40
医疗管理水平	60	65	70	40	30
后勤管理水平	40	50	30	60	20

(4) 选择一家你所在城市的大型购物中心进行调研,分析说明它是如何进行市场细分、目标市场选择和市场定位的?

二、实训项目

著名服务型企业服务市场细分、目标市场选择和市场定位战略的应用

1. 实训内容

组织学生到饭店、宾馆、银行、医院等著名服务型企业中去调研,分析它们是如何进行服务市场细分、目标市场选择和市场定位的。

2. 实训目的

利用服务市场细分、目标市场选择和市场定位的理论结合企业实际分析、研究和解决企业存在的实际问题,提高学生的实践应用能力。

3. 实训要求

(1) 采取多种教学形式。一是聘请水平较高的服务型企业高级管理人员到学校做专题讲座;二是组织学生以 6~8 人为一组,由组长负责,利用实训课或其他时间到著名服务型企业去考察和学习。

(2) 以小组为单位座谈讨论,分工协作撰写调研报告。报告的主要内容包括:企业如何进行服务市场细分、目标市场选择和市场定位;采取的措施和取得的成绩;存在的问题和原因;解决问题的可行性的对策和建议。

第 6 章

服务产品策略

本章阐释

本章通过对服务产品策略的基本理论和实务的介绍,使学生了解服务产品的概念,掌握服务产品生命周期各个阶段的特点及企业应采取的营销策略,理解新服务的概念、服务创新的层次、网上服务新产品和新服务开发的程序,理解服务品牌的含义,明确服务品牌的管理内容。

能力目标

(1) 掌握服务产品生命周期各个阶段的特点及企业应当采取的营销策略。
(2) 理解网上服务新产品的基本情况。
(3) 明确服务品牌的管理内容。

6.1 服务产品概念

案例导入

不断丰富的方特家族

深圳华强方特文化科技集团股份有限公司拥有主题乐园、方特动漫、特种电影、主题演艺、文化衍生品等业务板块。

1. 主题公园

与迪士尼发展模式相同的方特主题公园经历 10 年的发展,在全国拥有 20 个正在运营的主题公园,是全国数量最多的主题公园。2015 年度业绩报告华强方特文化科技主题公园收入为 25.34 亿元,同比增长 38.5%。

2. 动漫产品

华强方特已经出品包括《熊出没》《生肖传奇》《小鸡不好惹》等 20 部作品。《熊出没》作品出口全球 100 个国家和地区,并在美国迪士尼频道播出。《熊出没》目前一共上映了四部大电影,累计票房达 11 亿元。第二部《熊出没之雪岭熊风》最终票房为 2.95 亿元,2017 年 1 月春节期间推出的《熊出没·奇幻空间》票房再创新高,累计票房突破 5.15 亿元。2017 年方特还面向不同年龄段的孩子推出了《熊熊乐园》《熊熊欢乐 SONG》等系列动画片。

3. 特种电影

华强方特拥有目前国内规模最大、种类最多、设备最齐全、技术最全面的特种电影专业公司,已完全掌握成套影视制作专业技术,取得多项国内外发明专利;自主研发了多种智能化拍摄系统,拥有国际一流的大型高科技影视摄影棚。

4. 主题演艺

华强方特借助在自动控制、人工智能、机械设备、影视特技等方面的优势切入演艺行业,打造国际顶尖的主题演艺项目。目前已在主题乐园内提供了"神画""丛林的故事""猴王""飞翔之歌""孟姜女"等多个主题演艺项目,以现代高科技表现手段为核心,集合现代音乐、舞蹈、杂技、武术、戏剧、多媒体等多种艺术要素于一体,呈现气势磅礴、美轮美奂的舞台效果,其中多部作品在国内外获奖无数。

5. 文化衍生品

华强方特依托成熟的多元化产业发展基础,将特种电影、数字动漫、主题演艺、文化科技主题乐园、文化衍生品等相关领域有机结合,广泛开展文化衍生品的自主创意开发设计、品牌授权跨界合作、市场销售渠道搭建,已有涵盖玩具、文具、音像图书出版物、服装鞋帽、家居家具、电子产品、食品、体育用品、手游等20多类约两万余种产品上市销售,极大提升品牌附加值。

资料来源:李文国.市场营销[M].北京:清华大学出版社,2018.

思考与分析

结合方特家族的产品特点,分析"服务"与"有形产品"的关系。

6.1.1 理解服务产品概念的含义

1. 产品的含义

名词点击

按照现代产品观念,产品是指为注意、获取、使用或消费以满足某种欲望和需要而提供给市场的一切东西。产品的内涵已从有形物品扩大到服务(如美容、咨询)、人员(如体育、影视明星等)、地点(如桂林、维也纳)、组织(如保护消费者协会)和观念(如环保、公德意识等);产品的外延也从其核心产品(基本功能)向一般产品(产品的基本形式)、期望产品(期望的产品属性和条件)、附加产品(附加利益和服务)和潜在产品(产品的未来发展)拓展,即从核心产品发展到产品五层次,如图6-1所示。

产品、服务与有形商品是具有一定区别的概念。严格地说,产品是一个大的整体的概念,而服务和有形产品则是产品范围内的两个小概念。菲利普·科特勒认为:服务产品往往依附于有形的物品,而有形产品里面也包含有服务的成分。

2. 服务产品的含义

名词点击

服务产品的概念有广义和狭义之分。广义的服务产品是指一切具有无形特征却可以给人带来某种利益或满足的一系列活

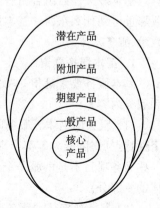

图6-1 产品的5个层次

动,包括派生性服务产品和专业性服务产品。狭义的服务产品仅指专业性的服务产品。一般情况下,服务营销中讨论的服务产品都是指专业性服务产品。

1) 派生性服务产品

派生性服务产品是指服务在整体产品中不占主体地位,它依附于有形产品而存在,为促进有形产品销售,无偿或有偿地向顾客提供的能增加顾客满意度的一系列活动。

2) 专业性服务产品

专业性服务产品是指一系列专门为解决顾客的有关问题或为顾客带来某种利益和满足的具有无形性的活动过程。这一活动过程在整体产品中占有主体地位,有形产品(有形展示)可能作为服务活动顺利进行的物质基础或条件参与其中。专业性服务产品包含核心服务、便利服务和支持服务三个层次。

(1) 核心服务是企业满足目标市场需要的服务,是顾客真正购买的服务和利益。它体现了企业最基本的功能。比如,酒店提供住宿,航空公司提供运输等。当然,一个企业可以有多个核心服务。例如,一家酒店,既可以提供住宿服务,也可以提供会议服务和餐饮服务。

(2) 便利服务是企业为了使顾客能够享用核心服务,提供的一些附加服务和便利条件。例如,北京华联超市为了方便顾客购买,设有专门的汽车定点定线免费接送顾客的服务。

(3) 支持服务是核心服务以外的使顾客能够感受或在其意识中形成的其他利益,其作用是增加服务的价值或者使企业的服务同其他竞争者的服务区别开来。支持服务并不是为了方便核心服务的使用,而是被企业作为差异化战略而使用的。例如,旅馆房间内向住客提供洗漱用品和手机充电的设备等。

便利服务与支持服务之间的区别有时并非十分明显。一些服务在某种场合是便利服务,在另外的场合可能是支持服务。但是,对二者加以区分是十分重要的,因为便利服务往往是义务性的、不可或缺,没有这些服务,企业的基本服务组合就会失效。这是顾客最基本的期望价值。支持服务是为了增加服务的价值和竞争力。没有便利服务,核心服务不可能或不能顺利被消费;没有支持服务,核心服务仍能被消费和享受。

6.1.2 了解基本服务产品组合的内容

基本服务产品组合由一系列无形和有形的服务要素组成,并决定了顾客究竟能够从企业那里得到什么东西。基本服务产品组合包括:基本服务要素、服务形态、服务质量、服务数量、服务水平。

1. 基本服务要素

基本服务要素是指一项完整的服务应有的组成部分,一般包括服务的主体、服务的客体和服务内容。

(1) 服务的主体。服务的主体一般指的是履行服务的人。他们的经验水平、教育水平、个性特点、交际能力等都会影响到顾客对服务产品的评价。在实际的服务操作过程中,如果一些服务项目不是由服务企业所提供的,而是由顾客自己提供的,那么,顾客也成为服务主体的一部分。

(2) 服务的客体。服务的客体即服务的对象,也就是服务的顾客。服务的不可分离性决定了服务的生产过程与消费过程是同时进行的。所以,服务对象对服务产品的生产有着一定的影响力。

（3）服务内容。这里研究的服务一般指的都是专业性服务产品，包括核心服务、便利服务和支持性服务。具体内容在前面已经阐述。

2. 服务形态

在基本服务组合中，各种服务要素是以不同的形态提供给市场的。针对每种服务要素进行的不同选择便构成了不同的服务形态。例如，服务产品的标准体系。对于每一项服务都应有统一的评判标准，这样才能使顾客在消费时心中有数。酒店的星级服务标准、医院的统一服务标准、每一家麦当劳快餐店的服务标准等都属于此列。

3. 服务质量

（1）服务质量的含义。根据世界标准化组织 ISO 对质量的定义：质量是反映产品或服务满足规定或隐含需要能力的特征和特性的总和。

简单来说，服务质量是产品生产的服务或服务业满足规定或潜在要求（或需要）的特征和特性的总和。特性是用来区分不同类别的产品或服务，例如，旅游有陶冶人的性情、给人愉悦的特性，旅馆具有能让消费者休息和睡觉的特性；特征则是用来区分同类服务中不同规格、档次、品位的服务。例如，飞机和轮船用舱位的等级来表示服务的规格和档次，而酒店则用星级标准来说明其服务质量的基本特征。

（2）服务质量的构成要素。服务质量由技术质量、职能质量、形象质量和真实瞬间构成，它是顾客感知质量与预期质量的差距的具体体现。①技术质量是指服务过程的产出，也就是顾客从服务过程中所得到的东西，如饭店的菜肴是否可口、旅馆的服务是否到位等；②职能质量是指服务推广过程中顾客所感受到的服务人员在履行职责时的行为、态度、着装和仪表等给顾客带来的利益和享受；③形象质量是指服务企业在社会公众心目中形成的总体印象，顾客可以从企业的资源利用、组织结构、市场运作、企业行为方式等多个侧面来认识企业形象；④真实瞬间是指在特定的时间和特定的地点，服务供应者抓住机会向客户展示其服务质量的过程。

4. 服务数量

与服务质量密切相关的是服务数量或提供给顾客的服务额度。它们是不容易设定和管理的。与服务数量有关的决策包括：服务产品中递送的服务总量，如在旅游服务中旅客所游览的景点数量；服务产品递送的服务时效性，如旅客是否能在合同约定的时间内得到满意的服务；服务产品递送的服务流量，这是衡量消费者获得服务信息的强度指标。

5. 服务水平

服务水平是指顾客在获得利益质量和数量之后所做出的判断，是服务使用者对于他们所将获取的服务要素以及这类要素的构成形态的一种心理预期和期待。

从客观上来说，服务水平是对服务人员水平、服务质量水平、服务品牌战略、服务流程、服务时效、服务态度等的综合评判。但从主观上看，服务水平又表现为顾客的实际感受与其心理预期之间的差距。

【小问答】 有形产品展示和服务产品展示的主要区别是什么？

答：二者的主要区别是：①有形产品可以利用产品实体本身来对产品进行有形展示，也可以借助一些消费者看不见的抽象的、无形的联想来推广自己的产品。服务产品无法用服务产品本身和另外一些无形的联想来推广服务产品，但它可利用环境和所有用以帮助生产服务和包装服务的一切实体产品和设施来展示服务产品。②服务产品的形象在很大程度上取决于人,所以人就必须被适当地包装。

6.1.3 理解服务过程的含义

基本服务组合只是揭示出服务产品的技术层面,而服务的生产和传递过程以及顾客对这些过程的感知也是服务产品的重要组成部分,是服务产品生产和消费的全过程。服务过程包含以下三个要素。

1. 服务的易接近性

服务的易接近性是指顾客能否较容易地了解、接触、购买和使用服务。通常,服务信息的传递过程(包括服务购买前的信息传播和搜寻过程、服务中的信息感知过程、服务后的评价过程和信息反馈过程)、服务人员的数量和技术、办公时间及其安排和顾客的数量与知识水平等决定了服务是否具备易接近性。如果一家公司的客服人员让顾客等了很久才拿起话筒,或者他不能找到技术人员同顾客交谈有关维修的问题,那么,该公司的服务就失去了可接近性,这将严重影响顾客对其服务产品的感知。

2. 顾客与企业之间的交换过程

顾客与企业之间的交换过程,即服务生产的过程,也是服务消费的过程。在这个交换过程中,顾客与服务人员是有互动的。这种互动过程可分为以下几种。

(1)顾客与服务人员的相互沟通取决于服务人员的行为,如他们说什么、做什么以及如何说、如何做等。

(2)顾客与企业的物质设备、技术资源之间的相互作用。

(3)顾客与企业各个系统如等候系统、账单系统、传递系统之间的相互作用。

(4)同一互动过程中,顾客之间的相互作用。

毫无疑问,顾客在购买服务的过程中,不仅要与服务人员打交道,还要了解和熟悉企业的经营管理制度和运作程序,有时还要使用自动点餐机之类的技术设施,而且还会与其他相关的顾客打交道。所有这些互动过程都将对顾客感知企业服务质量产生重大影响。如果顾客认为这些过程过于烦琐和复杂,或者受到不友好的对待,则他们很难会给企业的服务质量以较高的评价。

3. 顾客参与

顾客参与也是服务递送系统的一项重要内容。由于服务产品的生产和消费是同时进行的,顾客直接参与服务产品的生产过程,并影响到他们对服务产品的认知。比如,当病人去医院看病时,病人作为"服务对象"必须向医生提供正确、充分的信息,帮助医生做出正确的诊断,进而在很大程度上影响治疗效果。

根据以上论述,我们可以总结出服务递送系统的两大要素:人员和有形展示。

(1)人员。涉及服务表现和递送的人员大致有三种类型:一是服务企业的员工,以他们的态度、技能、知识和行为影响顾客从服务消费中所获得的满足水平。这些企业员工,不论是否与顾客接触都会对服务的形态、特色和性质产生影响。二是顾客见到的人以及见不到的人。为服务企业工作的,还有公关代理、中间人、志愿者以及其他相关人员,也会影响到服务。三是不可或缺的"消费大众",包括过去、现在以及未来可能的消费人群。由于他们在服务生产过程中均有参与,会影响到"过程",同时也会相互影响。

（2）有形展示。服务是无形的，但服务设施、服务设备、服务人员、顾客、市场信息资料、定价目录等都是有形的，是顾客在"购买"服务时能看到的资源。因此，一切可传达服务特色及优点的有形组成部分都被称作有形展示。有形展示的有形产品包括建筑物、厂房、设备、工具、设施之布局陈设以及服务的实体性要素，从运输工具到标签、文件和格式等。

6.1.4 掌握服务产品组合决策的内容

服务是一种复杂的产品，因为它有时不仅提供无形产品，还可能同时提供有形产品。这一点无论对于制造业企业，还是服务业企业，都是客观存在的。关于服务产品化，在网络供应、物流、银行、保险等服务行业领域表现得尤为明显。对于制造业企业，如摩托车生产企业，其售后服务中心在为客户提供服务时，很可能会为客户提供零配件服务，而零配件就是一种有形产品；对于服务业企业，如零售业也会为客户提供用于购买的商品。可见，在很多情况下服务都是一个组合产品，如某汽车厂商针对新4S店开业推出的系列服务活动：免费检测发动机、免费洗车、免费赠送打折卡等，这是一个"打包"的服务产品。

因此，在进行服务产品规划时，考虑如何进行服务组合是非常必要的。服务产品组合是指服务企业所提供的各种不同类型的服务产品之间质的组合和量的比例。服务组合的确定就是对服务组合的宽度、长度、深度和相关性等方面进行全方位决策。

1. 服务产品组合的含义

服务产品组合由各种各样的服务产品线所构成。服务产品线是指相关联的一组服务。这些服务出自同一生产过程，或针对统一的目标市场，或在同一销售渠道里销售，或同属于一个服务档次。比如，酒店提供不同的房间在同一销售渠道里销售。服务产品组合可以从宽度、长度、深度和相关性四个方面进行分析。宽度是指一个企业提供服务的大类的多少，即服务产品线的条数。长度是指各个服务产品线长度的总和，而各个服务产品线的长度则指服务产品线中服务项目的数量。深度是指每个服务项目中包含的服务子项的品种，如酒店里双人间又分为普通双人间和豪华双人间，这样双人间的深度就是2。相关性是指各服务产品线在最终效用、提供条件、分销渠道及其他方面的关联程度。以酒店为例，由于客房服务、餐饮服务与会议服务总是很容易被客户共同利用，酒店的服务产品线具有很高的相关度。

2. 服务产品组合策略

服务产品组合策略是通过对服务企业产品线和竞争对手产品组合战略的分析，对服务产品线的宽度、长度、深度和相关性做出的决策。一般有以下服务组合策略。

（1）扩大服务组合。扩大服务组合即拓展服务组合的宽度和加强服务组合的深度，并把这些产品推向多个不同的市场。

（2）缩减服务组合。缩减服务组合即面对市场不景气或原材料供应紧张，企业为了提升总利润而剔除获利能力差的服务产品线或服务项目，集中有限资源发展获利多的服务产品线或服务项目。

（3）服务定位延伸。服务定位延伸即全部或部分改变服务原有的市场定位，向上、向下或双向延伸服务产品线。

（4）服务产品线现代化。服务产品线现代化即在某些市场条件下，服务企业的服务产品线要在生产形式上或服务理念上不断创新,超过竞争对手或顾客期望,以适应竞争形势。比如为那些情绪不佳的人开设的发泄吧,就是在不断创新中推出的服务产品,不但有专业和特殊的人员服务,还有专供人发泄的各类道具。

6.2 服务产品的生命周期

案例导入

美国在线高等教育的产品生命周期

服务性质的在线教育是一种新形态教育产品,是为广域范围内的学习者提供具有一定人力资本积累的物质产品和非物质形态的教育服务总和。因此,从演化路径上看,在线教育也应遵从于产品生命周期的一般规律。美国作为世界上高等教育最发达的国家之一,其在线高等教育也成为世界的先行者和其他国家的效仿者。在学术领域最为著名的是美国斯隆联盟在斯隆基金会和培生集团的赞助下,联合百步森调查研究团队和大学委员会等机构,发布了14份斯隆联盟报告。从报告中可以看到,美国在线高等教育似乎正在沿着"诞生、快速成长、发展变革、突破瓶颈"生命轨迹演化。

资料来源:逄红梅,黄宏军,高健.美国在线高等教育成长轨迹及启示——基于产品生命周期视角[J].电化教育研究,2018(8).

思考与分析

结合美国在线高等教育的产品生命周期的特点,分析中国在线高等教育目前所处的生命周期阶段。

6.2.1 理解服务产品生命周期的概念

名词点击

产品的生命周期就是产品的市场寿命,是产品从无到有、由盛到衰的过程。同理,服务产品的生命周期是指某一种服务产品从进入市场、稳步增长到逐步被市场所淘汰的过程。全面认识服务生命周期并依据不同阶段的特征制定相应的营销策略和改进方案,是促进服务快速成长、保持长盛不衰的必由之路。

典型的产品生命周期大致经历四个阶段:导入期(引入期)、成长期、成熟期和衰退期,以企业的营业额和利润,以及在变化过程中两者之间的关系来衡量产品的生命周期。

服务产品生命周期理论在很多服务市场营销中显示了充分的适用性。互联支付、网络医疗平台、租赁和户外娱乐等服务行业正处在成长的过程,而电影、电器维修和家庭服务等行业则已经发展过了其顶峰阶段。它也适用于金融服务行业、非营利组织的市场营销、艺术领域等,并在旅游和航空运输中也有一定的适用性。

根据服务产品各市场阶段在市场中的收益变化,最典型的服务产品的生命周期表现可分为四阶段的S形收益曲线,如图6-2所示。

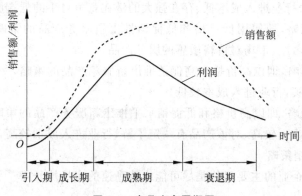

图6-2 产品生命周期图

(1) 在服务产品的引入期,顾客对该服务产品的认知度比较低,随着服务产品推广的不断深入,销售收益呈缓慢上升的趋势。

(2) 在成长期,如果最初的购买者保持忠诚,新的购买者在促销和口碑的带动下尝试购买,那么服务需求就开始膨胀,生产和流通成本随销售量的增加而减少,收益快速上升,服务产品进入成长期。同时,新的竞争对手受到市场机会的吸引,将会进入市场,竞争压力逐渐增加。

(3) 进入成熟期后,服务产品的销售达到了高峰,销售量的增长平稳且缓慢。

(4) 到了衰退期,由于顾客消费偏好的转移、服务技术过时和竞争对手推出新产品等原因,服务产品已经明显缺乏市场的支持,销售收益急剧下降。

有关专家对很多服务产品进行研究之后,发现有许多服务产品的成长与衰退历史并不完全是依循普遍化模式,而存在一些基本模式的不同变体。常见的有以下几种。

(1) 超越型:是指服务产品进入成熟期后,由于服务诉求的变化,出现了新的消费群体、服务环境、服务水平以及其他因素的变化,具有超越竞争的优势,因此能继续找到新的顾客而使生意兴隆,历久不衰。

(2) 循环型:产品或服务在衰退期出现新生机而进入所谓的"第二周期",周期性呈现出需求的高峰和低谷,但第二周期显然不如第一周期的业绩表现。

卓越实践6-1
国产网络游戏的
生命周期及各个
阶段的特点

(3) 流星型:服务产品在进入市场后,以其自身的新、奇、特的特点受到顾客的狂热追捧,很快迎来成熟期,又迅速衰退。

6.2.2 掌握服务产品不同生命周期阶段的营销策略

1. 引入期的营销策略

引入期是服务产品的生命周期的起点。引入期的长短取决于顾客认识新服务并消除主观上的购买风险意识的时间。在现实的市场中,很多新开发的服务产品在投放市场以后,还没进入成长期就被淘汰了。因此,企业要针对引入期的特征和不同服务产品的特征,制定和选择不同的服务营销策略。为此,可以采取和选择以下营销策略。

(1) 迅速渗透策略,即使用低价格和高促销推出新服务产品的策略,适用于市场规模大、对价格比较敏感、行业进入成本低、存在强大的潜在竞争对手的低端服务产品。

（2）缓慢渗透策略，即使用低价格和低促销推出新服务产品的策略，适用于市场规模大、产品有较高的知名度、市场对价格敏感的服务产品。

（3）迅速撇脂策略，即以高价格和高促销推出新服务产品的策略，一般适用于全新概念产品，消费者急于购买，行业进入成本较低。

（4）缓慢撇脂策略，即以高价格和低促销水平推出新服务产品的策略，这类服务的市场规模有限，服务对象收入较高，对该产品有一定了解，行业进入成本较高，竞争威胁较小。

2．成长期的营销策略

在成长期，服务企业的主要目的是尽可能维持高速的市场增长率。为此，可以采取和选择以下营销策略。

（1）尽可能扩大服务网点数量，使顾客更容易接近服务，并通过增加服务种类开展特色服务，改善服务态度，加强服务管理，留住老顾客，开发新顾客，提高服务质量来创造竞争优势，吸引更多的顾客，增加服务产品销售额，提高市场占有率。

（2）服务广告的宣传重点除了扩大产品知名度外，还应加强消费者对服务产品的信任，说服消费者接受和购买。

（3）进行新的市场细分和市场开发，开辟新的服务产品线，提高服务产品的市场覆盖率。

3．成熟期的营销策略

延长该服务产品的成熟期和稳定市场份额的增长是企业该阶段的主要任务。为此，可以采取和选择以下营销策略。

（1）发展服务产品的新用途，提升消费者对服务产品的满意度，使服务产品转入新的成长期。

（2）开辟新的服务市场，提高服务产品的销售量和利润率。其包括两方面：一是对现有市场重新细分，对服务产品重新定位，找出新的目标消费者群体，即对消费市场进行纵深开发；二是将成熟的服务产品投放到全新的市场中，扩大服务产品的市场覆盖面，即服务产品市场的横向开发。

4．衰退期的营销策略

进入衰退期以后，尽量利用原服务产品赚取最后的利润，为推出新服务产品积蓄能量是企业该阶段的主要任务，为此，可以采取和选择以下营销策略。

（1）立即放弃策略，即彻底放弃该项服务，将回收的资源投入更具有吸引力的市场。采取该策略可能会带来短暂损失，但抓住新的市场机会的概率大增。

（2）逐步放弃策略，即继续经营该服务产品，只是回收资金后就不再投入，经营规模逐渐缩小。这种策略虽然避免了立即放弃的阵痛，但经营成本会越来越高。

（3）自然淘汰策略，即继续保持原来的经营状态。这种策略虽然可能会暂时增加一些客户，但总的来说，代价很高。

服务产品生命周期是一个很重要的概念，与服务企业制定服务产品策略以及营销策略有着直接的联系。站在服务营销的立场上，审视服务产品生命周期，不仅能给企业应对各个阶段的变化和挑战提供启示，还能帮助企业认清一些潜藏在生命周期边缘的市场机遇，更是服务营销人员用来描述服务产品和服务市场运作方法的有力工具。

6.3 新服务的开发

● 案例导入

星巴克中国专注数字化创新

2017年12月5日,25000家星巴克门店中最大且级别最高的门店落户上海,这家星巴克上海烘焙工坊自开业后一直客流如潮。

2018年3月,星巴克企业管理(中国)有限公司副总裁李磊出席2018数字化创新大会时用这家星巴克"标杆"店为例,详细解读了星巴克在数字化创新方面的思考和动作。同时,这也是上海烘焙工坊肩负星巴克革新客户体验四大使命的首度曝光。"星巴克门店布局有一个金字塔机构,在最底端的是目前最普遍的普通星巴克店,较高一层的是有手冲咖啡角落的门店,再高一层是星巴克甄选店,会提供较小众的咖啡,由星巴克统一采购、烘焙等,而金字塔顶端就是烘焙工坊店了。"李磊说,上海烘焙工坊几乎是把一个咖啡烘焙作业的工厂搬到了市区。"开这样一家门店的过程就是一种创新,目前全球只有两家店,一家在西雅图,一家在上海。而无论是在美国还是在中国,都突破了不少传统法律、法规的局限,这样的创新之举也得到了政府的支持。"

既然付出巨大,星巴克为什么还要动用各种资源,费劲周章做这件事?"创新对于星巴克而言,就是为了不断提升消费者的体验。"李磊说,上海烘焙工坊即是星巴克在数字化时代创新用户体验的新实践。"传播与拓展星巴克咖啡文化,引导式、全方位点单体验,零售商店,社交平台分享是星巴克希望在上海烘焙工坊实现的四个目标。"

(1) 在拓展文化方面,上海烘焙工坊从外观就开始引人入胜,自带文化内涵。伫立于店内的2米高、重6吨的巨型咖啡储存铜罐,数百名咖啡师以27米长的吧台为舞台展现七大煮咖啡方式,以及铺设于天顶的"咖啡交响管"传输着一颗颗经过烘焙的咖啡豆,都让消费者对咖啡的生产制作过程有更直观的认识。而通过场景识别技术(AR方案),消费者更可探索星巴克"从一颗咖啡生豆到一杯香醇咖啡"的故事。数字化手段让星巴克传播咖啡知识更加生动,也给予了消费者对咖啡沉浸式的体验。

(2) 在引导式、全方位点单体验方面,李磊表示,这也是上海烘焙工坊最大的创新点。"我们希望不让柜台锁住我们的消费者。过去大家对星巴克最大的抱怨就是排队的人太多了,咖啡师会推销办卡,而很多冷冰冰的咖啡机更是背对着消费者,让大家的体验不够好。"李磊说,在上海烘焙工坊一切都是开放式的,并且店里无线网络和无线设备的引入,让这些"死角"不复存在。同时,点单也不再是消费者自己拿手机操作。店里的商品品种不仅涉及各种各样的咖啡,还有巧克力、蛋糕、比萨、酒水等,但通过咖啡师的引导和数字化运营,让多产品、多人、多服务交叉不再混乱。

(3) 在零售商店方面,建筑面积2700平方米、共两层的上海烘焙工坊就像一个大商场,消费者在其中能选购的商品种类众多,但借由第一次在星巴克全球体系尝试的线上线下全渠道购买体验,消费者看中的商品都可以通过手机淘宝"扫一扫",在天猫星巴克官方旗舰店下单,等待商品直接送到家。

(4) 最后,在社交平台分享方面,同样依托场景识别技术(AR方案),消费者可以找到店内相对人少的区域就餐,也可打卡指定工坊景点,获得虚拟徽章,并解锁工坊定制款拍照工具,与朋友及时分享成为星级咖啡师的乐趣。"在上海烘焙工坊,数字化的创新覆盖了人脸识别、后台、管理生产、ERP,以及人力资源管理。可以说,新技术的应用改变了零售的硬件和软件,让我们可以摆脱传统POS,让消费者获得很好的体验。"李磊说,星巴克区别于其他咖啡店的最重要的一点,就是专注于一切从消费者体验出发,让人与人、人与企业的连接更顺畅。"目前,星巴克在中国大陆130多个城市拥有3300家门店。未来五年,在中国的门店数还将拓展至5000~6000家。而这样规模的增长,需要星巴克在视觉、语音、区块链、大数据、机器学习、人工智能、增强现实技术/虚拟现实七个领域进行再创新,进行个性化精准营销,实现企业内部效率上的突破。"

资料来源:李子晨. 星巴克中国专注数字化创新. 中国商务新闻网,2018年3月.

思考与分析

1. 星巴克在中国的创新服务有哪些?
2. 我国餐饮行业能否从星巴克创新的模式中有所借鉴?

6.3.1 理解新服务产品的概念

由服务产品的生命周期理论可知,服务产品在市场上总是经历着一个从成长到衰退的市场发展过程。所以,服务企业要想在激烈的市场竞争中成功地发展,就必须不断地引入新产品,以适应不断变化的市场需求。按照技术特性,新服务产品或服务创新主要从以下几个方面来进行。

1. 完全创新产品

完全创新产品即采用全新的方法来满足顾客的现有需求,给他们以更多的选择。采用这种方式风险较大,但回报也很高。

2. 进入新市场的产品

进入新市场的产品即一些已有的服务在进入新的市场时,也被视为新服务产品。比如,将在一些城市已经成熟应用的公交刷卡消费引入尚未使用该方式的城市时,公交刷卡消费就是一种新的服务产品。

3. 服务拓展

服务拓展即增加现有服务品种,拓宽产品线的宽度。由于技术和营销方式已经具备,选择这种方式投资比较少,但创新效果也不会很突出。

4. 服务革新

服务革新即用新技术对现有产品的特征予以改进和提高。实质上是对核心服务以外各层次进行改善,以调整产品的期望价值、增加顾客的附加利益。

5. 形式变化

形式变化即通过改善有形展示来改变现有服务。

6.3.2 掌握新服务创新类别的分级

对于服务的供应商来说,有很多不同的方法可以创新。常见的服务创新类别有以下七种，涵盖了从主体服务创新到简单的风格改变的各个层级。

1. 主体服务创新

面对尚未确定的市场，企业为其创造新的核心服务，包括崭新的服务特征和服务流程。如联邦快递在 1971 年创建的全国范围内连夜包裹快递服务。

2. 主要的服务流程创新

使用新的服务流程提供现有的核心服务，通过新的模式提供额外的益处。如中国人民大学通过网络进行授课，使忙碌的"上班族"可以利用业余时间取得大学学位。

3. 生产线延伸

生产线延伸是企业对现有服务产品线进行拓展，为了满足现有顾客更广泛的需求或吸引不同需求的新顾客。比如，现在很多银行都开展了代售保险产品的服务，希望借此提升与现有顾客的赢利关联。

4. 流程线延伸

流程线延伸是企业提供了一种新的服务传递过程，为了增加便利性，为顾客提供不同的服务体验，吸引那些对原有服务不感兴趣的新顾客。比如，天猫超市在 2017 年 7 月 21 日开启了北京市 1 小时送达服务，就是在原有 24 小时送达服务的基础上的延伸。

知识窗 6-1
24 小时送药服务
上线"30 分钟送达"
解决夜间急需

5. 附加性服务创新

附加性服务创新是为现有核心产品增加新的便利性或增强型的服务要素，或大幅革新现有的附加性服务。比如，热带雨林咖啡馆通过提供服务体验（餐厅设有水族馆、瀑布、活鹦鹉等）来增加核心产品（食品）的竞争力。

6. 服务改进

服务改进主要是对现有产品进行轻微调整变化，包括对核心产品或现有的附加性服务的改进。

7. 风格变化

风格变化是指不涉及流程或服务表现的变化，仅仅在风格上进行改变的创新。比如，一般商场经营 5 年左右都会进行"店面升级"的重新装修。

综上所述，服务创新可以在各个层面进行，并不是每一种服务创新都涉及服务产品特征或顾客体验方面的改变。

6.3.3 掌握新服务产品的开发流程与推广过程

1. 新服务产品的开发流程

新服务产品开发是一项极其复杂的工作，从根据各种需要提出设想到正式将服务产品投放到市场为止，其中经历了许多阶段，涉及很多方面。由于各个行业之间的差别和不同服务产品技术的不同，特别是产品开发的方式不同，新产品开发经历的阶段和具体内容也不完全一样，但基本上都经历以下七个步骤。

（1）构思。对未来产品的基本轮廓架构进行构想，是新产品开发的基础和起点，可以通过许多方式产生：既可能来自企业内部，也可能来自企业外部；既可以通过正规的市场调查获得，也可以借助非正式的渠道。

（2）筛选。并非所有的构思都是好的构思，并非所有好的构思都可以付诸实施。对于所获得的构思，企业还必须根据自身的资源、技术和管理水平等进行筛选。通过筛选可以较早地放弃那些不切实际的构思。

（3）服务产品概念的产生。产品概念是用顾客语言表达的精心阐述的构思。在这一阶段，经过筛选后的构思与顾客的需求相结合，转变成具体的产品概念。同时，还将该产品的特征同竞争对手的产品进行对比，了解它在顾客心目中的位置，对产品概念进行定位。

（4）商业分析。商业分析即经济效益分析，是为了解这种产品概念在商业领域的吸引力大小及其成功与失败的可能性。具体的商业分析将包括很多内容，如推广该项服务产品所需要的人力和额外的物质资源，销售状况预测，成本和利润水平，顾客对这种创新的看法以及竞争对手的可能反应等。

（5）服务产品开发。进入具体服务产品实际开发阶段时，企业要增加对此项目的投资，招聘和培训新的人员，购买各种服务设施，建立有效的沟通系统，建立和测试构成服务产品的有形要素，构建有效的服务产品递送系统。

（6）市场试销。由于服务产品的不可感知性特征，服务企业试销某些新型服务产品总是存在一些特定的困难。一般来说，通常会选择小范围试销新服务，通过顾客的感受来调整新产品的服务内容和服务项目等要素。

卓越实践 6-2
海底捞的极致服务就是让人意想不到

（7）正式推广上市。新产品正式推广上市后便进入其生命周期的引入阶段。企业在新产品上市之前，必须明确如何在适当的时间和适当的地点、采用适当的推广战略、向适当的顾客推销其新型服务产品。

2. 新服务产品的推广过程

新服务产品从被开发出来到被市场完全接受，是有一个必要的过程的。服务产品推广过程就是服务产品通过不断的推广努力，在目标市场上从未知到被采用的过程。一般经历以下五个阶段。

（1）知晓阶段：顾客对该新服务产品由不知道到知道的阶段，但由于缺少有关信息，还未产生兴趣。

（2）兴趣阶段：顾客开始对新服务产品发生兴趣，主动搜集某些缺失信息。

（3）评价阶段：在了解相关信息的基础上，顾客开始权衡其性能，考虑试用该服务产品时是否明智。

（4）试用阶段：顾客开始使用该新服务产品，以亲身体验和判断服务产品的价值和效用。

（5）采用阶段：顾客决定全面和经常地使用经过试用后感觉满意的服务产品。

新服务产品能够得到顺利推广，关键在于目标市场能否顺利地接受该服务产品，因此要处理好影响目标市场从认知到采用服务产品的各种因素。

6.3.4 了解基于互联网的服务创新

信息技术对于服务创新有非常深远的影响。现代服务业的蓬勃发展是信息技术对其广泛渗透的结果，信息技术催化现代服务业的兴起，并且促进了现代服务业的持续创新。信息技术不仅使新的服务种类和服务功能的实现成为可能，而且大多数服务都可能通过使用某些技术而变得更为高效。比如，通过公安部互联网交通安全综合服务管理平台，人们只需要在手机上下载客户端就预约驾校考试、办证办牌、查询机动车年检、交通违章等,是现代信息技术促进提升公共服务的水平、服务质量和创新服务项目的良好证明。

随着互联网技术的发展和社交网络的兴起,移动互联网的应用层出不穷,如即时通信、移动搜索、手机支付、手机阅读、手机游戏、手机视频等。例如,"支付宝钱包"与银行卡绑定之后,顾客就可以随时将卡里的钱转入/转出到网络钱包中用于网络购物或者现实中的交易付款。有了手机,当代的消费者便拥有了个人的移动"电子银行"用以日常的生活消费,完全不需要携带任何现金或者银行卡。

中国互联网信息中心发布的 2019 年上半年《中国互联网络发展状况统计报告》数据显示,截至 2019 年 6 月,我国网民规模达 8.54 亿,较 2018 年年底增长 2598 万,互联网普及率达 61.2%,较 2018 年年底提升 1.6 个百分点;我国手机网民规模达 8.47 亿,较 2018 年年底增长 2984 万,网民使用手机上网的比例达 99.1%,较 2018 年年底提升 0.5 个百分点。由此可见,手机已经成为我国网民的第一大网络终端。无论是移动互联网的终端数量、移动互联网的应用数量,还是移动互联网的市场规模,都说明了我国正处在移动互联网高速发展的阶段。

除了网络支付的应用之外,移动互联网还可以给顾客在消费过程中提供多种便利的附加服务。比如,利用手机的"美团 APP",顾客可以搜索附近的美食推荐,可以看到具体某一店铺的销售量和已经购买的消费者的评价反馈,可以团购优惠券,可以在线排号等座,并时时关注还需要等候多久……这是非常典型的利用互联网实现服务产品创新的情况。

2015 年李克强总理的《政府工作报告》中提出"互联网+"行动计划。从此,"互联网+"被上升到国家战略。"互联网+"是互联网思维的进一步实践成果,在生产要素配置过程中,"互联网+"发挥着优化和集成的作用,互联网与传统行业进行深度融合之后,推动经济形态不断地发生演变,创造新的发展生态,从而带动社会经济实体的生命力,为改革、创新、发展提供广阔的网络平台。以"互联网+金融""互联网+教育""互联网+交通""互联网+医疗"等为代表的基于互联网的服务创新产品,就是充分利用了现代信息通信技术和互联网平台,提高服务效率、服务质量,开拓服务范围,节省顾客的实践和经济成本,有助于全社会的进步与发展。

6.4 服务产品的品牌

● 案例导入

2018 最受欢迎的品牌　支付宝排名第一

支付宝(中国)网络技术有限公司是国内的第三方支付平台,致力于提供"简单、安全、快速"的支付解决方案。支付宝公司从 2004 年建立开始,始终以"信任"作为产品和服务的核心。旗下有"支付宝"与"支付宝钱包"两个独立品牌。2019 年 1 月 9 日,支付宝正式对外宣布,支付宝全球用户数已经超过 10 亿。

在全球知名品牌及市场咨询公司铂慧 2018 年 9 月所发布的《中国最受欢迎品牌调查》中支付宝名列首位。支付宝是这个时代的代表,不仅引领了移动支付的发展,还彻底改变了人们的消费方式和消费生活。从诞生开始，支付宝已从最初的支付软件演变成一款综合性的软件。支付宝为用户们提供了花呗与借呗，还有余额宝与各种各样的金融产品。当然，还有各种支付宝公益。经过2017年的品牌重新定位，支付宝主打的"支付就用支付宝"，是针对如今的移动支付快速普及的环境提出的全新战略定位，是占领"支付"品类的认知塑造，以及尽快吸纳更多的用户，使支付宝作为国民支付大品牌的地位根深蒂固。

思考与分析

支付宝为什么要在2017年进行品牌的重新定位？

品牌是吸引顾客重复购买服务产品的一个主要的决定性因素。品牌的基本职能是把公司的产品和服务同其他公司区分开来，也为顾客提供有效信息来识别特定的公司及产品。在服务营销中，品牌形成企业服务特色。很多企业通过塑造自身的服务品牌，并利用品牌进行营销，取得竞争优势。如京东因为其"正品低价、品质保障、配送及时、轻松购物"而在众多电商平台中异军突起，深受消费者欢迎。

6.4.1 理解服务品牌的含义

名词点击

品牌的定义：一个名字、名词、符号或设计，或是上述的总和，其目的是要使自己的产品或服务有别于其他竞争者。服务品牌是用于识别服务产品的某种特定的标志，通常由某种名称、标记、图案或其他识别符号所构成。

品牌是一个复杂的符号，其中的含义可分成六个层次：属性，品牌代表的是服务产品或服务企业的内涵；利益，顾客认识到某品牌服务产品的功能特征所带来的利益；价值，品牌代表服务产品或企业在顾客心中形成的价值；文化，品牌已经成为服务产品和服务企业的文化载体，使人们产生同其文化背景相应的各种联想；个性，品牌具有一定的个性形象，这种鲜明的个性形象能够强调自己与其他品牌的不同之处，加强顾客对品牌的认知，促进销售；角色，品牌具有一定的角色感，能够成为某些特定顾客群体的角色象征。公司提供的服务、服务质量以及服务的价值都将影响顾客对现有品牌的认识。因此，企业必须创造并加强服务质量以提高预期的品牌形象。

卓越实践6-3
宜家的品牌信仰

6.4.2 理解服务品牌的市场效应

品牌效应就是指产品或企业所创造的品牌所产生的经济或社会等方面的影响。从社会角度讲，品牌可以提高国家在世界范围内的声誉，增强人民的民族自信心和自豪感。从经济角度讲，品牌效应是其因满足社会需要而获得的经济效果，是品牌的信誉、声望产生的影响力。

1. 磁场效应

服务企业或产品所创造的优势品牌具有很高的知名度、美誉度，必然会在现有顾客的心目中建立起较高的品牌忠诚度，使他们对服务产品反复购买并形成习惯，不容易再转向竞争对手的产品,如同被磁石吸住一般而成为企业的忠实顾客;此外,使用同类服务产品的其他顾客也会被其品牌的名声、信誉所吸引,转而购买该品牌,并逐步变为其忠实顾客。这样,品牌对顾客强大的吸引力会不断使产品的销量增加,市场覆盖面扩大,市场占有率提高,最终使品牌的地位更稳固,这就是品牌的磁场效应。

2. 扩散效应

企业的一种产品如果具有品牌优势而成为名牌产品,则会赢得顾客及社会范围内对该服务产品及企业的信任和好感。如果企业通过巧妙的宣传,将这种信任和好感由针对某种具体的服务产品转为针对品牌或企业整体,那么企业就可以充分利用这种宝贵资源推出同品牌的其他产品或进入其他领域从事经营。如果策略得当,人们对该品牌原有的信任和好感会逐步扩展到新的服务和产品上,即品牌的扩散效应或放大效应。

3. 聚合效应

知名品牌不仅可以获得较高的经济效益,而且可以使企业不断发展壮大。企业实力增强后,一方面可以将许多提供相关业务的供应商牢牢吸引在本企业周围,建立稳固的合作关系;另一方面企业可以通过入股、兼并、收购等方式控制其他企业。同时,行业中在竞争中失败的中小企业也会逐步依附于名牌企业,企业就会成长为企业集团。这就是品牌的聚合效应或产业聚合效应。

6.4.3 明确服务品牌的管理内容

服务品牌的实质是促使企业逐渐形成系列服务产品品牌。但是,服务产品品牌代表服务产品本身,服务产品品牌的目标是在服务细分市场中获得一定的竞争地位,服务产品品牌直接受服务产品生命周期的约束和市场竞争的影响。服务产品品牌与服务产品是形影不离的,随着服务产品的衰退、退出市场,服务产品品牌也将面临同样的挑战和考验。同时服务产品品牌直接受到该细分市场的竞争影响,竞争激烈,服务产品品牌的挑战越大,服务营销工作越艰巨。

知名度、美誉度和忠诚度构成了品牌的三个要素,服务品牌的管理实际上也要以这三个要素为基础展开活动,主要内容如下。

1. 品牌的命名

品牌的命名要遵循"五好"原则,即好听、好记、好认、好理解和好传播。

2. 品牌的定位

品牌的定位要与企业的市场定位相符合,表达一种核心理念,代表顾客的核心利益点,并有一定的形象感、人性化(如香格里拉代表优雅的世外桃源,希尔顿代表家的感觉)。

3. 品牌的传播

品牌的传播即要求利用各种工具提高品牌的知名度,并将注意力放在与顾客的沟通和建立美誉度方面。

4. 品牌危机的处理

品牌危机的处理即与顾客发生矛盾时,应该按照企业的危机管理程序冷静处理。

5. 品牌的改造

品牌的改造即当品牌发展到一定阶段时,需要通过市场营销创新、技术创新、管理创新等方面进行品牌改造,保持品牌的活力。

当服务企业创立起具有一定知名度、美誉度和忠诚度的服务品牌后,应根据市场需求变化对服务品牌进行有效的管理。

实训课业

一、技能训练

(1) 很多大学生业余时间都喜欢玩《王者荣耀》《和平精英》《穿越火线》等手游。你或你的朋友是否也曾热衷于某一款手游呢?根据你或你朋友的经历,尝试分析手游产品的生命周期。

(2) 广东长隆集团依托粤港澳的国际性区位竞争优势,将珠海和广州联动发展,协同互补,建成了珠海长隆国际海洋度假区和广州长隆度假区两大世界顶尖的一站式综合旅游度假区。长隆旅游度假区主营主题公园、豪华酒店、商务会展、高档餐饮、娱乐休闲等服务项目。你去长隆主题公园游玩过吗?搜集相关资料,结合新服务产品的概念,尝试分析主题公园新产品的形式。

(3) 2018年下半年,微信开始了一系列的创新举措。比如,能够记录眼前的世界的"时刻视屏"功能;在聊天详页中可以给单聊设置强提醒功能;将公众账号中的"点赞"改为了更贴合实际的"好看",点击之后该公众账号文章会出现在"看一看"功能中等。分析未来微信APP进行业务研发创新时还可以从哪些角度入手?

(4) 如果你要在学校附近开设一家饭店,你所设计的品牌是什么呢?

二、实训项目

服务产品策略的应用

1. 实训内容

组织学生实际走访或者网络调研某一服务企业,分析其整体概念、核心服务的生命周期及其品牌的构成情况。

2. 实训目的

根据所学的服务产品策略的理论分析、研究和解决企业存在的实际问题,提高学生的理论应用能力。

3. 实训要求

(1) 组织学生以6~8人为一组,由组长负责,利用实训课或其他时间调研。

(2) 以小组为单位座谈讨论,分工协作撰写调研报告。报告的主要内容包括:企业的整体概念;核心服务的生命周期;企业品牌的构成;存在的问题和原因;解决问题的可行性的对策和建议。

… 第 7 章

服务定价策略

本章阐释

本章通过对服务产品定价的依据、目标、方法、策略的基本理论和实务的介绍,使学生了解服务产品定价的依据、作用,理解企业进行服务定价的目的,学会和应用服务定价的方法和策略,能从实现企业整体目标的战略角度和影响企业定价的多种复杂因素的角度,应用系统思维的方法选择定价方法和定价策略。

能力目标

(1) 能从企业实际出发明确服务定价依据,选择正确的服务定价目标。
(2) 能从企业实际出发选择正确的定价方法和定价策略。

7.1 服务定价的影响因素和制定目标

案例导入

日本乐高主题的高票价

作为亚洲第二个乐高主题的室外乐园,日本乐高乐园曾被寄予厚望,但自 2017 年 4 月 1 日开业以来,票价太贵的抱怨就没停过,200 万游客的年度目标看来不太容易实现了。

位于日本爱知县名古屋的乐高乐园,是全球第八个,也是亚洲继马来西亚之后第二个乐高乐园。乐高乐园的运营集团、世界第二大娱乐集团默林娱乐公司首席执行官 Nick Varney 曾表示对这一市场寄予的厚望,他称:"日本是一个 1.27 亿人口的市场,且大多都是有消费能力的富裕人群。日本还是全球第二大主题乐园市场,如果从人均水平来看已排在第一位。"但最初的开业热度过后,游客数量开始下降,日本乐高乐园也收到了很多关于费用太贵的负面投诉。

人们认为,相对于乐高乐园的面积而言,这个定价太贵了。的确,面积只有 9 公顷的乐高乐园定价不输面积是它 5 倍大的东京迪士尼乐园。目前乐高乐园成人票价为 6900 日元(约合人民币 417 元),东京迪士尼的成人票价为 7400 日元(约合人民币 447 元)。而对于乐园最希望吸引的那部分游客——3~12 岁的儿童,乐高乐园的定价为 5300 日元(约合人民币 320 元),这一价格已高于东京迪士尼的 4800 日元(约合人民币 290 元)和大阪环球影城的

4723 日元(约合人民币 285 元)。

2017 年 5 月底,乐园开业不到 2 个月时,乐高乐园开始推出优惠家庭套票。现在一个四口之家的套票已经比刚开业时的票价便宜了 1/4。折扣似乎起到了作用。根据日本旅行社 JTB 公司的统计,2017 年 8 月乐高所在地名古屋的酒店预订量比前一月增加了一倍多。但仍有不少游客抱怨高票价难以承受。主题公园运营商 Legoland Japan 发言人 Torben Jensen 对此表示,乐高运营商将听取游客的意见并采取必要措施。

为了达到 200 万游客的年度目标,日本乐高乐园正在考虑夜间运营、推出午后入园的半日票以及加大包括圣诞节在内的节日营销。8 月初,它还宣布了一项扩建计划,将把乐园规模扩建至当前的 1.4 倍。除了扩建乐园,运营商在附近兴建的一个酒店和一个水族馆也将于 2018 年开放。

资料来源:文倩玉.票价太贵人们不肯买单 日本乐高乐园忙着降价和扩建.界面网,https://www.jiemian.com/,2017-08-16.

思考与分析

1. 日本乐高主题乐园制定高价格的依据是什么?
2. 消费者认为日本乐高主题乐园票价偏高的依据是什么?

服务的价格是服务机构进行经营服务所获得的利润和回报。只要服务机构想要盈利就必须面对定价的问题,就要知道影响服务定价的因素及掌握定价的方法和策略。

7.1.1 影响服务定价的因素

1. 了解经营目标对价格的影响

服务机构的经营目标对服务定价具有指导性作用,两者必须保持一致。当服务机构的目标群体为高端市场顾客,产品定位也是高端产品,则必须尽量定高价;当服务机构为了追求高利润,则要在制定高价格的同时致力于塑造服务的高品质;当服务机构为了追求高市场占有率,以达到短时间占有市场的目的,则要以低价格吸引消费者来体验;当服务机构目前仅仅是以生存为主要目标,则价格只要不低于成本,能够保证服务机构的日常运营即可,其价格相对偏低。

2. 了解成本因素对价格的影响

服务产品的价格至少要能弥补相应的成本和费用,企业才能持续经营。因此,服务成本决定着服务价格的最低限。服务产品成本是由服务产品的生产过程和消费过程所花费的物质消耗和支付的劳动报酬所形成的,一般分为三种:固定成本、变动成本、准变动成本。①固定成本是指不随服务产出变化而变化的成本,在一定时期内表现为固定的量。例如,服务设施、服务人员的工资、办公设备和建筑物等。②变动成本是指随服务产出变化而变化的成本,如电费、运输费、非正式员工工资等。③准变动成本是介于固定成本和变动成本之间的那部分成本,同顾客和服务产品的数量多少有关。例如,在节假日正常营业的大型购物商场的服务人员的加班费就属于准变动成本。在产出水平一定的情况下,服务产品的总成本等于固定成本、变动成本、准变动成本之和。

3. 了解需求因素对价格的影响

需求是市场营销的起点,对商品的定价至关重要,其对服务定价的影响也非常显著。服务机构可以按照需求及其变化的规律进行定价决策。面对市场需求比较旺盛的情况,服务机构可以制定高价格的策略;面对市场需求逐渐减少,呈明显的萎靡趋势的情况,服务机构自然要适应市场的变化,改变定价思路,适时降价。比如,每年春节假期是旅游的高峰期,航空公司机票价格普遍偏高;到了3月,旅游的热潮明显退去,距离五一小长假新的旅游高峰又尚有一段时间,航空公司纷纷实施低价策略。

需求对服务定价的影响不单纯体现在"需求量"的影响,还有"需求差异性"的影响。换言之,不同的顾客对服务的需求内容、消费动机均不相同,存在很大的差异性。因此,服务机构的定价也因不同顾客的个性化需求而制定不同的价格。

4. 了解竞争因素对价格的影响

服务产品的最低价格取决于成本费用,最高价格则取决于市场的需求状况。那么,在上限与下限之间,企业把服务价格定多高,则取决于竞争者提供的同种服务产品的价格水平。

服务的无形性迫使顾客在消费时使用各种各样的参照物,其中竞争者的同类服务就是最佳的参照物之一。服务的同质性使这种参照更容易导致激烈的价格竞争。在产品差异性较小、市场竞争激烈的情况下,企业制定的价格也比较低。凡是服务产品之间区别很小而且竞争较强的市场,都可以制定相当一致的价格。此外,在某些市场背景之下,传统和惯例可能影响到定价(如广告代理的佣金制度)。

5. 了解供求关系对价格的影响

不论实体产品还是无形的服务产品,其价格都会受到供求关系的影响。当市场上能够提供同类服务的机构过多,供大于求时,服务机构为了争取消费者,往往选择低价格策略;当某种服务出现供不应求时,则可以选择高服务定价,甚至价格会一路走高。

6. 了解政策因素对价格的影响

现代市场经济的一个重要特征就是国家的宏观调控,政府可以通过行政法规、法律、经济的手段对企业定价及社会整体物价水平进行调解和控制。因此,企业在对服务产品定价时,必须遵守政策、法规等。

卓越实践 7-1
黄金周景区票价
刺激旅游消费

7.1.2 服务定价目标

一般而言,定价目标有两类:利润导向目标和数量导向目标。

1. 三种利润导向目标

(1)利润最大化目标。利润最大化目标是指企业希望获取最大限度的销售利润或投资收益。一般服务企业在推出一项创新服务的最初阶段,常采用通过制定高价格来达到利润最大化的目标,能让企业在短期内收回投资,并在竞争中取得较大的价格空间。但这种通过制定较高价格来追求利润最大化的行为一般都是短期的。在实际市场经营中,很少存在高价垄断能维持很长时间的例子。

(2)投资回报目标。投资回报目标就是一个企业把它的预期收益水平规定为投资额的一定百分比,即投资收益率或投资回报率。定价是在成本的基础上加入了预期收益。这样企业要事先估算,服务定什么样的价格,每年销售多少,多长时间才能达到预期利润水平。预期收益率一般都高于银行利率。

(3)适当利润目标。企业为了保全自己、减少风险,或者因为自身力量不足,对服务产品的定价以足够保证获取一个适当的利润作为定价目标。比如,按成本加成法决定价格,就可以使企业投资得到适当的收益。"适当"的水平则随产量、投资者的要求和市场可接受程度等因素的变化而有所变化。这种定价目标是绝大多数企业在正常情况下所追求的目标,在确定定价目标时,应注意对适当利润率的确定。

2. 两种数量导向目标

(1) 销售最大化目标。销售最大化目标是指增加服务的销量,从而争取最大的销售收入;保持或扩大市场占有率来保证企业的生存。采用此种目标的企业可大可小,每个企业对本企业在市场中所占有的份额是容易掌握的,因而以此作为保持或增加份额的定价目标和依据是比较可行的。

(2) 适应竞争、争取尽可能多的顾客数量的目标。在市场竞争日益激烈的形势下,不管是市场领先者还是市场跟随者,大多数企业对竞争者价格都很敏感,定价以前更是多方搜集信息,把自己服务的质量、特点与竞争者的服务进行比较,然后制定价格策略,争取尽可能多的顾客数量。

这些只是一些常用的,还不是全部的定价目标。定价决策取决于许多因素,例如服务定位、企业目标、竞争状态、需求弹性、成本结构、服务能力、服务的生命周期等。其中成本、需求和竞争三个因素需要更多的精心考虑。

【小问答7-1】 对于新开业的小型美容院或者美发店而言,其定价目标是什么呢?

答:一般而言定价目标有两类:利润导向目标和数量导向目标。其中利润导向目标有:利润最大化目标、投资回报目标和适当利润目标;而数量导向目标包括:销售最大化目标和适应竞争、争取尽可能多的顾客数量的目标。

定价决策取决于许多因素,例如服务定位、企业目标、竞争状态、需求弹性、成本结构、服务能力、服务生命周期等。其中成本、需求和竞争三个因素需要更多的精心考虑。

对于新开业的小型美容院或者美发店而言,由于其自身实力和面对的市场需求与竞争环境可能是多种多样的,因此,上述各种不同的定价目标都有可能被不同的小型美容院或美发店所采用。

7.2 服务定价方法

◯ 案例导入

知网要高价的资本是什么

近日,"演员翟天临不知知网"事件愈演愈烈。作为该事件的最大"配角","知网到底是什么?"掀起了一轮热议,而知网拥有60%的毛利率也被众人所知。《每日经济新闻》记者经过多方采访,发现知网拥有60%毛利率的背后,其凭借庞大的用户资源获得强势议价能力,每年都有一定比例的价格涨幅,这也令不少高校有些无奈。

每年都在涨价

"我们采购知网数据库已经有20年左右的时间。"某高校图书馆资源建设与编目部王老师告诉《每日经济新闻》记者,知网每年的价格都会涨,"不过现在还没开学,以前的数据我不好查,今年我们的采购价已经达到了63万元"。

《每日经济新闻》记者在该高校所在省市的政府采购网上查阅了相应的招标结果公示,根据双方合同,知网运营主体同方知网为该高校提供CNKI系列数据库,内容包括从各种期刊、博士论文、硕士论文、报纸、会议论文等库所购买专辑的镜像数据,总库并发数为240,服务期限为2019年全年,最终合同金额为62.95万元。

据王老师介绍,知网的采购很复杂,有多种采购方案,会根据购买的并发用户数(取决于该院校学生同时在线下载论文人数的需求量)、所选学科范围、地域差异和院校级别差异而做出不用组合的定价。但是在选取相同服务的情况下,以该高校为例,每年有8%的涨幅。

若将我国三大文献数据库平台知网、维普、万方的定价模式作比较,王老师表示,其差异在于万方和维普每年的价格是固定的,而知网会在第一年的基数上每年有一个固定涨幅。

"虽然数据库有涨幅并不罕见,外文数据库几乎都有,但知网算是中文数据库中为数不多(每年涨价的),而且2018年知网还将独家资源期刊从CNKI系列数据库挖出来形成新的增值服务。"王老师说。

知网凭什么年年喊涨?现实是高校图书馆离不开知网,知网用户群体和使用量也确实庞大,这便让其有了与外文数据库一样的底气。

王老师表示,高校在这一市场上处于弱势,因为离开了这个库很多科研项目就无法进行,一旦学校宣布停用,根本无法顶住学生需要大量使用文献数据库的压力。

王老师给记者算了一笔账,虽然包库购买下来需要几十万元,但是以全年统计的阅读量来做一个简单的除法,单篇的点击量或者下载量平均只摊到几分钱。"单篇的成本确实是很低,所以也反过来说明学生的使用量很大,学校无法拿师生的需求去做博弈,所以不得不有这个支出。"

60%毛利率让同行吃惊

从高校的角度而言,知网的确是目前期刊内容覆盖最为全面的平台。据公告数据,知网签下期刊8000余种,独家和唯一授权期刊达到2300余种,实现核心期刊独家占有率90%以上,比起其他数据平台几百种期刊的数据量,知网在资源上具有绝对的优势。

王仲(化名)在文献数据库行业的销售岗已工作多年,他表示:"其实在翟天临事件出来之前我们都不知道知网有60%的毛利率,当时我们也挺吃惊的,但我个人觉得存在即合理,每个公司的运营成本都有所不同,我公司的利润比例没有这么高。"

王老师表示,仅仅从高校端的采购额来看,同样的包库内容,知网几乎要比维普和万方高一倍。"经费不是很充裕的高校不会全部买下三家数据库的,从性价比上说没有可比性,因为虽然三家数据库会存在50%的重复率但各有各的独家资源。"

目前,国内主要的学术类期刊数据库除了有知网、维普、万方外,还有龙源期刊网、超星、北大法宝法学期刊数据库等。据了解,数据库平台已发展了多种盈利途径。

"广告一般占数据库厂商收入很小的一部分,盈利的途径主要来自数据库购买使用权和查重系统收入。"王仲向记者表示。以知网为例,记者在知网论文查重检测系统官网上看到,官方定价为35元/篇(期刊)、188元/篇(专、本科)、345元/篇(硕博)。

传统数据库或面临发展瓶颈

以王老师所在高校图书馆为例,目前数据库(数字资源)购置费占到图书资源支出的六成以上,其中外文数据库的采购费用是中文数据库的两倍左右。王老师认为这是"非常健康的图书资源比例"。

随着各大高校在图书馆数字资源的投入比重越来越大,文献管理向数字化转型趋势不容忽视,各大文献数据库都在暗自布局。"若按照市场化运行发展,如此涨价的趋势会依旧存在,因为是相互妥协的一个结果。"在王仲看来,不仅如此,经过数十年的发展,在全国范围内传统文献数据库厂商正在面临高校市场饱和的难题。

在用户增量趋缓的情况下,文献数据库厂商目前最迫切的问题似乎不是化解"价格垄断"的口诛笔伐,而是思考如何应对庞大的存量市场,开发新的个性化资源库及提供可辅助高校图书馆功能化转型的产品。

"文献数据库厂商的转型思路同样需要紧跟国家政策,比如在全国高校'双一流'建设背景下,数据库平台也在考虑为图书馆已有的海量数据提供准确精细的处理,进一步加大图书馆信息资源分析研发投入。"王仲表示。

资料来源:张韵.知网毛利率60%背后:同行吃惊,高校叫苦[N].每日经济新闻,2019-02-17.

思考与分析

知网的定价方法是什么?

在服务企业的实际经营中,可供选择的定价方法有很多。由于企业所处行业、经营的产品、企业自身实力等因素的不同,不同企业所确定的定价方法也不尽相同。下面介绍几种在实践中最常用的定价方法。

7.2.1 掌握成本导向定价法

名词点击

成本导向定价法是指企业以服务的成本作为定价的依据。根据服务成本的形态以及在此基础上的核算方法的不同,成本导向定价法可以分为成本加成定价法、投资报酬率定价法、边际成本定价法及盈亏平衡定价法等。

1. 成本加成定价法

成本加成定价法是指在单位服务的成本中加入一定比例的利润作为服务的销售价格的定价方法。在正常的情况下,采用成本加成定价法可以使服务企业获得预期的赢利。但由于此种方法缺乏对市场变化的适应性和对供求关系的灵活性,当企业处于激烈的市场竞争环境中或企业服务组合复杂时就不太适用了。在有形产品性较强的领域,如餐饮、零售等行业中,成本加成定价法比较常见。

2. 投资报酬率定价法

投资报酬率定价法又称目标收益定价法,是指根据企业的投资总额、预期销量和投资回收期等因素,在成本中加入预期的投资回报率来确定价格的方法。

以上两种方法很少考虑到市场竞争和需求的实际情况,只是从保证企业利益出发制定价格。另外,先确定服务的销量,再计算价格的做法完全颠倒了价格与销量的因果关系,实际上很难行得通。但如果在科学预测价格、销量、成本和利润四要素的基础上,以上两种方法还是具有一定的可行性。

3. 边际成本定价法

边际成本是指每增加或减少单位产品所引起的总成本的变化量。由于边际成本与变动成本比较接近,而变动成本的计算更加容易一些,因此在实际的定价过程中,多使用变动成本代替边际成本,而边际成本定价法也称为变动成本定价法。

这种方法是把单位服务变动成本和可接受价格的最低界限作为定价依据的定价方法。在价格高于变动成本的情况下,企业出售服务的收入除完全补偿变动成本外,尚可用来补偿一部分固定成本,甚至可能提供利润。按照变动成本定价,只要企业产品的变动成本低于市场价格,企业每提供一件服务产品都会产生边际贡献,都可以用来弥补已支出的固定成本,即使弥补后仍然出现亏损,企业的服务活动仍然有意义。

4. 盈亏平衡定价法

在销量既定的条件下,企业所销售服务产品的价格必须达到一定的水平才能做到盈亏平衡、收支相抵。既定的销量就称为盈亏平衡点,这种制定价格的方法就是盈亏平衡定价法。采用盈亏平衡定价法的前提是科学地预测销量和已知固定成本、变动成本。

以盈亏平衡点确定价格只能使企业的生产耗费得以补偿,而不能得到收益。因此,实际上通常将盈亏平衡点价格作为价格的最低限度,再加上单位产品目标利润后才作为最终的市场价格。为了开展价格竞争或应对供过于求的市场价格格局,企业常采用这种定价方法获得市场的主动权。

卓越实践 7-2
上海迪士尼乐园的"免排队"服务

7.2.2 掌握需求导向定价法

名词点击

需求导向定价法又称顾客导向定价法、市场导向定价法,是以顾客的需求为中心,服务的质量和成本则为配合价格而做相应的调整。这种方法的最大特点是灵活有效地运用价格差异,使平均成本相同的不同服务的价格,随市场需求的变化而变化,不与成本因素发生直接关系。此外,运用此法还可以为了获取最大利益,而对于不同的顾客索要不同的价格。但使用该定价法,需要先进行市场细分,然后,再根据各细分市场的成本、需求和利润目标来确定各细分市场的服务价格。需求导向定价法主要包括理解价值定价法、需求差异定价法和逆向定价法。

1. 理解价值定价法

理解价值又称感知价值、认知价值,是指顾客在观念上所理解的价值,而不是产品的实际价值。理解价值定价法是指企业以顾客对服务价值的理解度为定价依据,运用各种营销策划和手段,影响顾客对其服务的认识,使之形成对企业本身有利的价值观念,再根据服务在顾客心目中的价值来定价的方法。一般来说,企业通过广泛的市场调研,了解顾客的需求偏好,根据服务的性能、用途、质量、品牌等要素,判定顾客对服务的理解价值,有意识地将实际售价在感知价值基础上上下波动,有利于增加市场销量,扩大市场占有率。

2. 需求差异定价法

需求差异定价法通常对同一服务在同一市场上制定两个或两个以上的价格,或使不同服务价格之间的差额大于其成本之间的差额。其好处是可以使企业定价最大限度地符合市场需求,促进服务销售,有利于企业获取最佳的经济效益。由于需求差异定价法针对不同需求采用了不同的价格,实现顾客的不同的满足感,能够为企业谋取更多的利润。因此,在实际的生产经营中得到了广泛的运用。

3. 逆向定价法

逆向定价法主要不是考虑服务的成本,而是重点考虑需求状况。依据在市场上顾客可以接受的最终销售价格,逆向推算出中间商的批发价和生产企业的出厂价格。逆向定价法的特点是,价格能反映市场需求情况,有利于加强与中间商的良好关系,保证中间商的正常利润,市场产品迅速向市场渗透,并根据市场供求情况及时调整,定价比较灵活。

7.2.3 掌握竞争导向定价法

名词点击

在竞争十分激烈的市场上,企业通过研究同行业竞争对手的生产条件、服务状况、价格水平等因素,依据自身的竞争实力,参考成本和供求状况,制定高于竞争对手或低于竞争对手的价格。这就是竞争导向定价法。这种方法的特点是价格和服务成本不发生直接的关系,只要竞争者价格不动,即使成本或需求发生变动,价格也不变动;反之亦然。

1. 随行就市定价法

随行就市定价法也称参考行业定价法,以此种服务的市场通行价格作为本企业的价格,获得平均报酬。在垄断竞争和完全竞争的市场结构条件下,任何一家企业都无法凭借自己的实力在市场上取得绝对的优势,为了避免竞争,特别是价格竞争带来的损失,大多数企业都会采用随行就市定价法。这种定价方法的优点是:市场平均价格比较容易被消费者接受;避免竞争者之间发生激烈的价格竞争,有利于行业协调发展和维护行业的整体利益;企业还可以集中精力和有限的资源致力于企业管理和市场经营方面。此外,这种方法简单易行,可节约一些不必要的调整费用,减少成本开支。

2. 产品差别定价法

产品差别定价法是指企业通过不同的营销努力,使同种同质的产品在顾客心目中树立起不同的产品形象,进而根据自身特点,选取低于或高于竞争者的价格作为本企业产品价格。产品差别定价法的使用要求企业必须具备一定的实力,在某一行业或某一区域市场占有较大的市场份额,这样顾客才能够将产品与企业本身联系起来。另外,在质量大体相同的条件下实行差别定价是有限的,企业必须支付较大的广告、包装和售后服务方面的费用形成"优质形象"。

7.3 服务定价的具体策略

● 案例导入

新东方、学而思、高思 2017 暑假招生的价格策略

2017 年 6 月,各大培训机构的暑假招生大战已经到了白热化的程度。新东方、学而思、高思三巨头的大动作更是业界关注的焦点。

新东方：理性的低价

3月23日到4月21日，新东方暑期低价课陆续上线。在覆盖面上，主要城市的分校都参与了低价营销阵营，其中以北京、武汉、上海资源投入尤大。北京优能甚至一连推出了两期免费课。在形式上，从过去的单一科目低价，变为兼顾单科低价和联报优惠。比如，北京优能同时推出50元/科和200元"六科联报"，以满足不同层次消费者的需求——有的学生和家长只想学新东方的英语，其他科想报别的机构，他们就可以只报英语单科班；而那些摇摆不定的学生和家长，则很可能受到200元"六科联报"的价格刺激，采取多班联报，这样，不同需求和偏好组合的家长都成了低价课的潜在客户。

除了上述的定价策略外，很多分校也采用了加1科加1元的定价策略。比如，西安分校为第1门课定价1180元，只需多1元就可变成2门课，多2元就可变成3门课。因为家长听到"1科1180元"的时候，就会很自然地以为"2科2360元""3科3540元"，最终成交价却是"1181元"和"1182元"，就会觉得非常"划算"，而选择报3门课程。

在定价上，相较于往年疯狂的50元课甚至1元课，今年新东方定价总体较理性，除少数分校50元/科外，大多数分校联报优惠价都在千元以上。但企业也很清楚，低价是有限度的。

学而思：线上线下双剑齐发

学而思面临强敌选择"快"和"全"。所谓的"快"，在业界普遍4月开展暑期招生的大环境下，学而思3月就开始在线上推出了低价课营销，并采取了"直播＋辅导"的模式，即授课老师在固定时间以1对N授课，对学习内容负责；辅导老师以1对50展开学员课外全系列辅导，全天候待命，保证与家长进行高频深入沟通，对学习效果负责。4月，学而思同样采用"直播＋辅导"模式推出50元暑期班。除了线上的价格优惠外，学而思通过家长帮的长期运作，积累了最大在线用户群；然后通过学而思网校和学而思在线的多层次1元课，做到全面覆盖，即"全"。

高思：避其锋芒，攻其不备

高思的暑期低价课营销，以新校区0元班和新初一1元课为主打，兼顾部分校区二升三的0元课（报秋季送暑期）。

首先，在新校区的低价课上，高思集中优势资源，采用官网头条、微信主文、APP推送、地推等多渠道推广，优惠力度远远超过同期新东方新校区的减50元和学而思新校区的减100元，后两者也只在对应分区的小号上做推广。

然后，在入口班的低价课上，高思推出针对新初一和幼升小的低价班，但相较于把平台资源集中给入口班"1元课"的学而思和点对点分销入口班的新东方，高思的营销资源因过于集中到新校区，而分给新初一的较少，幼升小又是第一年推，没有往年的资源积累。

最后，在二升三的低价课上，高思采用的是切割营销策略：在对手最薄弱的时空角下手，用一个较有优势的产品把对手的客户全部截流到自己这边来。而且，二升三是学奥数的最大入口年级，抓住这波生源，对强于竞赛的高思而言，占尽先机。

资料来源：大揭秘：新东方、学而思、高思2017暑假招生策略.搜狐教育腾跃校长社区，http://www.sohu.com/a/151783750_508426.

思考与分析

1. 新东方、学而思、高思面临暑假中小学培训的高峰期，采取了哪些定价策略？
2. 为什么新东方、学而思、高思的定价策略普遍都集中在了"低价"领域呢？

服务企业在明确了服务定价的目标之后，便要根据市场的具体情况，选择适当的、灵活的服务定价策略对基本价格进行修改。下面介绍一些常用的定价策略。

7.3.1 掌握服务新产品定价策略

1. 撇脂定价策略

 名词点击

撇脂定价策略是一种高价格定价策略，在产品生命周期的最初阶段，将新服务产品价格定得较高，在短期内获取丰厚的利润，尽快收回投资。一般而言，对于全新的服务产品、受专利保护的服务产品、需求的价格弹性小的服务产品等可以采用撇脂定价策略。这种定价策略的目标对象是那些收入较高的先锋顾客，他们勇于尝试新事物，并具有一定的购买能力。

撇脂定价策略的优点：有利于企业迅速实现预期赢利目标，掌握市场竞争及新产品开发的主动权，减少投资风险；有利于在顾客对新服务尚无理性认识之前，树立良好形象，创造高价、优质、名牌的印象；有利于新服务进入成熟期后拥有较大的调价余地，可以逐步降价，保持企业一定的竞争力；有利于企业调整市场需求，用高价限制需求过快增长，利用高价获取的高额利润进行投资，逐步扩大服务规模。

撇脂定价策略的缺点：高价格不利于市场的开拓和增加销量，不利于占领和稳定市场，容易导致新服务产品开发的失败；高价高利容易诱发竞争，迫使价格急剧下降，缩短企业的预期赢利期；高价格在某种程度上损害了顾客的利益，容易招致消费者的抵制，甚至诱发公共关系问题，影响企业形象。因此，在顾客日益成熟、购买行为日趋理性化的今天，采用这一策略更应该谨慎。

2. 渗透定价策略

 名词点击

渗透定价策略是与撇脂定价相反的一种低价格策略，即新产品投入市场时，价格定得较低，使顾客容易接受，很快打开和占领市场。利用这一策略的前提条件是：服务新产品的需求弹性较大，并存在着规模经济效益。

这种薄利多销的策略是一种着眼于在大量的销售中获得赢利而不指望在单位产品中贪图高利的定位策略。其优点是：能刺激消费者尽早接受新服务，迅速占领市场，借助大批量销售降低成本，实现预期赢利；低价薄利信号不易诱发竞争，有利于增强企业自身的竞争力，便于企业较长时期地占领市场。

知识窗 7-1
环保组织的会员定价

3. 适中定价策略

 名词点击

适中定价策略又称为"君子价格"或"温和价格"，是企业为了建立企业与产品的良好形象，把价格定在介于撇脂和渗透之间。这样的中间价格，不高不低，给顾客良好印象，不仅有利于招徕顾客，还能使生产者比较满意。该定价策略尽量降低价格在营销手段中的地位，重视其他在市场上更为有效的手段。许多服务产品都采用这种定价策略。

7.3.2 掌握弹性定价策略

名词点击

弹性定价策略是指随着服务过程的深入,服务企业根据消费需求的变化在不同的时间和不同的地点采用前后不同的价格策略。

1. 差别定价策略

差别定价策略是一种"依顾客支付意愿"而制定不同价格的定价方法,主要运用于:建立基本需求,尤其是对高峰期的服务最为适用;用以缓和需求的波动,降低服务易消失性的不利影响。差别定价的主要形式包括以下几种。

(1) 地点差异,服务企业都是以不同的价格策略在不同的地点推广同一种服务产品,即使每个地点的服务成本是相同的。这是因为消费者对不同位置的偏好不同。如剧场不同座位的成本费用都是一样的,但却按不同的座位收取不同的价格;火车卧铺从上铺到中铺、下铺,价格逐渐增高。

(2) 时间差异,意味着取决于服务消费时间不同的价格变化。如航空公司或旅游公司在淡季的价格便宜,而旺季一到价格立即上涨。这样可以促使消费需求均匀化,获得增加的收入,并避免企业资源的闲置或超负荷运转。

(3) 顾客差异,企业把同一服务按照不同的价格卖给不同的顾客。如在公园、旅游景点等将顾客分为学生、年长者和一般顾客,对学生和年长者收费较低。

(4) 服务产品的品种差异,根据服务产品的档次收取不同的费用,如汽车租赁公司对使用不同品牌、不同型号汽车的顾客收取不同的租金,银行推出的各种信用卡和储蓄卡具有不同的业务功能。

【小问答 7-2】 我国在国庆期间推出的"高速公路"免费政策,使国庆长假的高速公路迎来了超大车流量,全国各地高速公路出现严重的堵车现象。高速公路免费现象属于什么样的定价策略?出现免费现象的原因是什么?

答:高速公路免费现象属于差别定价策略中的时间差异定价策略,即价格随服务消费时间的不同而变化。

2012 年 7 月 24 日,国务院下发交通运输部等部门制定的《重大节假日免收小型客车通行费实施方案》中明确指出:"为进一步提升收费公路通行效率和服务水平,方便群众快捷出行"而实行免费政策。

重大节假日期间免费政策的实施除了能进一步提升收费公路通行效率和服务水平,方便群众快捷出行外,还有如下作用:一是可以充分发挥各种交通运输工具的效能,避免运输企业资源的闲置或超负荷运转;二是可以在重大节假日期间刺激各种服务消费需求的增长,使服务型企业增加收入,促进第三产业和国民经济的增长。

2. 个别定价策略

个别定价策略是指所制定的价格水准是买方决策单位能力范围内所能遇到的价位,当然这是以该决策单位对该项服务或公司感到满意为前提。采用这种定价方式的服务市场,如承包食堂和厂房维修业。采取个别定价法必须清楚地了解卖方的决策者有权决定的价格底线是多少。

3. 诱导定价策略

诱导定价策略也称偏向价格策略，即当一种服务原本就有偏低的基本价，或某种服务的局部形成低价格结构现象时，就会产生偏向价格现象。企业对这部分基本的服务产品制定较低的价格水平，以此来吸引顾客，集聚人气。顾客是冲着低价服务产品而来的，但实际消费的又不仅仅是这些低价服务。如餐厅为了增加惠顾而提供价廉物美的实惠简餐（如商务午餐、套餐或30元吃饱等），但大多数的客人一旦进入餐厅，最后还是会点其他比较高价的菜；汽车修理厂对一般性服务可能收费偏低，借以招揽更多的高价的修理业务。

4. 牺牲定价策略

牺牲定价策略也称招揽定价，是指服务企业刚进入某一服务领域，顾客对产品还不了解、不信任，不愿意尝试的情况下，对第一次订货或第一个合同的要价很低，希望借此能获得更多的生意，而后来的生意则要求较高的价格。此种定价方法通常用在营销顾问业和管理教育训练等专业服务机构。

5. 阶段定价策略

阶段定价策略与牺牲定价策略类似，即基本报价很低，但各种额外事项则要价较高。例如，某管理咨询顾问的报价只是其执行服务花费的时间费而已，并未包括执行服务时有关的差旅费。

7.3.3 掌握折扣定价策略

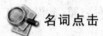
名词点击

折扣定价策略是指对基本价格作出一定的让步，将一部分利润转让给顾客，以此来促进服务销售的定价策略。在大多数的服务市场上都可以采用折扣定价策略，服务业企业选择折扣定价策略一般是为了达到两个目的：①折扣是对服务承揽支付的报酬，以此来促进服务的生产和消费（金融市场付给中间者的酬金）的产生。例如，付给保险经纪人的佣金或对单位委托顾问服务的支付。②折扣也是一种促销手段，可以鼓励提早付款、大量购买或高峰期以外的消费。

1. 现金折扣

现金折扣就是对现款交易或按期付款的顾客给予价格折扣，目的是鼓励消费者购买和提前付款，以尽快收回现金，加快资金周转。采用现金折扣一般要考虑折扣比例、给予折扣的时间限制和付清全部贷款的期限。在房地产市场中，购买刚刚开盘的楼房的顾客一般会获得价格上的折扣。由于提供现金折扣相当于降低价格，所以，企业在运用这种手段时要考虑本企业的服务是否有足够的需求弹性，保证需求量的增加能为企业带来足够的利润。

2. 数量折扣

数量折扣是指为了鼓励顾客大量消费，集中消费，根据消费数量给予一定的折扣，购买数量越多，折扣越大。其中包括累计折扣和一次性折扣两种形式。累计折扣是指在一定时期内消费达到一定的数量或金额，按总量给予折扣，目的是鼓励顾客经常向本企业购买，成为可信赖的长期客户。如一些高档会所，凡是会所会员，一年内消费金额达到一定的数量，按全部消费额的一定比例返还给该客户。一次性折扣是指消费者每次消费达到一定的数量或金额所给予的价格折扣，目的是鼓励顾客大批量购买，促进产品多销、快销。

3．功能折扣

为了促进服务企业与服务消费者的顺利结合,服务业中的中间商应运而生。功能性折扣的经济依据是批发与零售之间的区别,两者提供的服务性质不同,进货的数量不同。批发商一般是批量采购、批量销售,零售商是零星购进、零星出售。企业根据中间商在服务分销过程中所处环节、承担的功能、责任和风险不同,给予不同的折扣,以此来促进服务的生产和消费的产生,便是功能折扣。如航空公司给予售票网点或旅行社的优惠价格。功能折扣的结果是形成购销差价和批零差价。

4．季节折扣

有些服务的提供是连续的,消费却有明显的季节性。于是,企业采用季节折扣的方式,给那些购买过季产品和服务的顾客提供一定的折扣。它能保证企业均衡生产,产品的销售量在一年四季都保持相对稳定,加速资金周转并节省费用。如酒店在旅游的淡季制定较低的价格,吸引顾客,提高客房的使用率。

7.3.4　掌握心理定价策略

名词点击

心理定价策略是指运用一些心理学原理,根据顾客购买和消费服务时的心理动机来确定价格,引导他们购买的策略。

1．保证定价策略

对一项服务进行直接保证对于顾客来说可能是一个非常有力的保险。即使顾客体验完服务后表示不满意,这个保证也将给予他们一个补偿,通常是降低价格或者是全部偿还。如职业介绍所的服务,必须等到当事人获得了适当的工作职位后,才能收取费用。

2．声望定价策略

现代社会,随着生活水平的提高,人们往往通过消费来肯定自我价值和表现自我。这样的顾客一般都有求名望的心理,认为"价高质必优",尤其在服务业,由于难以形成统一客观的评价服务质量的标准,价格在一定程度上就成为衡量服务质量的标准。

声望定价策略是一些服务企业利用本企业或所提供的高质量或高档次服务在顾客中的良好声望而制定出比市场同类服务价格较高的价格。如高尔夫球厂、五星级酒店等往往采用这种定价策略。声望定价的高昂价格能使顾客产生"一分价格一分货"的感觉,从而在购买过程中得到精神的享受。

3．整数定价策略

对于那些无法明确显示服务质量的产品,顾客往往通过其价格的高低来判断其质量的好坏。但是,在整数定价方法下,价格的高并不是绝对的高,而是凭借整数价格来给顾客造成高价的印象。整数定价常常以偶数,特别是"0"作尾数。

整数定价策略适用于需求的价格弹性小、价格高低不会对需求产生较大影响的服务,如星级宾馆、高级文化娱乐城等,由于其顾客都属于高收入阶层,也愿意接受较高的价格。

4．尾数定价策略

尾数定价策略又称"奇数定价""非整数定价",是利用顾客求廉的心理,仅在整数价格之下制定一个带有零头的价格,一般为奇数,以使他们感到获得了较低的价格,从而激起其购买欲望,促进服务销售量的增加。如8.99元和9元给人的感觉就是不同。

5. 习惯定价策略

顾客在长期购买某种服务产品的过程中，习惯上已经接受了这种产品的价格水平。企业参考这种习惯性价格来制定产品价格的方法就是习惯性定价策略。

一般情况下，只要服务产品的基本功能和用途不变，顾客往往只愿意按原有的价格购买。降价会让他们对产品的质量产生怀疑，涨价则影响市场销量。

7.3.5 了解其他定价策略

1. 组合定价策略

一般定价的依据是服务的消费单位，如专业咨询服务、酒店客房出租、电话通话服务等按时间收费，运输企业按距离收费。但企业通常不只提供单一的服务，而是形成产品组合进行销售。此时，企业的定价策略就不是那么简单了，通常采用以下几种策略。

（1）服务线定价策略。服务线定价策略是指企业根据顾客对同样服务线不同档次的服务的需要，设计不同的服务和价格点。如酒店的商务套房定价898元，豪华套房定价1598元，贵宾套房定价2098元。顾客根据自己的需要选择不同的房间。

（2）特色定价策略。许多企业提供各种可选择的服务或具有特色的主要服务，以较低价格提供主要产品时，还提供具有吸引力的较高价的非必需附带品与之相配，依靠它们的销售来增加利润。如在餐馆中，许多餐馆都主推自己的特色菜，而且价位相对较低。由于顾客一般都会在饭菜之外要酒水。那么将酒水的价格定得很高，又规定顾客不得自带酒水。这样，餐馆就可以从提供的菜肴中收取成本，用酒水的收入获得高额利润。另外一些餐馆则可能将酒类价格定得低而食品价格定得高，以吸引来一大群喝酒的人。

（3）必需附带品定价策略。与特色定价策略相类似，主要利润来自附带产品，但附带产品与主要产品有着密切的联系。如软件公司将开发的软件低价出售，甚至无偿赠送，但却从不断升级的程序中获取了高额利润。

（4）两部分定价策略。就是将价格分为两部分，固定费用和变动费用。在一定范围内，收取固定费用，超出该范围则加收变动费用。如在国内移动电话用户每个月要付固话费，还要付通话费；游乐园或旅游景区通常在门票中包含了部门项目的费用，还想玩其他的项目则另外收费。采取这种策略时，企业往往将固定费用定得很低，以便吸引顾客使用该服务项目，并通过变动费用获取利润。

（5）捆绑定价策略。捆绑定价策略即将数种服务（两种以上产品的捆绑）或服务特征（一种产品基本服务和扩展服务的捆绑）组合在一起，以低于分别销售时支付总额的价格销售，从而最大限度地吸引顾客。

2. 系列价格定价策略

价格本身维持不变，但服务质量、服务数量和服务水平则充分反映成本的变动。这种定价方式往往被视为一种并不适于用来处理成本变动的定价方式。只有在固定一套收费方式的一系列标准服务的情况下才适用。租赁公司往往使用此定价方式。

3. 关系定价策略

关系营销包括建立、保持并加强同顾客的关系（通常是指长期关系）。关系定价策略就是考虑提供给顾客长期超值服务，与顾客形成持久合作关系，而采用的使顾客与服务企业双方都获得长期利益的一种定价策略。这种定价策略一般适用于服务上与顾客之间有持续接触的交易,能刺激顾客多购买本企业服务,间接抵制竞争对手提供的服务。一般来说,关系定价策略可以采用"会员"价格和组合服务定价两种方式。

(1)"会员"价格。服务企业通过长期合同的形式发展顾客成为"会员",可以从根本上转变服务企业同顾客之间的关系,能将一系列的服务交易转变为一种稳定的、可持续的交易。顾客可以凭借其会员身份先行消费服务产品,然后在约定的时间支付费用(如电话费);或者凭会员证件享受一定的价格折扣。

(2)组合服务定价。组合服务定价是指当顾客消费两个或两个以上相关服务项目时可以享受价格优惠,让消费者确实感到多购买比单独购买便宜。这种组合服务定价能降低成本,吸引顾客从一个服务提供者购买相关的多种服务,顾客也可节省时间和开支。

4. 客观定价策略

客观定价策略是指不论顾客种类,而是先设定服务的单价,再乘以实际提供的服务单位数,即得该项服务的售价。这种定价法常用于律师、管理咨询公司、心理医生、家庭教师等。服务的收费标准通常根据经验或市场价格来确定,但其前提条件必须是该项服务可以被分割,例如,以服务小时计费。

实训课业

一、技能训练

(1)如果你是学校附近一家网吧的老板,谈一谈制定价格的目标是什么?你会采取哪些定价方法进行服务定价?

(2)在网络平台购买电影票因为其便捷性更加受到年轻人的青睐。2018年年初,知乎上有用户发帖《淘票票猫眼是否有针对不同用户定制不同票价?》引发不少人共鸣,作者吐槽用支付宝购买电影票,同一个电影院,同一个时段,大号要30多元,而我另外一个号却只要15元,另外朋友的账号却要25元。不少用户对此认为不同时间段不同票价,一般来说,白天买票便宜,晚上要贵些可以理解。请查找资料,分析近年来网络购票平台电影票价的情况。

(3)到学校附近的住宅小区调查了解现行的物业费是如何制定的?

(4)近年来,越来越多的人热衷旅游,旅游景点的价格也水涨船高。研究你所在城市的著名景点,分析其采用了什么定价策略,有没有更好的建议?

二、实训项目

服务商品定价方法和策略的应用

1. 实训内容

组织学生通过实际走访或者网络调研某一服务企业,分析该服务企业所提供的服务产品采用的定价方法和定价策略。

2. 实训目的

利用服务定价的理论分析和研究服务企业运用定价方法和定价策略的实际情况,提高学生的实践应用能力。

3. 实训要求

(1)组织学生以6~8人为一组,由组长负责,利用实训课或其他时间到商业街考察和学习。

(2)以小组为单位座谈讨论,分工协作撰写调研报告。报告的主要内容包括:企业的服务产品组成;选择的定价方法和定价策略;存在的问题和原因;解决问题的可行性的对策和建议。

第 8 章

服务渠道策略

本章阐释

本章通过对服务渠道理论与实践的介绍,使学生了解服务渠道的主要类型,理解服务直接分销与间接分销的含义和类型,掌握服务网络分销的创新和发展,能够根据企业实际情况进行服务渠道的创新设计。

能力目标

(1) 掌握直接分销与间接分销的含义和主要形式。
(2) 掌握服务网络分销的创新和发展。
(3) 能根据企业的实际情况拓展和创新服务渠道。

8.1 服务渠道概述

案例导入

中国移动公司的分销

1. 服务热线

10086 是全国统一的中国移动通信服务热线,顾客可以通过拨打 10086 查询或咨询中国移动通信基本政策、业务知识、新业务、计费等问题,对移动网络通信和服务质量提升进行反映,并对服务及业务提出意见或建议。

2. 短信营业厅

短信营业厅是中国移动通过短信向顾客提供服务功能的渠道,移动顾客可以通过发送短信来进行话费查询、业务办理等操作,随时随地,方便使用。

3. 网上营业厅

网上营业厅是虚拟的营业厅,通过中国移动通信的互联网站,向各地顾客提供以互联网为平台的业务咨询和办理,顾客足不出户就可以获得和实体营业厅一样的服务与支持。

4. 掌上营业厅

掌上营业厅是将网上营业厅现有功能不仅在 WAP 网站实现,同时以 J2ME 技术为基础实现手机营业厅软件。该软件安装在移动顾客手持终端上,只需要在手机上进行简单的操作,可以随时随地查询、定制最新的移动业务和功能。

5. 实体营业厅

中国移动通信营业厅遍布全国各地,在实体营业厅中,可以向工作人员充分了解中国移动在当地开通的业务,并随时进行各项业务办理。同时,营业厅还接受顾客投诉、咨询以及定制终端的销售。

6. 自助服务站

自助服务站是为顾客自主服务提供的场所和设备,主要提供自助式业务查询、信息查询、业务办理、详单打印、购买标准卡、手机充电服务,满足顾客自助服务的要求。

7. TD 体验厅

TD 体验厅和自有营业厅是由中国移动自主经营、以物理实体网点形式向 TD 测试顾客提供服务的场所,具备 TD 业务咨询、业务办理、顾客体验的主体功能,同时承载服务机构形象宣传和反馈市场服务信息的辅助功能。

8. 合作营业厅

合作营业厅属于移动业务分销渠道中的中间商,是合作者自己投资建立的专门经销各种移动业务的经营场所,合作营业厅的所有者买进移动产品的所有权,然后直接销售给顾客。有的合作营业厅也会得到移动运营商的各种销售支持。一般而言,合作营业厅通常会同时经营几家移动运营商的产品。

资料来源:苏朝晖.服务营销管理[M].北京:清华大学出版社,2018.

思考与分析

试分析中国移动分销渠道的优劣势。

8.1.1 理解服务渠道的含义

任何一种类型的企业在产品营销活动中都存在如何使企业生产的产品尽快从生产者手中转移到消费者手中的问题,而这一问题解决的关键在于建立顺畅高效的分销渠道。

分销渠道是指产品从生产者(企业)向消费者(用户)转移过程中所经过的通道。这个通道包括某种产品的供、产、销过程中所有相关的企业和个人,起点是生产者(企业),终点是消费者(用户),位于起点和终点之间的为中间环节。中间环节既包括了产品在生产制造完成后到最终所有权转移到消费者手中,期间所经历的各种获得所有权的、帮助与促进所有权转移的所有的中间商与服务机构,如批发商、零售商;也包括为加快所有权转移、节省费用、满足需求而优选的产品实体流动路线、分配方式的组织机构,如银行机构、保险机构、运输部门、储存机构等服务部门。

在企业的实际经济活动中,分销渠道的概念不仅仅限于有形产品的营销活动,在服务营销活动中同样存在分销渠道问题。服务企业也要解决如何使自己的服务产品更加接近目标顾客,使空间上较为分散的顾客与机构能够方便快捷地享受到服务企业所提供的优质服务。那么,服务分销渠道就是指服务从生产者转移到消费者的过程中涉及的所有相关的企业和个人。

8.1.2 了解服务渠道的类型

在现实的商业活动中,服务企业的渠道是相当复杂的,不同的分类方法会产生不同的渠道类型。

1. 按有无中间环节，可分为直接渠道和间接渠道

（1）直接渠道。直接渠道是产品直接由生产者卖给消费者，没有中间环节的渠道，是最简单、最直接的渠道。它的特点是产销直接见面、环节少，易于控制价格、降低流通费用，便于生产者了解市场信息。

直销是服务企业最常见的一种销售方式，也是最适合服务产品的配送形式。直销可能是服务生产者经过选择而选定使用的销售方式，也可能是由于服务和服务提供者不可分割的原因。

（2）间接渠道。间接渠道是指生产者利用中间商将产品供应给消费者，中间商介入交换活动。它的特点是有助于产品的广泛分销，合理配置资源。但相对于直接渠道，间接渠道的流通速度较慢、成本较高。

间接渠道是服务企业经常使用的渠道，它的结构各不相同，而且有些还相当复杂。例如，货币产品的销售渠道，银行信用卡是信用服务的实体化表征，但并不是服务本身。通过信用卡，银行有能力克服不可分割性的问题，同时利用零售商作为信用的中介机构，而信用卡又有能力扩大地区性市场，因为信用卡可使使用者将银行信用变成"库存"，这样，银行就有能力维持远离交易地的信用客户。

2. 按经过中间环节的多少，分为长渠道和短渠道

从市场营销的角度，对长短渠道的划分不是指空间上产品流通路程的远近，而是产品从生产者转移到消费者手中所经过的中间环节的多少，即渠道长度。经过的环节越多，渠道越长；经过的层次或环节越少，渠道越短。

一般来说，长渠道是产品经过两道以上中间环节后到达消费者手中的渠道。短渠道是产品直接到达消费者或只经过了一道中间环节的渠道。

3. 按选择中间商的多少，分为宽渠道和窄渠道

在渠道中，生产者在同一类型的中间环节中选用经销自己产品的中间商的多少，被称为渠道宽度。生产者在某一环节选择两个以上的同类中间商销售产品，为宽渠道。如果生产者只选择一个中间商经销商品，为窄渠道。

4. 按选择渠道形式的多少，分为多渠道和少渠道

渠道广度是指生产者选择渠道形式的多少。多渠道是企业选择较多的渠道经销产品，而少渠道是企业选择较少的渠道经销产品。当企业只选择一种渠道形式经销产品时，称为单渠道。

服务产品因其不可感知性、服务者与服务对象的不可分离性、产品本身不可储存性，与产品的分销渠道相比，服务渠道几乎总是直接的。此外，还有许多服务业的销售渠道，则包括一个或一个以上的中介机构。因此，如果不是直接将服务提供给顾客，就是提供给向顾客出售服务的中间商，即中介机构。

服务的中介机构为服务生产者完成了许多功能。第一，他们常常合作生产服务，实现服务生产者对顾客的承诺。诸如理发、配钥匙和干洗这样的特许服务，是由中介机构（受许人）利用服务生产者所开发的流程完成的。第二，服务中介机构还使服务地方化，为顾客提供时间和地点的便利。因为像旅行和保险这样的中介机构代表多个委托人，所以它们把各种选择集中于一个地点，为顾客提供零售的功能。在金融或专业化服务中，中介机构通过建立一种在这些复杂而专业化的销售中所需要的信任关系,起到了顾客与公司品牌或公司名称之间黏合剂的作用。另外,还有承担所有权风险、担任所有权转移的中介角色(如采购)、担当实体移动(如运输)的任务等。

8.2 服务的直接分销渠道

案例导入

星巴克高管传授:咖啡馆选址六大原则

1. 先布局,再选址

"我经常接到电话,对方说'你赶紧到我们这里开一个店吧,我保证你赚钱'。"龚明表示,每每接到这样的邀约,他的内心就很纠结,既不愿打击对方的热情,但要跟对方解释星巴克的选址策略,又不是一句两句就能说明白的。"星巴克在中国的发展,是先通过布局,再来选址。"龚明说。根据城市的地理和经济因素,我们将中国市场分为五个等级(和中国的行政等级并不完全一样)。首先是北京、上海、广州、深圳这样的一线城市,当星巴克在中国具有一定的影响力和知名度时,再通过良好的品牌形象和口碑向二三线城市扩张。

2. 用六个原则选定具体门店

(1) 人流原则:找到聚客点。只有人流达到一定数量,才有可能被选中。星巴克在选定商圈后,会测算人流,确定主要流动线,选择聚客点,把聚客点相隔不远的位置作为门店选址的地方。因为在人流的主要流动线上,意味着单位时间里经过的人流量最大;处于聚客点的位置,说明人群在这里聚集做足停留。

(2) 目标市场原则:瞄准受过高等教育的中高收入人群。星巴克的定位是追求品位、时尚的中高收入人群,综合群体年龄段大概在16~45岁。只有一个区域的消费群体的消费实力和意识符合星巴克的定位,星巴克才会根据上述的列表进行进一步考察。

(3) 可见性原则:店面就是最好的招牌。消费者走在大街上能否一眼就能看到门店,这对利润增长点非常重要。虽然星巴克目前的品牌知名度较高,但咖啡行业竞争非常激烈,要保持这样的优势,品牌的展示度非常重要,良好的可见性则是品牌的有力展示。

(4) 便利性原则:交通必须方便。交通便利和店址的可达性,是消费者选择的重要条件。停车位多少,商圈辐射多大面积,辐射面积内有多少停车位,都是每一个做餐饮的企业应该考虑的问题,这样考虑的目的是增加客人进店率。

(5) 经济性原则:一个城市开一家店的事我们不干。目前我们在四川成都和绵阳都开了门店,乐山和峨眉山的相关领导都打电话邀请我去开店。我就问对方:开几家店合适?对方说:开一家店绝对挣钱,但是2~3家不敢保证!但在我看来,开一家店能保证销售额很高,但是不能保证挣钱!原因很简单,因为很多产品的物流成本很高,特别是糕点,全部是零下18℃的条件下无缝对接。单店的销售额虽然高,但经营成本也很高,所以我们2016年9月在丽江开第一家店后,会在当年尽快再开2~3家,通过增加门店数量降低物流成本。

（6）稳定性原则：需要商圈成熟配套规范。选择经济发展成熟、业务量良好的区域。前年我们通过合肥市政府的招商引资，在当地开了一家门店，业务量非常好。但是从第三年开始，由于领导班子换届，对城市重新进行规划改造，这家店面附近要修地铁，周围全部是工地，顾客只能从通道进店。由于政府的项目要5年才能完成，这家星巴克成为星巴克中国唯一一家以短期亏损的方式进行经营的店面，星巴克总部一度考虑是否要将店关掉。"如果我们晚2~3年再进入这个商圈可能就能规避这个问题，情愿租金高一点都无所谓，应该把规划考虑进去。"丽江的大研古城虽然客流量大，但是里面的很多房子没有房产证，消防等规划都不符合规定，因此星巴克只能放弃。

3. 不加盟，租金与业主利益捆绑

龚明透露，日常接到最多的电话是询问是否加盟。他表示，星巴克一直坚持直营的方式，不考虑加盟。此外，星巴克所有门店都是租赁的，为了降低租金成本，星巴克签约时一般都是最低10年。在北京、上海等发达地方，包括昆明机场，由于业主较强势，星巴克签了"5+2"的租约，即在第二个五年优先租给星巴克，租金再谈。在租金方面，星巴克并没有固定租金，而是根据销售额提成，即卖一杯咖啡给业主提一定的金额。

资料来源：星巴克高管传授：咖啡馆选址6大原则.职业餐饮网，http：//www.canyin168.com/glyy/xd/dz/201607/66667.html，2016-07-12.

思考与分析

结合案例，分析门店选址对于服务企业的重要性。

8.2.1 理解服务直接分销的含义及特点

1. 服务直接分销的含义

 名词点击

直接分销是指服务机构直接或者通过自有的渠道向顾客提供服务产品。与有形产品的可储存性、实体性截然不同，服务的自身特点决定了其不能够稳定的被运输，经过批发、零售等多个环节完成产品的销售功能。所以，直接分销的方式在服务产品的营销活动中非常普遍，如美容美发、教育培训、餐饮服务、医疗服务等服务产品都是采用直接服务的渠道方式。

2. 服务直接分销的特点

直接分销的最大特点是生产者将产品直接供应给消费者或者用户，在销售的过程中没有任何中间商的介入。这样的分销方式除了适合服务产品之外还十分适合大型设备或专用工具等大型、复杂的需要专门服务的工业品销售。

1）服务直接分销的优点

直接分销又称为另计渠道，其优点如下。

（1）选择直接分销的渠道策略可以便于买卖双方沟通和交流，服务供应商可以极好地控制服务产品在流通过程中的质量、规范、营销策略的执行和贯彻力度，并有效降低产品在流通过程中的损耗，加快商品的流转。相反，如果经由中间商进行服务产品的销售，往往无法保证对服务的供应与表现的控制。

(2) 选择直接分销的渠道策略可以便于企业与消费者之间保持良好的交流,能够及时从顾客的反馈中了解其市场需求的变化和顾客满意度方面的表现,从而能够及时作出调整,更好地适应市场的变化、有效地改进服务,更好地针对顾客的要求提供个性化的服务。

2) 服务直接分销的缺点

综上所述,可以发现实施直接分销也就意味着企业必须拥有较高的广泛分销能力和产品销售能力,其实施过程中还是存在一定的缺点。

(1) 直接分销渠道的覆盖范围非常有限,有可能只能在一定区域内实施,不利于服务范围、服务质量、服务业务的扩大。

(2) 在服务产品的直接分销过程中,服务提供机构必须承担服务产品的销售费用,无形中分散了其精力,无法集中精力搞好产品的研发与生产。

8.2.2 理解服务直接分销的主要形式

常见的服务直接分销的形式主要有店面分销、机器自动化分销、呼叫中心分销等。

1. 店面分销

1) 店面服务位置的重要性

由于服务的同步性,服务机构需要直接面对顾客,而服务的位置是否便于顾客的消费、是否有足够的停车空间、是否有便利的公共交通网络……这些因素决定了顾客获得服务的时间成本、体力成本和货币成本等。古人言"一步差三市",指的就是在开店铺的时候差了一步就可能影响到三层买卖。尤其对于服务机构来说,店铺位置选对了就是成功的一半。如果顾客不能够便捷地得到服务,那么再好的服务也无法吸引远距离的顾客,也不可能产生任何价值。

店面服务位置不仅仅关系到客流量,还会影响服务机构的形象。比如,在顾客心中,坐落在城市繁华街区和偏僻陋巷中的美容店能够提供的服务质量一定会有差别,往往会觉得前者所提供的服务档次更高级。

所以,店面服务位置不仅影响顾客接受服务的便利性,还可以表现出服务机构的市场定位和形象,因而选址对于服务机构来说非常重要。

2) 店面服务位置的选择

服务网点的位置关系顾客进入的便利程度,在分销中起到了关键作用。虽然服务机构位置的重要性依据服务业类型而各有不同,但通常情况下必须考虑目标市场的要求、服务机构的营销战略和竞争战略、服务机构的追求目标和服务特征、竞争对手选择服务网点的情况、服务业的灵活性和分散程度等多种因素。

除此之外,在全球化经济飞速发展的今天,各个城市乃至不同的国家都处在不断的变革和动态的调整过程中。因此,店面服务的位置规划应该首先具有一定的前瞻性,在保证城市规划的前提下完成科学合理的店铺选址工作。

3) 店面服务位置的布局方式

(1) 抢先占位方式。所谓抢先占位,顾名思义就是在尚没有竞争对手或者竞争对手数量较少的地区率先开设店铺。这种布局方式不仅能够在竞争阻力较小的时候抢占先机、形成自己的优势，还能够避免过度竞争对自身带来的损失，更可以率先锁定顾客的偏好为新竞争者增加进入成本。

(2) 集中布局方式。集中布局是指同一家服务机构在一定区域内相对集中地开出足够多的店铺，并在这一区域店铺布局基本饱和后才拓展下一个区域。这种布局方式的最大特点是能够方便顾客的购买，还能够提高本区域内服务机构的知名度和宣传效果，更易于形成规模效应，以达到节省人力、物力、财力的目的。

(3) 聚集布局方式。聚集布局是指服务机构之间相互依托、共同在同一区域内开设店面。这种布局方式追求的是"众人拾柴火焰高"的效果，能够打造一个相对专业的成熟市场，更加便于顾客的选购，如上海的南京路、淮海路和沈阳的中街等城市商业街区。

(4) 竞争布局方式。竞争布局是指在成熟的竞争激烈的区域进行布局，通常适合实力较强的服务机构实施针锋相对的竞争战略时使用。服务机构选择这种布局方式既是给自己压力以保持自己持续的竞争斗志，又是在吸引竞争对手的顾客群体，还是在成熟的市场中保证了信息的灵通和借鉴竞争对手的成功之道。最典型的例子就是"肯德基"和"麦当劳"的对持性布局，基本做到了有麦当劳的地方就有一家肯德基。

2. 机器自动化分销

机器自动化分销是指服务机构运用高新技术设备，如自动售货机、自助银行、自助缴费系统等先进的技术设备为顾客提供服务。这种服务分销方式起源于美国，并在进入日本市场后发扬光大。

(1) 自动售货机。自动售货机可以放在自办营业厅里，也可以设置在政府机构、大型服务机构、学校、居民小区等固定人口较多的地区，或者商业中心、车站和机场等流动人口较多的地方。自动售货机可以在24小时保持不间断的服务，为人们提供便捷服务，弥补了服务机构的不足和服务盲区。比如，很多航空公司都在机场、银行、高档酒店等地方使用自动售票机。

(2) 自助银行。自助银行使商业银行可以在不增加人力成本的前提下扩充营业网点，为顾客节省了排队等候的时间，将24小时的金融服务延伸到各个角落。在发达国家，自助银行已经基本代替了传统的银行网点。

(3) 销售点终端。销售点终端(POS)是自动柜员机(ATM)在商业网点的延伸，是与银行连接、供顾客消费时自动支付的设备。销售点终端系统扩大了ATM的功能，使持卡人享受到了更加便利的消费服务。使用销售点终端能够做到即时交易结算，做到银行、商家和顾客之间的三赢：银行增加业务量的同时节省了人力和物力，商家增加营业额的同时及时收回了货款，顾客安全购物的同时无须携带现金或支票。

3. 呼叫中心分销

呼叫中心分销是综合利用先进的计算机及通信技术，对信息和物资流程优化处理与管理，集中实现沟通、服务和生产指挥的系统，是将服务机构的通信系统、计算机处理系统、人工服务代表、信息等资源整合成统一、高效服务的工作平台。

呼叫中心由于不受时间与空间的约束，可使服务机构的服务能力更强，成本更低，具备以下功能。

(1) 个性化服务。采用计算机电信集成技术后，呼叫中心的座席代表可以在接听电话前就从计算机屏幕上了解到关于来电顾客的姓名、住址、个人爱好等基本信息。根据这些信息资料,座席代表就能为顾客提供更加亲切的个性化服务,减少了查询与相应的时间,提高了所提供的服务质量。

(2) 主动性服务。呼叫中心能够事先了解顾客的账号信息、购买历史等相关信息,以便为其提供更有针对性的服务;主动向新的顾客群体进行产品宣传,扩大市场的占有率,树立服务机构的品牌形象;完善的顾客信息管理、顾客分析、业务分析等功能,为服务机构的发展、决策提供事实依据。

(3) 便捷性服务。呼叫中心可以实现"一号通",便于顾客的记忆;通过自动语音应答的设备做到为顾客提供 24 小时服务;提供灵活的交流途径,允许顾客在与业务代表联络时可随意选择包括传统的语音、邮件、传真、文字交谈、视频等在内的任何通信方式。

(4) 智能化服务。呼叫中心依靠智能化呼叫路由充分利用资源,由自动语音或自动传真可使顾客呼叫分流,或者由不同业务代表提供不同服务的顾客呼叫分流。顾客的电话按预先设置的自动语音系统或人工席位进行转接,顾客也可以在任何时候查询自己的业务处理情况。

(5) 一站式服务。通过呼叫中心,可以将服务机构内分属各职能部门的服务,集中在一个统一对外联系的"窗口",采用统一的标准服务界面,最终实现一个电话解决顾客所有问题的目标,有助于进一步协调服务机构的内部管理,避免服务机构内部相互推诿的现象,有效地为顾客提供高质量、高效率、全方位、一站式服务。

卓越实践 8-1
商圈的"去中心化"趋势

当前,电话(呼叫中心)就是企业与顾客联络的主要方式,如 10086、95519、95522 等都是呼叫号码。

8.3 服务的间接分销渠道

案例导入

航空公司的分销

航空公司传统的销售渠道有:自由销售部门,即航空公司设在市区和空港的销售网点;旅游代理,即机票是旅行社安排旅行计划的核心内容之一,旅行社和航空公司签协议,代理销售该旅行社旅游计划中的客票;销售代理,即销售代理企业受民航运输企业的委托,在约定的经费范围内以委托人的身份处理航空运输(包括客、货运输)、销售及相关的业务。

近年来"提直降代"一直是航空公司销售模式转型发展的目标,也是国资委大力倡导的发展方向。2014 年 6 月,国航率先将沿用了 6 年的代理人佣金由 3% 降低为 2%,随后南航、东航、海航跟进;2015 年 1 月,南航宣布将国内的机票代理人佣金由 2% 降低为 1%,就在 5 个月之后,代理人"零佣金"时代彻底来临。航空公司挤压代理人生存空间的背后,是它们期望压缩分销成本、服务直销战略的大目标。所谓直销,是指航空公司通过自己的销售柜台、官方网站、移动客户端或电话直接对客户进行销售的渠道,它对于航空公司有两大好处:

一是直接掌握终端客户数据,可以有针对性地进行预测与服务;二是尽管短期看来直销有IT系统等投入,但长期看可以减少代理人佣金的支出,进而降低总体的销售费用。但不管目前民航业的分销态势如何,提高直销比例都是行业内的大势所趋。

资料来源:票务员告诉你客票的销售渠道有哪类?凤翎教育网,2018年9月.

思考与分析

对于航空服务来说,间接渠道未来是否还有存在的必要?

8.3.1 理解服务间接分销的含义及特点

1. 服务间接分销的含义

名词点击

服务间接分销是指经由中介机构为顾客提供服务。这些中介机构包括被特许人、代理人、经纪人等。对服务机构来说,可以采用一种或者多种服务中间商来向顾客提供服务产品。

2. 服务间接分销的特点

目前,随着互联网技术的发展和智能移动终端的普及,越来越多的服务机构开始采用间接分销的方式来拓展业务。比如,当你出游时,可以在旅行社、航空服务机构集中预订服务,或在与携程网同类型的各种电子渠道上完成住宿服务的消费功能。与此同时,提供住宿服务的酒店也向客户提供风景名胜景区或者演出门票的订购业务。

除此之外,还应注意到一些特殊的服务中介。比如,当人们在电视或者网络视频频道上观看球类比赛直播或转播时,直接为观众服务的是电视台或者网络转播平台而不是球队,它们就是球队俱乐部的间接分销渠道。这些间接分销渠道的优缺点如下。

1) 服务间接分销的优点

(1) 服务间接分销覆盖范围较广,能够扩大服务机构的服务区域和服务业务,有利于服务机构全面铺开业务。

(2) 服务间接分销有利用提高分销的效率。因为中介机构的专业性和丰富的销售经验可以更好地向顾客提供服务业务。

(3) 服务间接分销能够提供更加专业化的服务。在实体市场中,有些实力有限的企业更偏重于实体产品的研发和生产,而依赖于专业化的中间商完成产品的销售功能,达到双赢的局面。与此相类似,画家或者演员这类特殊群体必须专注于艺术作品的创作而无暇兼顾艺术服务的销售和推广工作,必须依赖经纪人这样的中介来实现艺术服务的销售。

(4) 服务间接分销能够有效地降低服务成本。越来越多的专业化服务中介机构能够实现规模化的经营,实现自身与服务机构的成本节约。比如,许多大城市已经实现了由专业服务机构完成供水、供电等生活服务的收费业务。当然,有了网络支付之后,支付宝、微信也可以实现同样的收费功能。

2) 服务间接分销的缺点

服务间接分销在实施过程中,存在与实体产品的间接分销同样的问题,即服务机构与最终顾客隔离,可能形成"需求滞后差"和营销信息沟通不畅的问题,也必须面对流通环节中的商品损耗和营销中介难以控制的问题。其中,利用服务间接分销的最大威胁是对于服务机构的策略、制度、规范、标准的执行和贯彻力难以保证,有可能影响服务品质。

8.3.2 理解服务间接分销的主要形式

常见的服务间接分销的主要形式有代理分销、经销分销、合作伙伴、连锁经营与特许经营等。

1. 代理分销

代理分销是根据代理合同的规定,受服务提供者的授权委托从事某项服务活动。比如,尽管之前一直坚持走公司直营店、在全世界都不要加盟店的星巴克在1999年进入中国之后也变通的实施了与北京美大咖啡有限服务机构(北方地区)、中国台湾统一集团(上海、杭州、苏州等江南地区)、中国香港美心食品有限公司(香港、深圳等南方地区)合作,授予代理权完成服务活动。但目前,星巴克正在逐步收回代理权,截至2017年7月底已经实现了在中国内地的2800家门店全部成为星巴克的直营店。

与直接分销相比,代理分销所需的投资少、风险小。服务机构通过代理机构还可以开拓新市场,以达到扩大市场的效果。但是,采用代理分销时,服务机构必然会面临有可能这些代理机构不能够尽心尽力开拓市场,为客户提供周到的服务,难以实现统一、规范的管理。

2. 经销分销

经销分销是指将服务买进后再售出,进销差价是经销商利润的主要来源。经销分销主要有:批发商,从事服务批发业务的中介机构,如旅游公司;服务零售商,从事服务零售业务的中介机构,如旅行社。

3. 合作伙伴

服务机构之间可以结成联盟,相互借力,共享顾客资源,共同为顾客提供增值服务。比如,香港的某酒店与当地的DFS免税店签约实施联合促销,规定凡是在酒店住宿的入境游客可以在DFS免税店享受购物的9折优惠。

4. 连锁经营

连锁经营是经营同类服务的若干机构(分店),在同一核心机构的领导下,按照统一的经营理念和经营方针,采用规范化经营,进行集中管理和分散服务相结合的经营形式或组织方式。

服务机构采用连锁经营的方式既可以扩大服务规模,又能够节约广告宣传、采购等方面的费用,还可以通过标准化经营保证在分店选址、人员培训、店面装修、广告宣传、服务规范方面实现统一同步,并从始至终保证了核心机构对其监督与指导。

5. 特许经营

在服务业的发展过程中,服务机构为了尽快实现其规模的扩张,往往采取特许经营的方式。在可能标准化的服务业中,特许经营呈现出一种持续增长的现象。一般情形下,特许经营是指特许人授权给受许人,以合同形式使其有权利用自己所拥有的知识产权,包括商号、产品、商标、设备分销、专利和专有技术、经营模式等,受许人则按合同规定,在特许人统一的业务模式下进行经营,并向特许人支付相应的费用。

特许经营是现代服务业发展的一个趋势,常见的特征有:一个人或一个企业对一个名称、一项创意、一种秘密工艺或一种特殊设备及其相关联的商誉拥有所有权；拥有知识产权的一方,将许可权授予另一方,允许在特定时间、地点使用该名称、创意、秘密工艺及其相关联的商誉等知识产权；为了保证特许人的整体信誉和其他受许人的利益,特许人可以通过特许合同中的各种规定或向受许人派出管理人员等方式,对受许人的经营进行监督和控制；受许人应支付权利金或者为已获得的权利而付出某种补偿。

卓越实践 8-2
麦当劳与特许独立
经销商的垂直冲突

8.4 服务的网络分销

案例导入

传统的王府井百货开启了互联网时代百货的新时代

随着移动互联网的发展及智能手机的普及和应用,新技术营销逐渐成为百货业发展大势。早在 2014 年年初,全国百货零售龙头——王府井百货集团便联手腾讯微生活平台,整合集团旗下门店原微信订阅号,全面升级为零售业微生活服务号。王府井百货集团微信服务号集合了促销信息发布、电子会员卡、电子商务及微信支付等几大功能,每项功能均是根据顾客购物习惯而精心设计。

2014 年 12 月,王府井百货又同腾讯、扫货邦三方联手推出互联网金融类会员卡"王府 UKA"。王府井百货作为平台,提供产品商家资源,扫货邦主要负责王府井商超 O2O 方案的技术执行,腾讯则提供相应技术及接口资源,微信理财通则提供互联网金融支持。"王府 UKA"会员卡功能全面：可以通过大数据的方式获取处理用户的消费特性与习惯,在为单个顾客提供个性化推荐服务的同时,也可以从宏观上调整卖场布局,以更好的服务目标客户；可以通过微信支付简化支付环节,提升购物体验,而且通过朋友圈红包的分享提高消费者的参与度,进而通过双向的互动来增强用户对于商场的黏合度；王府 UKA 4%至 5%的年化收益率,相当于线下的支付宝,会员卡中的存钱对王府井百货的现金存量有极大的改善,这对发展多元化的业态,大有裨益；可以通过微信将线上的客源导向线下,起到开通渠道的作用。

2015 年 12 月王府井集团在合作伙伴年会又一次提出"一个模式""四大任务"的发展战略,加快创新变革。"一个模式"是指回归零售本质,一切以消费者为中心,建立以客户为中心的新型生态圈,积极构建互联网下新的商业模式。"四大任务"分别是：始终以消费者为中心,进行经营模式的创新,持续提升商品经营能力和顾客经营能力；适应新的消费需求变化,进行业态的创新,引导多业态的协同发展；满足消费者多渠道选择,实施全渠道变革,促进线上线下融合；为适应创新发展需要,进行组织变革与机制创新。

同时,王府井百货官方称,目前试点门店 PC 端、移动端、线下端所有渠道用户已初步统一到公司的 CRM 数据系统,王府井的大用户体系已经开始投入运营,线下门店已全面实现会员卡电子化。

2016年"双11",王府井集团公布了一组数据,通过电商和全渠道活动引流的销售额7447.52万元,电商渠道销售额2150.89万元,微信服务号粉丝新增75464人,微信会员卡的领卡人数38780人。

资料来源:李文国.市场营销[M].北京:清华大学出版社,2018.

思考与分析

服务企业是否必须创建网络分销体系?

8.4.1 理解服务网络分销的含义及特点

1. 服务网络分销的含义

 名词点击

服务网络分销是企业基于网络开展的分销行为,充分利用互联网的渠道特性,在网上建立产品分销体系通过网络来完成铺货、渠道建设、分销商管理。

2. 服务网络分销的特点

信息技术的成熟与互联网的蓬勃发展有效促进了网络分销渠道的产生。服务机构可以利用网络平台为更多的顾客提供高效满意的服务产品。服务的网络分销渠道也分为直接分销和间接分销。直接分销是服务机构自建销售网络平台,比如各大银行网站;间接分销则是利用已有的电子商务平台为顾客提供服务,比如淘宝网、58同城等网络平台。

1) 服务网络分销的优点

(1) 效率高。网络分销渠道可以使服务机构的服务能力更强、效率更高。如医生可以通过网络对病人进行会诊,远程提供最佳的治疗方案。

(2) 成本低。网络分销渠道可以让服务机构在网络平台上实现信息查询、服务产品销售、促销宣传、业务受理等营销功能,将分销成本降到最低。与此同时,网络分销渠道还为顾客提供了充足的"货比三家"的机会,又节省了顾客购买的时间。

(3) 服务标准化。以教育培训机构的直播授课平台为例,教师与学生实现了网络的面对面交流,网络分销渠道保证了顾客享受到了标准化的教育服务。

(4) 互动性和自动化。在网络分销过程中,服务交易、支付系统、客户关系管理、市场分析和运营系统等功能均可以实现自动化的顾客服务。这样的网络服务具有更加明显的便利性、互动性和定制化的特点。比如,淘宝网的"猜你喜欢"就是以淘宝用户的搜索、浏览、收藏加购,已经购买和重复购买等行为标签为关键词,进行系统推荐用户"可能喜欢"的商品,实现了有效的推销。

2) 服务网络分销的缺点

服务产品的无形性、即时性等特点,决定了不是每一种服务产品都适合网络分销;而网络分销的技术性特点和安全问题也进一步限制了网络分销的有效实施。比如,顾客没有联网的计算机或者智能移动终端、网络分销平台操作过于复杂或顾客自身能力有限、网络诈骗或盗号病毒之类的问题都将是未来服务网络分销亟待解决的问题。

8.4.2 掌握适合网络分销的服务类型

由于互联网技术和移动信息技术的飞速发展,消费者不再拘泥于传统的实体店铺购物体验,反而开始热衷于"触不可及"的消费便捷。通过网络店铺,浏览产品信息,产生兴趣,依据其他顾客的购后评价,进而形成联想,最终做出购买决策,鼠标点击或者指尖滑动的瞬间完成购买过程。除了网络零售平台之外,社交媒体也开始试水"零售"。互联网的使用越来越普遍,数字技术和设备的迅猛发展催生了网络社交媒体和数字社区的浪潮。社交媒体的功能是给人们提供了一个可以彼此聚集、社交并交换想法和信息的网络虚拟空间。消费者原本在社交媒体上了解和发表个人的消费体验,慢慢地可以尝试与志同道合者沟通"以物换物"或者"二手商品置换"等信息(比如,在微博上发布信息之后,在淘宝网络进行交易或者私下交易),进而敏感的网络店铺的店主们便在社交媒体上直接发布产品信息,吸引消费者购买。目前流行的一个名词"微商"便源于此。微商,其实就是微电商,利用微信、QQ、微博等社交媒体和贴吧、论坛等途径,借助微店或淘宝店铺等网络销售平台完成营销活动。

目前,网络分销面对的消费者群体非常广阔,是众多实体产品的普遍分销渠道。商务部下属的中国国际电子商务中心与中华全国商业信息中心 2016 年 4 月 11 日联合发布"2015 年中国网络零售市场运行情况及未来展望"称,2015 年,中国网络零售市场发展迎来拐点,B2C(企业对个人)模式首次超过 C2C(个人对个人)模式,占据 51.9% 的市场份额,成为市场的主体。但是,值得我们注意的是,对于服务产品来说,网络分销并不适用于所有服务产品。据调查除了实体产品之外,利用网络分销的无形商品主要有如计算机软件、电子券之类的数字产品和本教材主要研究的服务产品两大类。在网络上实现分销的服务产品具体包括以下几种。

1. 信息服务

网络最基本的功能就是迅捷提供各种信息。网络新闻平台正式成为网民获取新闻资讯的主要渠道之一。据中国互联网信息中心发布的 2019 年上半年《中国互联网络发展状况统计报告》数据显示,截至 2019 年 6 月,我国网络新闻用户规模达 6.86 亿,较 2018 年年底增长 1114 万,占网民整体的 80.3%;手机网络新闻用户规模达 6.6 亿。由此可见,传统新闻媒体的信息服务能力逐渐减弱,并在加速探索向互联网靠拢的途径,力求打造媒体融合的全新模式。与此同时,提供网络信息服务的服务机构在激烈的市场竞争中逐渐从单纯流量向内容、形式、技术等多维度转移。原创优质的信息内容和新技术加持下的短视频内容、直播内容等是目前信息服务发展的趋势。

2. 沟通服务

互联网作为一种沟通媒介,为网民提供了相互沟通和联系的应用服务。最为大众所熟知和使用的包括及时通信,一种可以让使用者在网络上建立某种私人聊天室的实施通信服务。时至今日它已不再是一个单纯的聊天工具,而发展成集交流、咨询、娱乐、搜索、电子商务等为一体的综合化信息平台,如 QQ、SNS、微博、微信等。如 SNS 将真实的人际关系渗入虚拟的网络世界,开创了一种全新的口碑传播模式,Facebook 被《时代》杂志认为完成了一件此前人类从未尝试过的任务,将全球 5 亿多人口联系在一起,并建立起社交关系。

在国内,微博、微信等也是时下网络交流的必备工具。它们为每一个人提供了一个自由发布信息、交流知识的传播平台。使用者可以很方便地用文字、链接、影音、图片建立起自己个性化的网络世界。

3. 移动服务

随着移动运营商的介入,现在发展最为活跃的是移动通信服务,手机成为及时通信发展的新终端。移动通信服务是指通过移动网络提供的数据服务、信息服务和广告服务。数据服务包括短信、彩信等通信服务和互联网接入服务;信息服务包括信息内容服务、商务服务和娱乐服务,如天气预报或者手机订阅等;广告服务则包括文字、图形、分类等手机广告服务。

4. 交易服务

从互联网上诞生的亚马逊开创了 B2C 的交易服务形式,产品可以通过网络进行分销。此后,B2C 的电子商务形式获得了极大的发展,诞生了许多如当当网、聚美优品、唯品会等的网络零售商店。

5. 平台服务

相对 B2C 的交易服务,许多互联网公司则尝试了供买卖双方交易的第三方平台,根据买卖双方的不同性质又可分为 B2B、C2C 等形式。

6. 娱乐服务

网络娱乐服务目前已经是人们休闲娱乐的主要途径,尤其是手机、iPad 这样的智能移动终端兴起之后。如果你想要看网络小说,可以去潇湘书院、起点网;如果你想要玩网络游戏,可以到盛大网、网易游戏平台等;如果你想看电视或者电影,可以打开优酷、爱奇艺、腾讯视频等;如果你想自己制作或者欣赏其他普通百姓的生活趣事,可以打开抖音、快手等看直播……中国互联网络信息中心发布 2019 年上半年《中国互联网络发展状况统计报告》,截至 2019 年 6 月,我国网络视频用户规模达 7.59 亿,占网民整体的 88.8%。据国家广电总局发布的《2018 年全国广播电视行业统计公报》的数据,2018 年网络影视付费用户总人数达到了 3.47 亿,较 2017 年的 2.8 亿增加了 0.67 亿人,增长率达 23.93%,付费人数的增长反映出用户愿意进行消费来获取真正有质量的精品内容。

综上所述,我们不难发现像教育、信息服务、图书资源等针对脑力的服务和像证券咨询、金融服务、数据处理等针对无形资产的服务比较适合利用网络渠道进行分销,而像理发、美容、健身等针对人体的服务和像加油、修车等针对实体的服务很难采用网络分销的方式。

8.4.3 理解网络分销的具体应用

移动互联网是利用移动设备接入互联网的方式,将移动通信与互联网进行了融合。移动互联网既可以"随时、随地、随身",又可以"分享、开放、互动",从而降低了人们在查找信息和进行信息交流时所付出的成本。这些成本包括时间、精力和金钱等方面,提高了顾客的让渡价值。

移动互联网技术在服务营销中的应用,就是通过移动互联网的终端以在线营销的手段服务于顾客,使顾客享受到更加便利、快捷、满意的服务。移动社交化的信息分享,位置信息服务的应用以及移动支付的便利,能够有效提高服务机构营销绩效和服务顾客的水准。

1. 互联网＋零售

1）B2C

B2C 是"business to customer"的缩写，其中文简称为"商家对客户"，是电子商务的一种模式，一般以网络零售业为主，主要借助互联网开展在线销售活动。B2C 为顾客提供了一个新型的购物环境，即类似天猫、京东这样的网上商店，顾客在网上购物、在线支付。

比如京东商城的发展就是先自建线上京东商城，以其为平台进行营销，线下自营物流系统和与实体店企业合作，让用户享受其线下服务体验，再让用户到线上京东商城进行交易。在线上，京东商城是 B2C 领域的代表。京东除了加大自营品牌和运营力度，还与社交、地图、搜索、本地生活服务等主流平台合作，进一步扩充了线上平台服务领域。在线下，京东与多家实体店企业合作，完成了让用户线上商城搜集订单，线下由合作门店完成配送的服务。为了夯实线下服务基础，京东还加大了合作力度，与唐久、美宜佳等多家便利店合作，形成用户下单后，后台系统自动匹配用户所填地址最近的便利店进行配送。

智能手机和 iPad 等智能移动终端的普及，为顾客提供了更多便利的购物选择。借助互联网，传统零售和线上电商正在融合，跨境电商也成为零售业的新机会，移动电商正在改变整个市场营销的生态。

2）C2C

C2C 是"customer to customer"的缩写，就是个人对个人之间的电子商务，通过类似淘宝网、拍拍网的网站进行交易。

3）O2O

O2O 是"online to offline"的缩写，意思是线上营销、线上购买或预订（预约），带动线下经营和线下消费，特别适合必须到店消费的商品和服务，比如餐饮、健身和住宿等。O2O 通过打折、提供信息、服务预订等方式，把线下商店的消息推送给互联网顾客。O2O 模式要符合三大特征：具备完全打通的线上和线下平台的能力，用互联网的思维方式运营两个平台，一切以用户为中心。信息流与资金流通过线上实现，商业流与服务流则在线下实现。

在现实中，很多本土生活服务性的企业都采用了 O2O 模式，比如腾讯已经搭建起腾讯系大平台，并搭建起 O2O 生态链条：以微信平台为大入口，后端有腾讯地图、微信支付等作支撑，中间整合本地生活服务（比如餐饮由大众点评承接、打车以滴滴打车为主、电影票以高朋网为主），形成了线上线下互动的闭环。另外一个例子是快餐业的巨头"肯德基"也已经成功试水"O2O"。在线下，据肯德基官网显示，截至 2016 年年底，肯德基在中国拥有了 5039 余家连锁餐厅。庞大的店铺扩张背后是肯德基中国的餐饮帝国。在线上，一方面，肯德基部分地区很早就通过肯德基 APP 实现了 24 小时送餐服务；另一方面，2015 年 6 月肯德基与支付宝达成全面合作，从上海、江浙开始，全国肯德基餐厅陆续接入支付宝支付。此外，肯德基的免费 Wi-Fi 服务、电子餐牌、"自助点餐"APP 等也已开通。目前，肯德基已经在客户端、宅急送、Web、官网、微博、微信等构成了全方位的数字平台，满足了消费者的互联网移动消费需求。

总之，B2C、C2C 是在线支付，购买的商品会包装到箱子里通过物流公司送到客户手中；O2O 模式就是把线上的顾客带到现实的商店中，在线支付购买线下的商品和服务，再到线下去消费和享受。

2. 互联网＋金融

网上银行完全改变了传统柜台交易办理业务的模式，顾客可以不受地点、时间的限制，在家中、办公室或者其他任何地点办理相关业务。银行通过互联网为顾客提供方便、快捷、安全的结算等金融服务，同时也降低了银行的经营成本，提高了经济效益。例如，手机银行，又称为"移动银行"，作为一种结合了货币电子化与移动通信的崭新服务，手机银行不仅能使人们在任何时间、任何地点处理多种金融业务，而且丰富了银行服务的内涵，使银行以便利、高效又较为安全的方式为顾客提供服务。

卓越实践 8-3
全球最大连锁便利店 7-11 开启线上掠夺模式

从余额宝、微信红包再到网络银行……传统金融向互联网金融包括第三方支付、P2P 小额信贷、众筹融资、新型电子货币以及其他网络金融服务平台都迎来全新发展机遇，社会征信系统也会由此建立。P2P（peer to peer，个人对个人）信贷是指个人通过第三方平台（P2P 公司）在收取一定服务费用的前提下向其他个人提供小额借贷的金融模式。

3. 互联网＋教育

互联网的产生和发展是在线教育的前提。互联网使传统的师生面对面教学的课堂模式不再是一种必然，课堂的规模不再受到教室大小的限制，课堂的时间和长度也不再受上下课铃声的控制，师生都拥有了更大的自由。同时，SNS 社交网络技术的发展和完善也解决了在线教育师生之间难以交流、教学效果差的难题。大数据、云技术等也为在线教育在挖掘顾客需求、提供个性服务等方面的创新提供了很大的可能性。智能移动终端的普及和移动互联网络的推广，顾客可以充分利用碎片化时间进行沉浸式学习。比如，MOOC 就是一种大规模开放的在线课程。这种课程主要是通过与名校的顶级教授合作，专门针对网络学习者开发设计出一套包含教学视频、练习、测试、讨论、在线答疑等在内的教学系统。2019 年《政府工作报告》明确提出发展"互联网＋教育"，促进优质资源共享。在相关政策指引下，在线教育逐渐延伸至广大农村和边远地区。未来，以 AI 技术为驱动的个性化教学将成为在线教育的重要发展方向。

4. 互联网＋旅游

互联网背景下的旅游服务在线化、去中介化的趋势非常明显了，自助旅游已经成为主流，基于旅游的互联网体验社会化分享有很大的空间。

第一代在线旅游企业，以携程、艺龙等企业为代表，极大地促进了中国在线旅游以"机票酒店"商旅为主的市场发展。这类网站搭建了顾客与航空公司、酒店之间的桥梁，提供中介服务，为顾客提供机票、酒店预订平台，其利润主要来源于航空公司、酒店在线交易完成后返还佣金。

第二代在线旅游企业，以去哪儿、酷讯等企业为代表，以更低的价格促进了休闲为代表的在线机票、在线酒店市场的发展。这类企业也是垂直搜索网站，以提供信息搜索服务为主营业务，向顾客提供包括实时价格和产品信息在内的搜索结果，其盈利模式以点击收费为主。

第三代在线旅游企业是旅游信息提供类，包括具有特色的单一主题旅游网站（如中国古镇网）、旅游点评类网站（如驴评网）以及以旅游攻略为主的网站（如马蜂窝），其收入主要来源是网络广告和撮合交易等。

总而言之，随着信息技术和自动化技术的不断发展，网络技术在服务分销中的运用越来越广,大大提高了服务的可获得性,但是在引进新技术时必须十分谨慎,有些顾客也许有动力来接受新的技术,但是还是有很大一批顾客更钟爱于传统的分销渠道。

实训课业

一、技能训练

(1) 走访学校或家附近的美容连锁企业,尝试分析美容企业开展连锁经营的难点是什么?

(2) 商业银行代理保险业务是现下常见的现象。请走访附近的银行,了解保险业务的代理情况,谈谈你的看法。

(3) 网上订票的优越性使国内越来越多的航空公司着手研制自己的网上订票系统。作为一家低成本航空公司,春秋航空公司为节约成本,鼓励乘客从其网站购票,对乘客可免费携带的行李重量及体积作了较其他航空公司更为严格的限制、简化了机票和登机牌等服务改进。你或你的朋友是否用网络订票的方式购买过机票或者火车票?根据你或你朋友的经历,总结这种网络订票渠道的优势。

(4) 走访你所在地附近的肯德基或麦当劳,参考其店址选择的原则,思考如果你要开一家快餐店,你选择店址的依据是什么?

二、实训项目

评估、设计分销渠道

1. 实训内容

组织学生通过实际走访或者网络调研,找到一家连锁快餐店、连锁超市、连锁药房或其他大型服务连锁企业,了解其分销渠道的结构、特点,并对其分销渠道进行评估,提出建议。

2. 实训目的

利用服务渠道的理论分析、研究和解决企业存在的实际问题,提高学生的实践应用能力。

3. 实训要求

(1) 组织学生以6~8人为一组,到当地连锁快餐店、连锁超市、连锁药房或其他大型服务连锁企业参观访问,听取企业高级管理人员或营销部门主管的介绍,并获得相关资料。

(2) 以小组为单位座谈讨论,分工协作撰写调研报告。报告的主要内容包括:企业的服务项目;企业的服务渠道的结构、特点;存在的问题和原因;解决问题的可行性的对策和建议。

第 9 章

服务促销策略

本章阐释

本章通过对服务促销的基本理论和实务的介绍,使学生了解服务促销、营业推广的含义、促销的目标和构成,掌握服务促销的方法,能应用所学的服务促销策略理论为某一企业制定符合企业实际的服务促销策略组合。

能力目标

(1) 掌握服务企业营业推广策略、服务人员推销决策、服务广告决策的内容与方法。
(2) 能应用所学的服务促销策略理论,为企业制定切实可行的服务促销策略组合。
(3) 掌握关系营销策略的内容和实施方式。

9.1 服务促销概述

案例导入

促销怎么玩,品牌才不受伤

对促销活动稍有了解的朋友都知道,促销是伤品牌的。无论是折扣还是买赠,过于频繁的优惠会成为消费者心目中的常态,不仅会引起促销疲劳,更有可能使品牌恢复原价后无人问津。为了解决这个问题,很多品牌会主动降低促销频率,或者通过买赠取代折扣。

促销最重要的是要给消费者一个优惠的理由,使其信服,我们的低价是有原因的、是暂时的,而非常态的。传统的促销一般会借助节日作为自己促销的理由:春节大回馈、中秋团圆价、国庆大优惠,等等。有些品牌或店铺会搞出一个"周年庆",也算一种创新。电子商务时代,杜撰节日蔚然成风:天猫"双 11"购物狂欢节、京东"6·18"购物节、苏宁"8·18"发烧节,等等。各种原创节日成为电商促销强有力的噱头,取得了不菲的成绩。

资料来源:第 1 营销网.促销怎么玩,品牌才不受伤? http://www.cmmo.cn/article-204106-1.html,2016-12-20.

思考与分析

企业应如何开展服务促销活动?

9.1.1 理解服务促销的概念与目标

1. 服务促销的含义

 名词点击

服务促销的概念可以解释为：企业在经营过程中，为了获得更多的客户源泉，利用各种措施和手段把本企业所能提供服务的一切有用信息，诸如服务的内容、方式、特色、价位等，传递给客户的一种经营活动。可以从以下三个方面入手理解这个概念。

(1) 服务促销的根本目的是传递信息，进行市场沟通。
(2) 服务促销的目的是激发顾客的购买欲望。
(3) 促销的手段是告知、帮助和说服。

通过服务促销活动，客户可以对企业有一定的认识，进而才可能享用企业提供的服务。因此可以说服务促销是开启企业与客户沟通的一扇门，一扇必不可少、至关重要的门，它影响着企业的运营效益，能使顾客对企业更信任、更有好感，更能刺激他们重复购买、长期购买，成为企业的忠实客户。因而进行服务促销非常必要。

无论是附加于实体产品的服务，还是服务企业提供的独立服务产品，都需要促销。促销的方式有人员推销和非人员推销。非人员推销包括广告、营业推广、公关关系等。

2. 服务促销的目标

服务市场营销的促销目标与有形产品市场营销的促销目标大致相同，主要促销目标如下。

(1) 形象认知，即建立对该服务产品及服务企业与服务品牌的认识和兴趣。
(2) 竞争差异，即使服务内容和服务企业本身与竞争者产生区别。
(3) 利益展示，即沟通并描述服务带来的各种利益、好处和满足感。
(4) 信誉维持，即建立并维持服务企业的整体形象和信誉。
(5) 说服购买，即说服顾客购买或使用该项服务，帮助顾客作出购买决策。

对服务促销目标的具体描述见表 9-1。

表 9-1 服务促销的目标

促销目标	具 体 描 述
顾客目标	增进对新服务和现有服务的认知
	鼓励试用服务
	鼓励非用户(参加服务展示、试用现有服务)
	说服现有顾客(继续购买服务、增加顾客购买频率)
	改变顾客需求服务的时间
	沟通服务的区别利益
	加强服务广告效果，吸引消费者的注意
	获得关于服务如何、何时及在何处被购买和使用的市场信息
	鼓励顾客改变与服务递送系统的互动方式
中间商目标	说服中间商递送新的服务
	说服现有中间商努力销售更多服务
	防止中间商在销售场所与顾客谈判价格
竞争目标	对一个或多个竞争者发起短期的攻势或进行防御

总之,任何促销努力的目的都在于通过传达、说服和提醒等方法,来促进服务产品的销售。显而易见,这些一般性目标,会根据每一种服务业及服务产品的性质而有所不同。

卓越实践 9-1
做好服务其实就
是最好的促销

9.1.2 了解服务促销与产品促销的异同

1. 服务促销与产品促销的相似点

(1) 促销在整体营销中的角色。
(2) 建立各种有效促销方式的问题。
(3) 促销执行管理的问题。
(4) 为了促销目的而使用的各种各样的方法和媒体。
(5) 可利用的协助促销的组织团体。

2. 服务促销与产品促销的差异

1) 服务行业特征造成的差异

服务行业因类型不同,各有其特点。因此,要找出所有类别的共同差异,是一件不容易的事。下面所举的各项因素,是为了说明为什么产品和服务的促销之间会有区别。

(1) 市场营销导向的不同。有些服务业是产品导向的,因而不十分清楚营销措施对业务有多大程度的帮助,只把自己当作服务的生产者,而不是提供顾客需要的公司。这类服务业的经理人,未受过训练,也欠缺技术,当然更不懂促销在整体营销中应扮演的角色。

(2) 专业和道德限制。在采取某些营销和促销方法时,可能会遇到专业上和道德上的限制。传统和习俗可能会阻碍某些类型促销的运用,以致被认为不适当或者品位太差。

(3) 许多服务业务规模很小。许多服务业公司规模很小,它们认为自己没有足够的实力在营销或在特别的促销方面花钱。

(4) 竞争的性质和市场条件。许多服务业公司,并不需要扩展其服务范围,因为现有范围内的业务已经用尽了生产能力。这些公司普遍缺乏远见,没有认识到在目前的状况下,促销努力可以维持稳固的市场地位,且具有长期的市场营销意义。

(5) 对于可用促销方式所知有限,服务业公司对于可利用的广泛多样的促销方式所知有限,可能只知道大量广告和人员推销方式,而根本想不到其他各种各样适当、有效而且可能花费较少的促销方式。

(6) 服务本身的性质,可能会限制大规模使用某些促销工具。例如,广告代理服务业公司极少会使用大众媒体广告。也就是说,服务的种类、特定服务业的传统,在某些服务种类中,对某些促销方法的限制,使许多促销方法不能自由发挥。

2) 服务本身特征造成的差异

从顾客的观点来看,消费者对产品营销和服务营销两种营销的反应行为,有着很大的差异。

(1) 消费者态度。消费者态度是影响购买决策的关键。服务业的非实体性是营销上一项最重要的要素,消费者在购买时,往往是凭着对服务与服务表现者或出售者的主观印象,而这种对主观印象的依赖性,在购买实体性产品时,则没有这么重要。对于服务销售者和服务业,有两方面与制造业不同:服务产品被视为比实体性产品更加个人化;消费者往往对于服务的购买较少满意。

（2）采购的需要和动机。在采购的需要和动机上，制造业和服务业大致相同。不论是通过购买实体性产品或非实体性产品，同类型的需要都可以获得满足。不过，有一种需求，对产品或服务都是很重要的，即个人关注的欲求。凡能满足这种需求的服务销售者，必能使其服务产品与竞争者之间产生差异。

（3）购买过程。在购买过程上，制造业和服务业的差异较为显著。有些服务的采购被视为有较大的风险，部分原因是买主不易评估服务的质量和价值。另外，消费者也往往受到其他人，如对采购和使用有经验的邻人或朋友的影响。而这种在购买决策过程中易受他人影响的现象，对于服务营销而言有比较大的意义，尤其是在服务的供应者和其顾客之间，有必要发展成一种专业关系，以及在促销努力方面建立一种"口传沟通"方式。这两项做法，势必可以促使各种服务促销努力更有效率。

9.2　服务促销组合

案例导入

企业为什么离不开广告

是不是一个非常出名的品牌就不需要打广告了？在运动品牌中耐克绝对是龙头企业，如果它停止投放广告，大家就不会再购买它了吗？首先，人们总是很健忘，甚至会开始猜测。可是如果有一年，一个知名企业什么广告都不做了，什么宣传都没有了，你会怎么想？很多人都会开始怀疑，这家公司是不是出了什么状况？其次，培养新的消费者，持续推出广告，就有可能吸引和培养新的品牌消费者。再者，宣传品牌理念，广告推出的目的并不是增加曝光量，而是告诉消费者品牌和产品背后的文化是什么、使用我的产品可以帮助你成为什么样的人、有什么样的生活方式等。最后，竞争无处不在，你有多少竞品，就有多少人在努力，永远不要满足于现在，不是有句话叫"生于忧患，死于安乐"么！

资料来源：龙狮品牌策划.品牌策划公司解析：为什么有些品牌很知名了，却还是要打广告.https://www.sohu.com/a/232611772_99927911,2018-05-23.

思考与分析

企业为什么离不开广告？

9.2.1　了解服务广告

1. 广告的内涵和构成要素

1）广告的内涵

名词点击

广告是指企业通过各种付费传播媒体，向目标市场和社会公众进行的非人员式信息传递活动。随着服务业的不断发展，市场竞争日趋激烈，服务企业必须借助广告传递服务信息，建立企业与顾客之间的联系。广告具有吸引顾客的注意力、激起兴趣、唤起需求及导致行动等目的,是一个组织促销工作的基石。

2) 广告活动的构成要素

广告作为大众传播的一个重要分支,具备以下四个基本要素。

(1) 广告主。广告主是广告活动的主体,是指为推销商品或者提供服务,自行或者委托他人设计、制作、发布广告的法人、其他经济组织或个人。

(2) 广告信息。广告信息是广告活动的内容,一般是指商品信息、服务信息和观念信息等。

(3) 广告受众。广告受众是广告活动的客体,是广告信息的传播对象,主要指工商企业的买主或流通业者及其他单位用户和个人。

(4) 广告媒体。广告活动是一种有计划、有目的的大众传播活动,其信息的传播必须借助一定的媒体来实现。广告媒体就是这种传播信息的中介工具,所以广告媒体又称广告媒介。广告媒体是沟通生产者与消费者之间的桥梁,是传播信息的运载工具,也是广告主与广告对象之间起媒介作用的物质手段。其表现形式有报纸、杂志、广播、电视、户外广告以及其他名目繁多的广告媒体等。

在一个完整的广告活动中,主要是根据广告主的利益而进行商品和服务信息的传播,广告主是整个广告活动的主体;广告信息是广告的内容和核心;广告受众是产生广告效益的基础;广告媒体是广告信息的载体,是沟通产销渠道,传授新知识和新技术的工具。总之,广告的四个要素是相辅相成、休戚与共、互为一体的关系,缺一不可。合理地利用四者之间的相互关系,是做好广告设计的前提条件。

2. 服务广告的指导原则

服务业利用广告的趋势在逐渐扩大,基于服务业的特征,服务业利用广告时,可遵循以下几个指导原则。

(1) 使用明确的信息。服务业广告的最大难题在于,要以简单的文字和图形,传达所提供服务的领域、深度、质量和水准。不同的服务具有不同的广告要求,广告代理商因此而面临的问题是:如何创造出简明精练的言辞,贴切地把握服务内涵的丰富性和多样性,使用不同的方法和手段来传送广告信息,发挥良好的广告效果。

(2) 强调服务利益。能引起注意的有影响力的广告,应该强调服务的利益,而不是强调一些技术性细节。强调利益才符合营销观念,也与满足顾客需要有关。服务广告所强调的利益,必须与顾客寻求的利益一致,因此,广告中所使用的利益诉求,必须建立在充分了解顾客需要的基础上,才能确保广告的最大影响效果。

(3) 只能宣传企业能提供的允诺。"使用服务可获得的利益"的诺言应当务实,而不应提出让顾客产生过度期望而公司又无力达到的允诺。服务业公司必须实现广告中的诺言,这方面对于劳动密集服务业较为麻烦,因为这类服务业的服务表现,往往因服务递送者的不同而各异。这也意味着,有必要使用一种可以确保表现的最低一致性标准的方法。对不可能完成或维持的服务标准所作的允诺,往往会给员工造成压力(如旅馆服务业和顾问咨询服务业)。最好的做法是,只保护最起码的服务标准,如果能做得比此标准更好,顾客通常会更高兴。

(4) 提供有形线索。服务广告者应该尽可能使用有形线索作为提示,才能增强促销努力的效果。这种较为具体的沟通展示可以变为非实体性的化身或隐喻。知名的人物和物体

（如建筑、飞机）经常可用来作为服务提供者本身无法提出的有形的展示。使用标志、术语、标语口号；提供数据和事实；利用服务机构的行业排名；采用有形比喻等。

（5）发展广告的连续性。服务公司可以通过在广告中连贯地使用象征、主题、造型或形象，以克服服务业的非实体性和服务产品的差异化两大不利之处。英国航空公司成功的"Fly the Flag"标语广告，就是受益于连续性地使用有些品牌和象征而变得非常眼熟，消费者甚至可从其象征符号中得知这是一家什么公司。一项对于服务业公司使用的各种广告主题的研究调查发现，效率、进步、身份、威望、重要性和友谊等主题最为突出。

（6）对员工做广告。服务业雇用的员工很重要，尤其是在人员密集型服务业以及必须由员工与顾客互动才能满足顾客需求的服务业。因此，服务企业的员工也是服务广告的潜在对象。由于顾客所要购买的服务是由人表现出来的，因此，服务广告者所要关心的不仅是如何激励顾客购买，而且更要激励自己的员工去表现。

（7）在服务生产过程中争取并维持顾客的合作。在服务广告中，营销者面临两项挑战：①如何争取并维持顾客对该服务的购买；②如何在服务生产过程中获取并保持顾客的配合与合作，这是由于在许多服务业中，顾客本身在服务的生产与表现中扮演着相当积极的角色。因此，构思周到的广告总能在服务生产过程中争取到和维持顾客的配合与合作。

（8）建立口传沟通。口传沟通是一项营销者所不能支配的资源，对于服务业公司及服务产品的购买选择有较大影响，服务广告必须努力建立起这一沟通形态。其可使用的具体方法如下：①说服满意的顾客让其他的人也知道他们的满意；②制作一些资料供顾客转送给非顾客群；③针对意见领袖进行直接广告宣传活动；④激励潜在顾客去找现有顾客谈一谈。

（9）解除购买后的疑虑。产品和服务的消费者，经常都会对购买行动的合理性产生事后的疑虑。对于有形产品，可以通过对实物客体的评估解除疑虑，但对于服务则不能如此。因此，在服务营销中，必须在对买主保证其购买选择的合理性方面下更多的功夫，并且应该鼓励顾客将服务购买和使用后的利益转告给其他的人。不过，最好也是最有效的方式是在购买过程中，使消费者在与服务业公司人员接触时，得到体贴的、将心比心的、合适的和彬彬有礼的服务，这时，人员的销售方式就显得尤为重要。

3. 服务广告的主要任务

（1）在顾客心目中创造公司的形象。这项任务包括说明公司的经营状况和各种活动、服务的特殊之处、公司的价值等。

（2）建立公司受重视的个性。这项任务是指塑造顾客对公司及其服务的了解和期望，并促使顾客能对公司产生良好的印象。

（3）建立顾客对公司的认同。公司的形象和所提供的服务应和顾客的需求、价值观和态度息息相关。

（4）指导公司员工如何对待顾客。服务业所做的广告有两种诉求对象：顾客和公司员工，因此，服务广告也必须能表达和反映公司员工的观点，并让他们了解，唯有如此才能让员工支持和配合公司的营销努力。

（5）协助业务代表们顺利工作。服务业广告能为服务业公司业务代表的更佳表现提供有利的背景。顾客若能事先就对公司和其服务有良好的倾向，则对销售人员争取生意会有很大的帮助。

【小问答】 有一家名叫洛丽的时装店,其广告主题是"洛丽的姑娘们",广告照片是一群穿洛丽时装的美丽少女。这些少女都不是时装模特,而是光顾洛丽时装店的顾客。照片每隔一段时间更换一次,每次都是一群新的时装少女。这样,不少购买洛丽时装的少女有机会在广告照片上亮相,从而促进了销售。这种促销方式有什么优势?

答:灵活、感染力强、针对性强等。

9.2.2 了解服务人员推销

1. 人员推销的概念和特点

1) 人员推销的概念

名词点击

人员推销是一种传统的促销方式,但在现代企业营销活动中仍起着十分重要的作用。人员推销是企业运用推销人员直接向顾客推销商品和服务的一种促销活动。人员推销的基本形式包括上门推销、柜台推销及会议推销等。人员推销是一种具有很强人性因素的、独特的促销手段。它具备许多区别于其他促销手段的特点,可完成许多其他促销手段无法实现的目标,其效果是极其显著的。

2) 人员推销的特点

作为一种促销方式,人员推销与其他促销方式相比,最根本的特点是推销员的工作是促进销售的主要原因。具体来说,它主要有以下几个特点。

(1) 信息沟通双向互动。人员推销与其他促销方式相比,具有双向互动信息沟通的特点。通过推销员良好的推销工作,一方面,推销人员向顾客介绍企业服务或商品信息,达到促进销售的目的;另一方面,推销人员通过与顾客的交谈,了解顾客对企业及其提供服务或产品的态度、意见及要求,不断地收集和反馈信息,据此及时调整自己的推销策略和方法,并为企业经营决策提供依据。

(2) 满足需求的多样性。推销人员的工作任务并非单一地推销产品,而是具有双重性,即激发需求促进销售与市场调研相结合;推销商品与提供服务相结合。一方面,推销人员应该寻求机会,发现潜在顾客,创造需求,开拓新的市场;另一方面,推销人员要及时向消费者传递产品和服务的信息,为消费者提供购买决策的参考资料,开展全方位的售前、售中与售后服务。

(3) 推销方法与过程灵活多样。在推销活动开始之前,推销员应该选择具有较大购买可能的顾客进行推销,避免盲目、泛泛地进行推销。还应该事先对未来顾客做深入研究,拟定具体的推销方法、推销策略等,以提高推销的成功率。推销人员可以和顾客直接接触,当面洽谈,根据不同潜在顾客或用户的需求和购买心理,有针对性地进行推销。

(4) 有利于发展和维持客户关系。这是人员推销的一个突出特点。它可以把企业与用户的关系从纯粹的买卖关系培养成朋友关系,彼此建立友谊,相互信任并理解,这种感情有助于推销工作的展开,实际上起到了公共关系的作用。

(5) 成本高、要求高。人员推销成本费用较高,在市场范围广泛,而买主又较分散的状态下,显然不宜采用此方法;相反,市场密集度高,买主集中(如有些生产资料市场),人员推销则可扮演重要角色。由于人员推销可以提供较详细的资料,还可以配合顾客需求情况,提供其他服务,所以它最适于推销那些技术性较强的产品或新产品;而一般标准化产品则不必利用人员推销,以免增加不必要的支出。

2. 服务人员推销的任务

(1) 开拓市场。开拓市场是推销员担负的重要任务,推销员不仅要千方百计巩固和老顾客的关系,还要善于发现和培养潜在客户,使企业的新用户能够源源不断地增加。

卓越实践 9-2
三个商贩与老太太

(2) 传递信息。推销人员要把企业产品或服务等各方面的信息及时传达给顾客,与他们保持经常的联系,为推销产品或服务打下基础。

(3) 推销产品或服务。推销产品或服务是推销员的最基本职责。推销员要善于接触消费者,运用灵活的推销技巧,向顾客推荐产品或服务,解答顾客的问题,以促成交易。

(4) 提供服务。向用户提供各方面的服务也是推销员义不容辞的责任。如向用户提供咨询和技术协助,帮助解决财务问题并及时办理交货等。

(5) 协调分配。推销员要协调好供需关系,特别是在发生意外或冲突的情况下,要向用户做好解释工作,以巩固同用户的业务往来和友好关系。

(6) 收集信息。推销员要及时了解市场的变化和顾客对商品或服务的反应,为管理者决策提供有价值的信息,因此,收集情报和信息反馈也是推销员的一项重要任务。有些企业还要求推销员定期写出市场情况报告书。

3. 服务人员推销的工作程序

(1) 寻找顾客。寻找顾客是推销工作的第一步。推销人员首先要善于寻找产品或服务的购买者,包括有支付能力的现实购买者及未来可能成为企业产品购买者的潜在消费者及用户,以减少推销的盲目性,提高成交率。推销人员可以采用的寻找顾客的方法有逐户访问法、连锁介绍法、中心开花法、个人观察法、委托助手法、广告开拓法、竞争插足法、资料查阅法、参加会议法、市场咨询法等。

(2) 分析顾客。发现潜在顾客后,推销员还要进行初步的顾客分析,分析的主要目的就是进一步确认潜在顾客成为现实顾客,实施购买行为的可能性有多大。MAN 法则认为,作为顾客的人是由金钱、权利和需要这三个要素构成的,即只有同时具备购买力、购买决策权和购买需要这三个要素的顾客才是合格的顾客,这种分析就是顾客资格鉴定。

(3) 接近准备。推销人员在确定推销对象、着手进行推销工作之前,应进行充分的准备。在走出去推销之前,推销人员必须知己知彼,掌握三方面的知识:①产品知识。关于本企业、本企业产品或服务的特点、功能等各方面的情况。②顾客知识。包括潜在顾客的个人情况。具体用户的资金情况、用户的需要、购买决策者的性格特点等。③竞争者知识。竞争者的能力、地位和它们的产品或服务特点。

(4) 接近顾客。在做好接近顾客的准备工作后,推销员就要设法与顾客进行接触。接近顾客又分约见和接近两个环节。①约见是推销员事先征得顾客同意接见的行动。约见可以采取当面约见、书信约见、电话约见、托人代约、广泛约见(利用大众传媒,约见大众顾客)等方式。要确定约定的时间、地点、人物等。②接近顾客就是正式接触推销对象,引起顾客的注意和兴趣,以顺利转入面谈导购阶段的行动。接近的方法有利益接近法、好奇接近法、产品介绍接近法、问题接近法、调查接近法、直接接近法等。

(5) 面谈导购。面谈导购即推销员与潜在顾客正式接触,引导与指导阶段。这是推销过程中的重要一步。在这一过程中,推销员在描述产品或服务性质和特点时,必须使自己的表述充分吸引顾客的注意力,要注意通过顾客的视、听、触摸等感官向顾客传递信息,其中视觉是最重要的。然后,再针对产品或服务本身的特点以及能给顾客带来的利益进行说服与解释。还要特别注意了解对方的反应,以判断买主的真实意图。

(6) 释疑解惑。购买者在听取介绍后,可能提出一些异议,如怀疑产品或服务的价值,不接受交易条件或价格,对企业缺乏信心等。推销员应有巧妙的语言能力并提供有说服力的论据。例如,通过产品或服务详细介绍等工作,说服顾客,克服障碍,达到预期的销售目标。

(7) 促成交易。人员推销工作的重要环节是促使顾客采取购买行动,这也是推销工作最困难的阶段。推销员在认为时机成熟时,应抓住有利时机,或者提出购买建议,或者提供价格优惠,或者提供便利的服务,或者归纳销售的重点,以促进顾客做出购买决策。

(8) 售后服务。产品或服务销售后,并不意味着整个推销过程的终止,如果推销员希望确保顾客满意并重复购买,就必须对顾客进行"跟踪服务",收集顾客对于产品或服务的改进意见,及时向有关部门反映,以调整营销措施,并帮助顾客解决使用中的问题。这些工作,有利于树立企业信誉,密切双方关系,促成重复购买。

卓越实践 9-3
裂变营销的魅力

9.2.3　掌握服务企业营业推广策略

1. 营业推广的概念与特点

1) 营业推广的概念

名词点击

营业推广也称销售促进,是利用一系列激励性、诱导性的促销方式,促使交易双方的有关人员达成最大交易的促销活动。营业推广可以有效地加速服务新产品进入市场的过程,有效地抵御和击败竞争者的促销活动。在促销活动中,营业推广往往配合人员推销、广告、公关等促销方式使用,使整个促销活动产生热烈的氛围和强烈的激励。

2) 营业推广的特点

作为一种促销方式,营业推广与其他促销方式相比,最根本的特点是与日常销售活动紧密配合,产生"短、高、快"的销售效果。具体来说,它主要有以下几个特点。

(1) 辅助作用,协同促销。一般来说,人员推销、广告、公共关系都可以独立开展促销活动,而营业推广则很少单独使用,常常是作为其他促销手段的一种辅助手段,与日常销售活动紧密结合,用于特定时期、特定商品的销售。

(2) 即期见效,速度最快。营业推广策略的重心是迅速促进当前的商品销售。在既定的市场上,营业推广策略要考虑如何加速商品的销售,始终围绕迅速激发需求、强化顾客购买动机、有效激励购买行为这一中心来进行。它是促销方式中见效最快的一种。

(3) 形式多样,创意无穷。营业推广策划的关键是发掘新颖独特的创新思维,要根据企业所处的客观环境和市场态势以及企业自身的条件,创造性地进行分析决断、选择、组合和创造强烈而新颖的诱导刺激措施,使之能迅速吸引顾客的注意力,唤起并强化顾客购买该产品的利益动机。

(4) 短期效益,形成高潮。营业推广策划所要达到的目标是短期的和即时的,而其他促销策划如广告策划、公关策划所要达成的目标是长期的和缓慢的。只要创意新颖、方法得当,就能激发消费者的购买兴趣和参与热情,产生立竿见影的销售效果。正因为其短期性目标的要求,其促销效果必然能在短期内形成购买的高潮。

2. 营业推广策划的程序

1) 确立推广目标

进行营业推广策划,首先要明确营业推广的目标是什么,也就是说,营业推广策划方案付诸实施之后,企业希望达到什么样的目的。推广目标制约着营业推广策划的各个方面,只有目标明确,才能根据目标的要求策划具体的推广方式。一般来说,推广目标是促销组合目标的一部分,是受促销组合目标指导和制约的,但在促销组合目标系统内,营业推广也有自己的具体目标。营业推广的目标从环节上可以分为以下三种。

(1) 以消费者为目标的营业推广活动。其目的是刺激其反复购买,包括鼓励重购、促进新用户试用等。

(2) 以中间商为目标的促销活动。其目的是刺激其大批量购买,包括吸引中间商购买新品种和大批量重复购买,鼓励中间商销售过时过季的库存商品,强化中间商对本品牌的信任和偏好等。

(3) 以推销人员为目标的营业推广活动。其促销的目的是鼓励其开拓新市场,包括鼓励推销人员推销某种新产品,促使他们扩大产品销售等。

2) 选择推广方式

营业推广方式多种多样、难以枚举,可以说其创意是无穷无尽的。企业可以选择的促销方式常见的有以下几种。

(1) 服务促销,即通过热情周到的服务促使顾客产生购买动机,具体有售前服务、售后服务、开架服务、订购服务、加工服务、维修服务、培训服务、代办托运服务、保险服务、咨询信息服务等。

(2) 租赁与互惠经销,包括以设备、房屋等商品让渡给买方使用而将其价值分期收回的租赁和既是买方又是卖方的互通有无的互惠贸易促销。

(3) 订货会与展销,即以实物形式集中展现在顾客面前的促进销售。

(4) 折扣促销,折扣促销包括批量、现金等方面的折扣以促进销售。

(5) 物质与精神奖励,即对一定时期内购买数量达到一定标准或购买企业指定商品的顾客,给予一定的货币或物品奖励。

(6) 竞赛与演示促销、现场制作等。

(7) 赠品促销、优惠券促销。

(8) 会员制。

以上主要是以消费者为目标的营业推广方式。针对中间商的营业推广活动形式有销售折扣、资助奖励、节日公关、业务会议、代销等形式。针对推销员的营业推广形式主要有销售红利、推销竞赛、特别推销奖或补助等。营业推广的每一种方式都有其具体特点和适用范围,因此在策划时要反复分析,选择使用。选择营业推广方式时要考虑的因素有推广目标、竞争条件、经济环境。

3) 制订推广方案

制订推广方案要明确以下几个具体问题。

(1) 确定刺激强度。营业推广作为对消费者的刺激手段,刺激的强度越大,消费者购买的反应也越大,但这种刺激是递减的,因此,要根据具体情况确定适当的刺激强度。

(2) 确定推广对象。确定营业推广的目标是针对哪一消费群,换言之,要确定营业推广的目标市场在哪里。

(3) 组合推广方法。根据推广目标的要求,组合运用各种营业推广的方法。

(4) 把握推广时机。选择营业推广实施的时机,在营销策划中极为重要,时机选择合理,营业推广就能够达到事半功倍的效果。

4) 评估推广效果

在策划过程中,预先对策划方案实施的效果进行评估;在营业推广活动展开后,仍要跟踪研究,评估实施结果,以便为调整方案以及进一步展开推广活动提供依据。

9.3 关系营销

250 定 律

乔·吉拉德把成交看作推销的开始。他在与客户成交之后,并不是把他们搁于脑后,而是继续关心他们,并恰当地表示出来。他每月要给自己的 1 万多名客户寄去一张贺卡。1 月祝贺新年,2 月纪念华盛顿诞辰日,3 月祝贺圣帕特里克日……凡是在他那里买了汽车的人,都会收到他的贺卡。正因为他没有忘记自己的客户,客户才不会忘记乔·吉拉德。乔·吉拉德在销售过程中总结出了著名的"250 定律"。他认为在每位客户的背后,都大约站着250 个人,这是与他关系比较亲近的人:同事、邻居、亲戚、朋友。如果一位推销员在年初的一个星期里见到 50 个人,其中只要有两个客户对他的态度感到不愉快,到了年底,由于连锁效应就可能有 5000 个人不愿意和这位推销员打交道。因此,在销售过程中不能得罪任何一个客户,得罪一个客户就等于得罪了 250 个客户。反过来讲,如果你赢得了一个客户的口碑,就等于赢得了 250 个客户。

资料来源:百度百科.250 定律.https://baike.baidu.com/item/250％E5％AE％9A％E5％BE％8B/753764?fr=Aladdin.

思考与分析

250 定律使你得到了哪些启示?

9.3.1 了解关系营销的概念与原则

1. 关系营销的含义

名词点击

20 世纪 80 年代提出了"关系营销"的概念。所谓关系营销,是把营销活动看成一个企业与消费者、供应商、分销商、竞争者、政府机构及其他公众发生互动作用的过程,其核心是建立和发展与这些公众的良好关系。

关系营销的本质特征可以概括为以下几个方面。

(1) 双向沟通。在关系营销中,沟通应该是双向而非单向的。只有广泛的信息交流和信息共享,才可能使企业赢得各个利益相关者的支持与合作。

(2) 合作。一般而言,关系有两种基本状态,即对立和合作。只有通过合作才能实现协同,因此合作是"双赢"的基础。

(3) 双赢。即关系营销旨在通过合作增加关系各方的利益,而不是通过损害其中一方或多方的利益来增加其他各方的利益。

(4) 亲密。关系能否得到稳定和发展,情感因素也起着重要作用。因此关系营销不只是要实现物质利益的互惠,还必须让参与各方能从关系中获得情感的需求满足。

(5) 控制。关系营销要求建立专门的部门,用以跟踪顾客、分销商、供应商及营销系统中其他参与者的态度,由此了解关系的动态变化,及时采取措施消除关系中的不稳定因素和不利于关系各方利益共同增长因素。此外,通过有效的信息反馈,有利于企业及时改进产品和服务,更好地满足市场的需求。

2. 关系营销与交易营销的区别

关系营销是与客户建立长期联系的过程,因此会创造更强大的、长期的和互动的关系。这种类型的营销还会增加推荐、价格和服务容忍度。此外,还会得到顾客关于产品开发的积极参与和信息提供。

交易营销是交付功能、基本产品的价值传递过程。这种类型的营销产生的是消极的、短期的和单向的关系,并且很难在未来持续。

关系营销与交易营销的比较见表 9-2。

表 9-2 关系营销与交易营销的比较

关 系 营 销	交 易 营 销
长期关系的建立、保持与加强	关注一次性交易
高度重视顾客服务	较少强调顾客服务
高度的顾客承诺	有限的顾客承诺
对价格不是很敏感,价格不是主要竞争手段	对价格敏感,价格是主要竞争手段
与对方关系的最佳化	单纯交易的利润最大化
市场风险小	市场风险大
重视长期利益	关注短期利益

3. 关系营销的原则

关系营销的实质是在市场营销中与各关系方建立长期稳定的相互依存的营销关系,以求彼此协调发展,因而必须遵循以下原则。

(1) 主动沟通原则。在关系营销中,各关系方都应主动与其他关系方接触和联系,相互沟通,了解情况,形成制度或以合同形式定期或不定期碰头,相互交流各关系方需求变化情况,主动为关系方服务或为关系方解决困难和问题,增强伙伴合作关系。

(2) 承诺信任原则。在关系营销中各关系方相互之间都应做出一系列书面或口头承诺,并以自己的行为履行诺言,才能赢得关系方的信任。承诺的实质是一种自信的表现,履行承诺就是将誓言变成行动,是维护和尊重关系方利益的体现,也是获得关系方信任的关键,是企业与关系方保持融洽伙伴关系的基础。

(3) 互惠原则。在与关系方交往过程中必须做到相互满足关系方的经济利益,因为各营销关系方都是经济利益的主体,在市场上地位平等,根据商品经济的规律,在公开、公平、公正的条件下进行等价交换,有偿让渡,使关系方都能得到实惠。

4. 关系营销的层次

在关系营销实践中各关系方联系的紧密程度及深度是由浅到深、由表及里分层次发展起来的,一般可分为五个层次。

第一层次是基础层次,是指企业与关系方最先接触的表层。如企业的商品或服务被顾客购买后,顾客可能永远不再来这个企业,仅此一次交易活动的接触,以后再没有什么联系。

第二层次是反应层次,是指各关系方在第一次接触后再继续相互传递信息并有所反应,如企业将商品或服务出售给消费者后,主动向消费者征求使用后的问题。

第三层次是责任层次,是指关系方相互承担责任,如商店营业员将商品或服务出售给消费者后,不但主动听取顾客意见,而且对商品使用中存在的问题承担责任,让消费者满意。

第四层次是事前行动,是指各关系方经常交流信息,彼此进一步增强了解,使关系一方感到另一方在关心他们的需要,由满意到产生好感甚至忠诚,如商店将商品或服务出售给顾客后,不仅做好售后服务,而且经常与消费者进行相应的信息传递,这样就加深了商店与顾客的情感关系。

第五层次是共生共荣,是指各关系方之间已建立长期稳定的共生共荣的伙伴关系。企业与各关系方建立了长期伙伴关系,特别是与供应商建立这种关系营销,就可以采用实时管理,即制造商把供应商看成自己的原材料车间,而供应商又把制造商看成自己忠诚的顾客,这样双方都能得到稳定的利润。任何一方随意改变这种关系,都会花费高昂的成本,只有相互为对方提供更多的附加值或服务,才有利于彼此合作和发展。

知识窗 9-1
关系营销的 6 个
市场领域

9.3.2 掌握关系营销策略的内容和实施方式

1. 关系营销策略的内容

关系营销把一切内部和外部利益相关者纳入研究范围,用系统的方法考察企业所有活动及其相互关系。企业的营销策略可分解为:顾客关系营销策略、供销商关系营销策略、竞争者关系营销策略、员工关系营销策略等。其中员工关系营销是关系营销的基础,顾客关系营销是关系营销的核心和归宿。

1) 顾客关系营销策略

顾客是企业生存与发展的基础,是市场竞争的根本所在。只有企业为顾客提供了满意的产品和服务,才能使顾客对产品进而对企业产生信赖感,成为企业的忠诚顾客。菲利普·科特勒指出:"忠诚的顾客是企业最宝贵的财富,现在日益重视设计出最好的关系组合以争取和保持顾客。好的顾客就是资产,只要管理得当和为其服务,他们就能转为公司丰厚的终身利益来源。在紧张的竞争市场中,公司的首要业务任务,就是持续地用最优的方法满足他们的需要,以保持顾客的忠诚度。"

(1) 树立以消费者为中心的观念,即顾客至上。这种观念认为,企业的一切计划和策略应以消费者为中心正确确定目标市场的需要与欲望,比竞争者更有效地提供目标市场所要求的满足。

(2) 了解顾客的需要,提高顾客的满意度。了解顾客的需要是企业提高顾客的满意度的前提。

(3) 建立顾客关系管理系统,培养顾客的忠诚度。

2) 供销商关系营销策略

对于多数企业来说,它不可能也没有必要从原料的生产到产品的销售完全独立完成,较为普遍的模式是供应商—企业—分销商—最终顾客,即企业从供应商那里获取原材料,通过分销商销售产品。因为供应商提供原材料的费用和产品由分销商销售产生的分销费用构成了企业产品的成本,因此,一般认为,供应商和分销商会使企业的收益降低,企业与供应商和分销商之间存在着竞争。但实际上,企业与供应商、中间分销商之间也有共同利益。在竞争日趋激烈的市场环境中,明智的市场营销者会和供应商、分销商建立起长期的、彼此信任的互利关系。最佳状态的交易不需要每次都进行磋商,而成为一种惯例。现代信息技术的应用,为这种惯例的形成创造了条件,不少成功的跨国公司就是这种惯例的受益者。那么,企业该如何制定策略呢?

(1) 求实为本,增进了解。企业应该让供销商充分了解企业的实力,培养供销商对企业的信心,同时必须让供销商充分了解企业的营销战略,特别是将企业的战略目标、营销计划充分传达给经销商,以制订有利于本企业的销售计划,树立与企业长期合作的信念。

(2) 讲究信用,互利互惠。企业和供销商之间,必须保持供销的畅通和平衡。现代企业的生产经营活动日益复杂,企业在市场活动中对待供销商的态度不应为市场供求波动所左右,而应从长远利益出发,重视建立与供应商之间长期互惠互利的关系。供应商所提供的生产要素的质量和数量以及价格等,直接影响企业的生产经营情况,良好的供应商关系有助于企业摆脱原材料缺乏和价格不稳定的困境。因此,建立良好的供销商关系对于企业生产具有积极的扶持作用。

(3) 诚意合作,共同发展。建立企业与供销商之间的良好关系,必须以诚相待,共同解决供应与销售中存在的问题。一方面,提供各种资料与建议,促使采购、收货、营销、会计等部门与供销商加强合作。另一方面,企业应接受并考虑供销商所提的意见和建议,并传达给企业各部门并保证予以合理解决。

3) 竞争者关系营销策略

在以往的营销观念中,企业与企业的竞争是一场不宣而战的特殊战争,是你死我活的竞争。在这种营销观念的指导下,企业为寻求成功,往往不择手段置对方于死地,有时为了取得竞争上的优势,不惜采取低价倾销的策略,这样做的结果只能是两败俱伤。其实在当今市场竞争日趋激烈的形式下,视竞争对手为仇敌,彼此势不两立的竞争原则已经过时,企业之间不仅存在着竞争,而且存在着合作的可能,以合作代替竞争,实行"强强联合",依靠各自的资源优势实现双方的利益扩张。在这方面许多大型跨国公司已有先例。

如美国通用汽车与意大利菲亚特汽车公司以互换股权的方式实现了战略联合。可以认为,只有通过合作而非低层次的恶性竞争,企业才能提高综合竞争力。这种竞争者合作的企业间关系可视为战略联合,它有利于企业在最大限度上发挥自己的资源优势的同时,更好地利用其他资源,使社会资源得到最佳配置,合作各方获得比合作前更多的竞争优势和利益。

4）员工关系营销策略

内部营销是企业关系营销的基础，其目标是企业员工转向关系营销的新视野，激励员工开发执行关系营销策略。可以说，没有良好的员工关系，企业就无法开展工作，因此，任何企业都必须首先处理好自己内部的员工关系，只有企业内部上下左右关系融洽协调，全体员工团结一致、齐心协力，才能成功地"外求发展"，通过员工的协作以实现资源转化过程中的价值最大化。

（1）造就良好的员工信念。如 IBM 公司的组织信念是：尊重个人——尊重组织中每个人的尊严和权利；服务顾客——提供全世界所有公司中最好的服务给顾客；杰出——相信一个组织目标是以卓越的方法完成所有的工作。经过长期努力，IBM 公司的"IBM 就是最佳服务"成为众多员工的组织信念。这种信念帮助 IBM 在成功的路上稳步前进。

（2）满足员工的不同层次的需要。满足员工不断增长的物质需求，使企业具有光明的发展前景；满足员工对企业的情感需要，使企业内部建立融洽的人际关系；满足员工的成就感，使企业为员工提供实现个人价值和充分成长的机会，并不断根据知识经济的发展需要，对他们进行知识和技能的培训。

（3）建立企业内部良好的沟通气氛。在企业内部也充满了互相传递信息的沟通活动，因此，在企业内部沟通过程中，企业领导要作风民主，平易近人，要善于倾听不同的意见，鼓励下属大胆提出批评和建议，消除沟通中的地位障碍，形成轻松和谐的沟通环境和气氛。

2. 关系营销策略的实施方式

营销策略实施是将营销策略转化为行动的过程，也是实现预定目标的过程。从宏观的角度来看，关系营销策略的实施，还需要企业从整体上进行统筹规划，具体来说包括组织设计、资源的合理配置以及文化的整合。

1）组织设计

关系营销的管理，必须设置相应的机构。企业关系管理，对内要协调处理部门之间、员工之间的关系，对外要向公众发布信息、征求意见、收集信息、处理纠纷等。管理机构代表企业有计划、有准备、分步骤地开展各种营销活动，把企业领导者从烦琐事务中解脱出来，使各职能部门和机构各司其职，协调合作。关系管理机构也就是企业营销部门与其他职能部门之间、企业与外部环境之间联系沟通和协调行动的专门机构。

2）资源配置

（1）人力资源配置。一方面实行部门间人员轮换，以多种方式促进企业内部关系的建立；另一方面从内部提拔经理，可以加强企业观念并使其具有长远眼光。

（2）信息资源共享。在采用新技术和新知识的过程中，以多种方式分享信息资源。如利用计算机网络协调企业内部各部门及企业外部拥有多种知识和技能的人才的关系；制定政策或提供帮助以削减信息超载，提高电子邮件和语言信箱系统的工作效率；建立"知识库"或"回复网络"，并录入更庞大的信息系统；组成临时"虚拟小组"，以完成自己或客户的交流项目。

3）文化整合

关系各方环境的差异会造成建立关系的困难，使工作关系难以沟通和维持。跨文化之间的人们要互相理解和沟通，必须克服不同文化规范带来的交流障碍。文化的整合，是关系双方能否真正协调运作的关键。合作伙伴的文化敏感性非常敏锐和灵活,能使活动双方共同有效地工作,并互相学习彼此的文化差异。文化整合是企业市场营销中处理各种关系的高级形式。不同企业有不同的文化。推动差异化战略的企业文化可能是鼓励创新、发挥个性及承担风险;而成本领先的企业文化,则可能是节俭、纪律及注重细节。如果关系双方的文化相适应,将能强有力地巩固企业与各子市场系统的关系并建立竞争优势。

● 实训课业

一、技能训练

(1) 学习人员推销理论后,以两个同学组成一组,互换角色扮演推销员与顾客,模拟和演示笔记本电脑的推销过程,其他同学观看后进行公开分析讲评,并进一步归纳提炼推销理论。

(2) 为某新款汽车制作两个 30 秒的广播广告。首先应考虑消费者的安全需要;其次考虑他们的自尊需求。把广告文案交给教师。

(3) 某一培训师向你介绍其机构的培训课程,你觉得作为专业的销售人员,他应该怎样做?

(4) 如果你是一家小型超市的经理,谈一谈应该采取哪些促销措施提高超市的营业额?

二、实训项目

服务促销策略的应用

1. 实训内容

对某一服务型企业的服务产品进行调查,然后,根据你所学习的相关专业知识,为该企业设计出你认为新颖有效的服务产品促销方案。(提示:可以登录中国营销传播网、中国策划网参阅有关营销实战人士的促销策划方案。)

2. 实训目的

能应用所学的服务促销策略理论,为企业制订符合实际的服务产品促销策略组合方案。

3. 实训要求

(1) 采取多种实训教学形式。一是教师可以聘请某一服务企业管理水平较高的高级管理人员到学校为学生做服务产品促销的专题讲座并解答学生提出的各种问题;二是组织学生以 6~8 人为一组,以团队形式,由组长负责利用实训课的时间或周六、周日的时间,选择某一管理水平较高的服务型企业去观摩、学习和调研。

(2) 以小组为单位组织学生座谈和撰写促销方案,培养学生的团队意识和创新精神。

(3) 组织学生利用业余时间到某一服务型企业做兼职促销员,提高学生的服务促销能力。

第 10 章

服务人员策略

本章阐释

本章通过服务人员与顾客、内部营销和服务营销文化的基本理论和实务的介绍,使学生了解服务人员在服务营销中的作用,掌握对服务人员进行管理与培训的技巧,能应用所学为某一服务企业开展内部营销、创建服务营销文化设计出切实可行的方案。

能力目标

(1) 掌握内部营销实施的方法、塑造服务企业营销文化的措施和对服务人员进行管理与培训的技巧。

(2) 能应用所学为某一服务企业开展内部营销、创建服务营销文化设计出切实可行的方案。

10.1 服 务 人 员

案例导入

服务用嘴不如用心

近日,一系列关于五星级酒店乱象的视频被频繁播出。例如,清洁员用洗发水浸泡杯具,用浴巾擦洗浴室玻璃,甚至用同一块海绵清洗平台、杯具以及坐便器。

在众多五星级酒店对外公关的说辞中,给笔者印象最深的就是:"你的最后一眼是客户的第一眼。"盖洛普公司对优秀的服务员调研后发现,他们打扫完的最后一件事是躺在床上,打开空调……因为这是客人外出一整天后进房间的第一件事。客户走进房间,先打开空调然后一头栽在床上。如果有灰尘掉下来,那么无论其他角落有多干净,客户也会觉得这屋子和掉灰的空调一样脏。当工作人员问这些清洁工的工作是属于第一线还是第二线时,他们异口同声地说:"第一线。我们总是在台上,每天如此。"

资料来源:中人网.五星级酒店乱象引发的人力资源思考. http://www.chinahrd.net/blog/411/938212/410413.html,2018-11-26.

思考与分析

五星级酒店为什么会出现这类乱象?酒店企业应如何加强服务人员管理?

10.1.1 理解服务人员的地位与服务利润链

1. 服务人员的地位

在服务产品提供的过程中,人(服务企业的员工)是一个不可或缺的因素。尽管有些服务产品是由机器设备来提供的,如自动售货服务、自动提款服务等,但零售企业和银行的员工在这些服务的提供过程中仍起着十分重要的作用。而对于那些要依靠员工直接提供的服务,如餐饮、医疗等服务来说,员工因素就显得更为重要。一方面,高素质、符合有关要求的员工的参与是服务提供的一个必不可少的条件;另一方面,员工服务的态度和水平也是决定顾客满意程度的关键因素之一。考虑到人的因素在服务营销中的重要性,克里斯蒂安·格隆罗斯(Christian Gronroos)提出,服务业的营销实际上由三个部分组成(见图10-1)。

图 10-1 服务业营销的三部分

其中,外部营销包括企业服务提供的准备、服务定价、促销、分销等内容;内部营销则指企业培训员工及为促使员工更好地向顾客提供服务所进行的其他各项工作;互动营销则主要强调员工向顾客提供服务的技能。

图 10-1 中的模型清楚地显示了员工因素在服务营销中的重要地位。在服务营销组合中,处理好人的因素,就要求企业必须根据服务的特点和服务过程的需要,合理进行企业内部人力资源组合,合理调配好一线队伍和后勤工作人员。以一线员工为"顾客",以向顾客提供一流的服务为目的,开展好企业内部营销工作。

2. 服务利润链

顾客对企业服务质量评价的一个重要因素是一线员工的服务素质和能力,而要形成并保持一支素质一流、服务质量优异的一线员工队伍,企业管理部门就必须要做好员工的挑选和培训工作,同时要使企业内部的"二线""三线"队伍都围绕着为一线队伍的优质服务提供更好的条件这一中心展开。只有为一线员工创造了良好的服务环境,建立了员工对企业的忠诚,进而才能形成其为顾客服务的热诚,通过较高的服务质量赢得顾客对企业的忠诚。服务利润链对这一思路作出了很好的说明。服务利润链如图 10-2 所示。

图 10-2 服务利润链

10.1.2 了解服务人员与顾客

在服务营销组合中,人的要素是指在服务传递中扮演角色、影响购买者感知的所有人,包括服务人员和顾客等。

1. 服务人员

一般而言,服务企业的人员可分为两类:必须与顾客接触的员工和不需与顾客接触的员工。在研究服务业员工与顾客接触的问题时,应区分员工与顾客接触的程度。高接触度与低接触度的区分,可依据顾客在处于服务体系中的所有时间里接受服务所占时间的百分比来确定。据此,高接触度服务包括:电影院、娱乐场所、饭店、公共交通和学校等部门所提供的服务;低接触度服务包括:政府主管机构、信息中心和邮电业等所提供的服务。

2. 顾客

对服务企业的营销活动产生影响的另一种因素是顾客之间的关系。一位顾客对某项服务质量的感受,很可能会受其他顾客意见的影响。顾客总会与其他的顾客谈到服务企业,或者当一群顾客同时接受一项服务时,对服务的满足感往往是由其他顾客的行为间接决定的。

知识窗 10-1
将顾客服务做好了,就能做到倍增你的利润

10.2 内部营销

● 案例导入

做好内部营销,才是制胜王道

员工流失率大?员工工作积极性差?员工服务热情度不高?这些令人头疼的问题会直接关系到游客体验度,而体验度又对重游、二消等关键指标有重大影响。不单在主题公园行业,所有服务类行业的运营者几乎都面临着同样的难题。不少企业对此的解决办法是简单的金钱激励,但效果并不理想,金钱激励的时效短,数额对于单个员工杯水车薪,对于企业却负担很重。

你有在用自己公司的产品吗?你的老板有在用吗?你的员工呢?把自己都不喜欢甚至不认同的产品推销给客人,真的需要相当的勇气与智慧。比如在某乐园的商店里我希望店员介绍一下我面前的毛绒玩具,她很专业地告诉了我它是什么,还有价钱和材质,可这并不能激起我的购买欲。或者在饮品店里我希望得到一些推荐,店员只能告诉我哪几款卖得好一点,却连口感、味道完全一无所知。

其实问题的关键还是在于企业的营销策略,并且是相对应外部营销的内部营销。数据显示,一般的企业只有不到50%的员工相信自己公司的品牌理念,而具备实现这一理念的员工则更少。

资料来源:搜狐.做好内部营销,才是制胜王道.https://www.sohu.com/a/229581984_314195,2018-04-26.

思考与分析

企业如何做好内部营销?

10.2.1 理解内部营销的概念

名词点击

内部营销的概念形成于 20 世纪 80 年代,内部营销是一种将员工视为顾客的管理哲学。将员工视为企业的内部顾客,努力为员工提供优质的内部服务,使其能够以营销意识参与服务,从而创造"真正的顾客"。

内部营销是一项管理战略,其核心是发展对员工的顾客意识。在把产品和服务通过营销活动推向外部市场之前,应先对内部员工进行营销。只有进行恰当的内部营销,企业在外部市场上进行的经营活动才可能获得最终成功。

内部营销作为一种管理过程。首先,内部营销能保证公司所有级别的员工,理解并体验公司的业务及各种活动;其次,它能保证所有员工准备并得到足够的激励以服务导向的方式进行工作。内部营销强调的是公司在成功达到与外部市场有关的目标之前,必须有效地进行组织与其员工之间的内部交换过程。

10.2.2 了解内部营销的层次

内部营销计划可划分为两个层次:策略性内部营销与战术性内部营销。从策略层次上看,内部营销的目标是:通过制定科学的管理方法、升降有序的人事政策、企业文化的方针指向、明确的规划程序,创造一种内部环境,来激发员工主动为顾客提供服务的意识。从战术层次上看,内部营销的目标是:向员工推销服务、支援服务、宣传并激励营销工作。

在实务上,营销措施就变成广告活动,不但是为了影响顾客,同时也为了要影响员工。它侧重于技能与细节,主要包括定期或不定期地举办培训班、内部相互沟通、召开情况介绍会、座谈会、茶话会;内部全员沟通,如定期出版报纸或快报;情况调查,确认员工需求等。

在员工不太情愿销售一种他们本身就不太接受的服务产品的情况下,内部营销就更加重要。例如,银行职员对银行新规定——为其他银行催收贷款的收费办法不愿接受。在这项新规定收费办法实施之初,有些职员即对利用这种催收服务的客户并不按照规定收费,部分原因是考虑到长期客户关系的建立不易,从而使这项规定非修改不可,规定只在可行的情况下才收费。

10.2.3 了解内部营销的管理过程

内部营销具有以下两种类型的管理过程。

1. 态度管理

态度管理即有效管理员工的态度,提高员工服务顾客的意识,并对自觉进行服务的行为给予激励。态度管理是内部营销的关键组成部分。服务企业需要具备超前性的管理意识,要创造未来而不是适应未来。

2. 沟通管理

经理、接待员和支持人员需要大量的信息,来完成与他们职责相符的工作,为内部和外部顾客服务。这些信息可能包括工作计划、产品和服务的特征、对顾客的承诺(例如,广告或推销员所作出的)等。他们需要沟通他们的要求、改进工作的意见以及他们发现的顾客需要。这是内部营销的沟通管理。

如果企业想要获得成功,这两种类型的管理都是必要的。但人们往往只认识到了沟通管理,并且沟通中信息是单向的。通常内部营销以活动或行为的形式出现。例如,向员工分发内部手册,在员工会议上向参加者提供书面的和口头的信息,而双向沟通很少。员工只是接到大量的信息却没有得到精神上的激励。

在服务营销中,有两句格言流传甚广,经常为人们所引用,其一是:"你希望员工怎样对待顾客,你就怎样对待员工。"其二是:"如果你不直接为顾客服务,那么,你最好为那些直接为顾客提供服务的人提供优质服务。"这两句格言提示了两个原则:对人的尊重和树立集体主义观念。因而,企业可以通过内部营销,使"顾客至上"观念深入员工的心坎,从而使服务提供者更好地履行自己的职责。

知识窗 10-2
建立双向互动的
内部沟通体系

10.2.4 掌握内部营销的实施方法

内部营销的目的是提高服务质量,创造顾客满意,其实施对象是企业内部员工。调动员工的积极性和创造性是内部营销的基本任务之一。企业需要借助营销的理念、技术和方法满足内部员工需要,同时获取外部竞争优势。内部营销活动可以从树立内部营销意识、细分内部市场、创建和培育"服务文化"、充分开发和利用企业的人力资源、加强内部沟通等方面展开。

1. 树立内部营销意识

内部营销首先是一种经营哲学,它要求服务企业的管理者和员工都树立服务内部顾客的意识,只有这样内部营销才能在企业内推行。这和经常强调的顾客导向是不矛盾的,因为强调内部顾客满意正是为了最终达到外部顾客的满意,而不是否定外部顾客的满意。日本学者金井正明指出:顾客导向包括外部及内部顾客导向,这也说明了二者的一致性。

海尔的企业文化里有一种"源头论"的说法,即把员工当作企业发展动力的真正源头,在企业内部营造尊重人、信任人、关心人、理解人的氛围,把员工的发展作为企业经营管理的重要目标,这体现的就是要确立内部营销意识。

2. 细分内部市场

在内部营销中对市场的细分就是对企业员工细分,其目的是让适合的人做适合的事,使企业的培训课程、激励措施、工作设计更有针对性。人的需求是有差异的,即使同一个人在不同的阶段也存在着需求差异性,这种差异影响着企业工作设计、激励措施的有效性。在对员工的细分过程中除了采用通常的人口统计变量,如性别、年龄、教育程度外,还需要更多地考虑心理变量和情感变量,因为人的个性、价值观念、生活方式、态度、情感等方面影响人的工作热情。

上海波特曼酒店经理狄高志先生认为:一个人如果能真心地喜欢自己的工作,他就会在工作中自然地发挥天赋和潜能,就能将自己的自然快乐带到职业性的工作中,从而增强员工对工作的满意。他希望员工能自然、快乐地工作。自然的工作状态比工作经验和技能更重要,因为后者可以在工作中进行培训和锻炼,但快乐和自然的工作状态是无法培训的。如果管理者在安排员工工作时能够找到工作特征和员工行为特征的结合点,员工的潜能就会得到充分的发挥。

3. 创建和培育"服务文化"

服务文化是严格的服务导向、顾客导向的文化。因为服务质量是各种资源共同作用的结果,因而要成功地进行质量管理,必须创造和培育一种高质量、稳定的服务文化。企业计划实施内部营销,首先要在企业内部创建和培育本企业的"服务文化"。企业的"服务文化"影响和控制着管理人员和各级员工的行为。制定和实施服务战略和策略需要中、高级管理人员的彼此联系以及广大员工的参与和支持,这就需要有"服务文化"影响、指导和控制自己的行为。

企业在创建和培育"服务文化"的过程中,高层管理人员要有战略眼光,要努力探索和开创"服务文化"的途径,通过制定政策、程序、制度和行动方针来规范和约束企业业务活动中的员工行为。高层管理人员只有自己率先成为企业服务文化的忠实体现者和执行者,以良好的作风和强烈的事业心鼓舞鞭策员工,尊重、关心和理解员工,服务顾客,才能使企业倡导的服务意识、价值观内化为员工的行为,也才能凝聚起员工的参与意识和团队精神,使他们与企业风雨同舟、竭尽全力、自觉为顾客提供高质量的服务,实现企业的营销目标。

4. 充分开发和利用企业的人力资源

为保证企业服务营销的有效性,充分开发和利用企业的人力资源,加强企业的人力资源管理,进行质量控制,必须做好以下工作。

(1) 录用合格的人才。聘用优秀人才来实施服务是企业服务营销的关键。企业对服务人员的要求不能仅仅是年轻貌美,主要是应聘人员的内在素质,如价值观、个性和成熟度。

(2) 教育培训。除向员工传授服务技能外,更重要的还有职业道德、服务规范和标准化培训,使员工不仅有"提供优质服务"的意识,而且通过培训,接受新的服务技能、改善服务态度,丰富服务产品知识,以保证他们提供的服务与企业的目标相一致,与顾客的预期相吻合。

(3) 充分授权和倒金字塔形组织管理模式。传统的管理模式是由第一线的员工直接面对顾客,但如未充分授权,一旦碰上问题,员工就无法采取行动,只得将矛盾上交中层管理人员,中层管理人员对信息的传递起着阻碍作用,不了解顾客需求,就更容易丧失顾客。如果企业实行倒金字塔形的管理模式将顾客放在最上层,第一线员工在第二层,第三层是中层管理人员,最下层为企业决策者,就从组织结构和管理模式上保证了上上下下各级员工都对顾客负责,以顾客为中心,根据服务内容自主地解决问题,企业管理人员的任务就是支持、协助第一线员工完成服务顾客的任务和使命。

(4) 激励与认同激励是企业经常采用的刺激方法,能使员工以更高的水平、更大的主动性和自觉性从事服务。管理有方的企业大都实行"以人为本"的管理模式,根据科学的激励理论,针对员工的不同特点进行激励。对员工委以恰当安排时做到人尽其才,以激发员工的内在工作热情;同时要赏罚分明,客观评价员工的工作,激发员工的工作积极性;还应通过教育培训,提高员工素质,增强自我激励能力和进取精神。总之,企业通过改善工作内容、工作环境和工作条件等外在因素,促使员工产生奋发向上的进取精神、努力工作的积极性和满足感。同时,让表现突出的员工得到认同和表扬,也会有助于企业营造良好的服务文化和环境,达到团队的整体发展,使企业整体服务质量都得到提高。

卓越实践 10-1
新生代员工要
怎样激励

5. 加强内部沟通

内部营销是整体营销的要求，整体营销需要企业各部门的共同努力，在"顾客至上"观念的指导下相互沟通、相互合作、相互支持，其中，各部门的沟通是关键，特别是一线员工和二线员工的沟通在内部营销中显得十分重要。因为一线员工是直接与顾客接触，为顾客提供服务的，二线员工与顾客接触的机会相对较少，但在顾客眼中任何一名员工都是代表企业的，顾客不会去区分每个员工的具体职责，于是一线员工与二线员工之间关于服务内容、对顾客的承诺信息的沟通就显得尤为重要。

同时，沟通管理作为内部营销目标之一，也需要各个部门之间加强沟通，使企业的产品信息、工作计划、服务特征以及对顾客的承诺及时有效地在企业内部传达、运行。而一线员工所获得的最新的顾客需求信息又必须尽快和企业内部相关部门进行沟通，使这些信息转化为符合顾客要求的产品和服务，以抢占市场先机，提高顾客满意率。

10.3 服务人员的管理与培训

◉ 案例导入

影响员工满意度的主要因素

在过去，企业管理者坚持着"大河有水小河满，大河无水小河干"的理念，然而，在人才流动性日益加剧的今天，管理者们逐渐将观念转变为"小河有水大河满，小河无水大河干"，员工是企业的根本，是企业运作的核心，是企业输出的主力军，为此，关注并提升员工满意度成为企业管理中必不可少的内容。

谈到员工满意度的提升，很多人会下意识地想到"薪酬、福利"，因此，当员工流动性逐步增大时，管理者首先想到的是调薪，这不是一件错误的决定，但也不是一项完全正确的决定。

影响员工满意度的因素其实有很多，并不仅仅局限于薪资福利。参照问道网，专业的员工满意度测评平台的员工满意度Q38模型可以得知，影响员工满意度的因素，在薪酬及福利以外，还包括：成长、归属感、培训机会、绩效、人际关系、岗位价值、价值认同、软环境、受关注度、硬环境、协作氛围、知情权。也就是说，这些因素直接影响着员工满意度的高低。

资料来源：中人网. 如何有效提升员工满意度. http://www.chinahrd.net/blog/398/1145849/397956.html，2017-06-14.

思考与分析

企业如何关注并提升员工满意度？

10.3.1 掌握服务人员管理的内容和方式

1. 服务人员在服务营销中的作用

服务是通过服务人员与顾客的交往来实现的，服务人员的行为对企业的服务质量起着决定性作用，因此，在服务营销中企业对员工的管理，尤其是一线服务人员的管理相当重要。

"公司—员工—顾客"之间的链式关系，说明了员工在服务营销中的地位和作用。在服务组织内部的人力资源管理比一般的人力资源管理起着更为重要的作用,这一重要性主要体现在如下关系上。

(1) 员工的满意程度与企业内部质量相关。

(2) 员工的忠诚度与员工的满意度相关。

(3) 员工的生产效率与忠诚度相关。

(4) 服务的价值与员工的生产效率相关。

这一系列的推断说明内部质量是基础,可以通过员工对自己的工作的评价、对企业内其他人的看法而得到。企业内部对人力资源的管理影响着员工的满意程度,从而影响着企业服务价值的实现。

通常,我们所说的顾客是指购买企业产品或服务的人。如果我们通过"公司—员工—顾客"的关系来理解员工的作用,可以认为,企业的最终用户并不是唯一的顾客,员工也是企业的顾客,企业为员工提供的"产品和服务"是信息、资源、支持、放权。

管理人员把自己的下属视为顾客是一种很好的管理方法,当管理人员把员工作为自己产出(即管理工作)的顾客时,就会去了解他们的需求,而当管理人员满足员工的需求之后,员工往往能够很好地完成工作。

由于顾客在与一线员工接触时,往往把这些员工作为整个企业的代表,把与这些员工交往得到的感知服务质量作为整个企业所提供的服务质量。因此,如果在企业内部存在这样一个良好的机制,那么,前线的员工一定会尽力给顾客留下良好的印象,并提供优质服务。

2. "顾客/员工关系反映"分析

"公司—员工—顾客"给我们的另一个重要启示是"顾客/员工关系反映",即对于服务组织来说,顾客关系反映了员工关系,即组织(尤其是管理人员)如何对待员工,员工就将怎样去对待顾客。正如一份研究报告指出的那样:如果管理人员帮助员工解决问题,员工也就会为顾客解决问题。

1) 关心员工遇到的问题并帮助解决

管理人员应关心影响员工工作的问题,包括公事也包括私事。要做到这一点,管理人员不妨从以下几个方面加以考虑。

(1) 不要使员工时时感受到与管理人员之间的距离,要使他们有可以畅所欲言的环境。

(2) 定期举行基层员工会议,可以使高层管理人员从这些普通员工中得到建议。

(3) 企业为员工提供一些福利性的帮助,例如,通过制订、实施援助员工的计划和为员工提供信用担保等方式帮助员工解决生活中遇到的一些困难。

(4) 企业制订一些支持员工的计划,包括提供服务、职位阶梯和分享企业利润。

2) 使员工了解组织内部发生的事

什么样的事务能够让所有员工了解呢?

(1) 关于销售、利润、新产品、服务和竞争的综合情况。

(2) 其他部门的活动。

(3) 关于企业在实现目标上的最新发展及完成目标的情况。

3) 树立组织的整体观念,增强员工责任感

培养员工共同的责任感应始于新员工加入时,新员工需要学会的是对顾客和对其他员工的责任感。要使这项工作持续进行,还需要关注顾客对负责任的员工的反馈信息,经常回

顾工作中员工表现出责任感的行为,以及对那些很好地为顾客服务的员工进行当众表扬。

4) 尊重员工

当员工感觉不到被上司或同事尊重时,他在对顾客提供服务的过程中往往易于急躁,管理人员在与员工的交往中应注意自己的言行,处处体现出对员工的尊重。

(1) 及时表扬出色完成工作的员工。
(2) 记住下属的名字。
(3) 尽量避免当众指责员工。
(4) 为员工提供干净、适用的设备。
(5) 注意礼貌用语。
(6) 认真倾听并尽力去理解员工的看法。

5) 给予员工决定的权力并支持员工作决定

管理人员对员工给予充分的支持会令员工做得更好,下放一部分权力会使员工更加主动、积极地为顾客提供服务。我们要从以下几个方面来理解"支持"。

(1) 为员工提供配备的人员、资源及相关知识等以使员工更有效地工作。
(2) 合理的加薪计划。
(3) 为下属所犯错误承担相应责任。
(4) 在其他人面前为自己的下属作辩护。
(5) 把注意力集中在解决问题上,而不是一味地责备。

3. 管理人员对员工的管理方式

管理人员所要面对的员工各不相同,并非每个员工都能很好地完成自己的工作。在这种情况下,管理人员应学会帮助员工改变做法,做好工作。而对于员工来说,为了更好地服务顾客,他们往往需要知道自己做得怎样,他们需要来自管理人员的反馈信息。因此,管理人员应及时评价员工的工作并帮助他们改正错误。

如果管理人员没有直接参与员工的工作,就应该对员工与顾客的接触给予更多的关心。通过这些做法,管理人员可以获得有关员工的第一手资料,第一手资料能使管理人员更加真切、全面地了解员工及他们遇到的问题。但在实际中我们往往可以看到,许多管理人员仅仅满足于有关实际工作的二手资料,而这些二手资料往往带有有关人员的主观看法,管理人员难以从中发现员工所遇到的问题。

(1) 对员工在工作中取得的成绩,管理人员应及时给予表扬。但作为管理人员不能滥用表扬,应把对员工的表扬用在较为关键的方面,主要包括以下几种情况:①当员工的行为超过企业所要求的行为标准时;②当员工的行为一直都符合标准时;③当员工取得进步时(无论进步的大小);④当员工面对挑剔的顾客保持冷静时;⑤当员工采取灵活措施帮助顾客时。

【小问答 10-1】 赞美的力量。

营销界估计没有多少人不知道卡耐基,可是卡耐基小时候是一个公认的坏男孩儿。在他9岁的时候,父亲把继母娶进家门。父亲向继母介绍卡耐基说:"亲爱的,希望你注意这个全郡最坏的男孩儿,他已经让我无可奈何。"出乎卡耐基意料的是,继母微笑着走到他面前,托起他的头认真地看着他。接着她对丈夫说:"你错了,他不是全郡最坏的男孩儿,而是全郡最聪明、最有创造力的男孩儿。"就是凭着这一句话,他和继母开始建立友谊。也就是这一句话,成为激励他一生的动力,使他成为美国的富豪和著名作家,成为 20 世纪最有影响力的人物之一。

问题:赞美是激励员工最快捷、最实用、最经济的办法。通过赞美可以达到什么效果呢?

答:一是可以培养员工,提高员工的自信心和工作激情;二是可以保证工作质量,促进工作的顺利完成;三是可以体现一个店长应有的个人修养;四是可以树立店长的个人威信;五是可以创造良好的企业文化。

(2)管理人员应该做到以下事项:①考虑员工的感受;②冷静地分析每一种可能的情况;③表现出相信员工有作必要改变的能力;④仔细向员工解释所犯错误的本质及管理人员期望的改正效果;⑤在私下里批评员工;⑥向员工描述未来可能发生的错误及其后果,并坚持不断地做这样的描述;⑦公平地对待每一个员工;⑧当错误发生后,迅速给予关注;⑨告知员工惩罚措施的目的;⑩迅速对所有违反规则的行为作出处理。

(3)管理人员应该避免以下事项:①讽刺犯错误的员工;②发脾气;③轻视犯错误的员工;④用带有侮辱性的语气说话;⑤在其他员工面前批评犯错误的员工;⑥对员工进行欺骗或威胁;⑦表现出个人喜好;⑧对员工所犯错误迟迟不进行处理;⑨采取过分严厉的惩罚措施;⑩改正错误的措施执行得不具有连续性。

【小问答 10-2】 当员工在工作中出现差错时,管理人员应该如何对待?

答:管理人员应以谨慎的态度对待员工的差错,员工这时的心态是很敏感的,如果管理人员处理不当,可能会适得其反。管理人员的谨慎,首先表现在他对待员工错误的态度上,管理人员应对员工错误持理解的态度,在帮助其改正的实施过程中,应避免触发员工的敌对情绪。

10.3.2 掌握服务人员培训的内容和方式

在探讨企业内部培训之前,先要介绍企业的人员招聘,这是企业进行员工培训的基础,人员招聘工作质量的好坏对培训工作的效果有着直接影响。

1. 人员招聘

在选择前线员工时,不能像招聘普通员工那样只看重经验和技能,而更应考察态度、资质和个性等能为服务人员带来成功的因素。一般的招聘方法不适用于选择前线员工,因为在这些招聘过程中,招聘人员的决定常常只是基于他们的直觉和应聘者的书面材料产生的。调查资料显示,60%的简历中有不真实资料,大多数推荐信只提供正面的意见,面试也不是一种可靠的方法,招聘人员通过面试只能了解应聘者的外表及在面试中的表现。因此,选择服务组织的前线员工需要更科学的方法。

2. 员工培训

员工招聘只是企业人力资源管理的开始,如何使新员工成为符合企业要求的服务提供者,这是企业内部培训要解决的问题。许多企业为培训员工开办了专门的学校,比如假日酒店大学、麦当劳的"汉堡包大学"等。学校的一切活动都围绕着培训企业需要的人而展开。

这些学校的主要任务首先是对员工进行技能培训(针对某些

知识窗 10-3
麦当劳的"汉堡包大学"

特定的事务),比如关于酒店的会计系统、现金管理技术等。这些培训内容主要是一些行为准则,一般是针对那些新加入公司的员工。进行这样的培训是为了让新员工能够在今后的工作中以符合标准的行为高效地完成本职工作,并与其他员工取得协调,更好地工作。

其次是对员工进行交往培训。由于员工在与顾客交往中可能遇到的问题难以预料,因此很难在培训中对这些问题加以模拟解决。所以,在服务组织的培训中,交往技巧的培训在某种程度上比技能培训更困难。许多航空公司对乘务员进行事件分析培训,以帮助乘务员在意想不到的情形下处理好顾客提出的苛刻要求。还有一些企业把角色扮演、创造性技巧和冲突的模拟作为培训方法。根据服务组织类型的不同,可以对技能培训或交往技巧培训有所侧重。

培训的第三个作用在于向员工灌输企业的价值观,并使员工对一些与企业发展有关的事给予更多的关注,这是有关企业文化的培训内容。

在设计内部员工培训计划过程中,首先应考虑的是企业内不同层次的业务需要,这里所说的业务需要,指的是企业各级部门的工作目的、工作内容及所应达到的要求等。在分析各级部门业务需要的基础上制订培训计划以满足这些需要。在制订培训计划时还应注意对不同部门的员工,不同职能和不同地区的部门及组织内不同级别之间相互影响、相互联系的领域进行研究,使制订出的培训计划能增进彼此间的联系,并在公司遇到的问题与业务流程方面建立起员工之间、部门之间、地区之间的理解。

3. 由上而下的培训

上面我们探讨的培训多集中于基层员工的培训计划,那么管理人员是否也应培训呢?答案是肯定的。每个人都需要知道该做些什么和怎样去做,而且每个人都需要得到他人的鼓励与肯定,总裁也不例外。企业内部全面的培训一般在以下四个层面展开。

(1) 最高管理层。对最高管理层的培训以宏观的管理为特色内容,主要在于如何制定、实施以顾客为导向的管理战略。高层管理人员还应学会如何加强管理并以身作则,以建立以服务为导向的企业文化。

(2) 经理和主管。一般的管理人员需要在下放权力、团队建设、做手下员工的顾问等方面学习如何扮演好自己的角色。管理人员还应掌握必要的技巧使整个组织的计划相互协调以形成整体。

(3) 前线与顾客接触的员工。前线员工在培训中应学会有关帮助顾客,为顾客做出安排,把顾客需要放在第一位的看法、战略和技巧。

(4) 公司里的其他员工。培训计划应使这些员工知道优质服务给公司、给他们自己的事业所带来的好处,并使他们意识到自己在服务提供过程中的重要性,同时帮助他们理解"内部顾客"的含义,最重要的是使这些员工学会如何在工作中支持、帮助前线员工。

在这四个层面的培训中,经理和主管以及前线员工这两个层面较为重要。服务组织中经理和主管的培训与其工作特点密切相关,员工对顾客提供服务的过程不仅受管理人员如何对待员工的影响,而且也受到管理人员如何对待顾客的影响。管理人员都应该理解自己的行为对下属具有怎样的影响力,同时也应了解在建立以服务为导向的企业文化中自己应扮演的角色和应有的行为。管理人员在平时的工作中要具有表率作用意识,他们应以顾客为中心,在作决定时考虑多种因素,管理人员还应学会如何培训和发展员工同样关心顾客。

10.4 服务营销文化

◯ **案例导入**

企业文化实质上就是"老板文化"

企业老板（企业一把手或领导集体）根据自身的价值理念来经营管理着企业。企业老板因其自身所受的教育及经历各有不同，他们的价值理念就会有所不同。例如，唯利是图的老板，他的企业文化就会呈现唯利是图的氛围；而诚信的老板，他的企业文化就会呈现诚信的氛围。企业文化的具体构成：精神文化层面、制度文化层面及物质文化层面。

精神文化层面包括企业使命、企业愿景、企业价值观等。制度文化层面是指企业组织机构、管理及业务流程、员工岗位职责及奖罚方案、员工行为规范等企业的各种规章制度。物质文化层面是指企业环境、外观、标识（司标、产品包装等）、员工服装、胸牌、企业信函、便笺、赠品、司歌、网站、各种广告等。

资料来源：百家号. 管理实践之企业文化（系统/细节/案例）. https://baijiahao.baidu.com/s?id=15848912716330007693&wfr=spider&for=pc,2017-11-26.

思考与分析

企业如何在日常经营管理活动中塑造企业的价值观？

10.4.1 理解服务营销文化的含义与功能

1. 服务营销文化的含义

名词点击

服务营销文化的含义是：企业追求优质服务，每个人都把向内部的、外部的顾客提供优质服务视为生活的自然方式和最重要的规范之一。当服务意识、顾客意识和全员营销意识成为服务企业最关注的工作时，服务营销文化就在企业中存在。

服务生产和消费的性质决定了服务营销文化的重要性。服务营销文化能够整合服务业员工的思想和行为，培养员工的组织认同感，具有强大的驱动力、凝聚力和感召力。良好的服务营销文化会促使服务业经营业绩的长期增长，正确应对市场环境的变化和企业的变革。

2. 服务营销文化的功能

一般来说，服务营销文化具有以下四项主要功能。

（1）导向功能。服务营销文化能够使员工更具有服务导向的特点，即把企业员工引导到确定的目标上。在服务业内部，服务导向可以增强内部的氛围，改善内部服务的质量。从外部看，具备服务导向的员工，将对顾客有兴趣，为顾客做得更多，并努力寻找满足顾客期望的恰当办法，使顾客和相关群体感知优质的服务，同时强化员工与顾客的关系。

（2）约束功能。服务营销文化对每个员工的思想和行为具有约束和规范作用。服务营销文化注重的是管理中的企业精神、价值观等软因素，这些因素对员工产生心理约束，而心理约束使员工对自己的行为进行自我控制。

（3）激励功能。优良的服务营销文化能够为员工提供一个良好的组织环境，使员工具有执着的事业追求和高尚的道德情操，以极大的热情投入工作中。服务营销文化能够综合发挥目标激励、领导行为激励、竞争激励、奖惩激励等多种激励手段的作用，从而激发出企业内部各部门和所有员工的积极性，而这种积极性同时也成为企业发展的无穷力量。

（4）凝聚功能。服务营销文化可以产生巨大的向心力和凝聚力，即用共同的价值观和共同的信念使整个企业上下团结。服务营销文化是全体员工共同创造的群体意识，在这种意识支配下员工积极参与企业事务，逐渐形成对服务企业的归属感。

10.4.2 了解服务营销文化建设中应解决的主要问题

服务营销文化建设对服务业的生存和发展具有举足轻重的作用，在服务营销文化建设中应解决好以下几个主要问题。

1. 树立服务导向的价值观

服务营销文化建设首要解决的问题是关于服务业价值观、经营思想、服务理念、精神风貌、服务形象和素质等方面的全局性问题，这些问题的解决都应站在战略的角度来考虑，以使服务营销文化与服务业发展战略保持一致，促进服务业目标的实现。其中服务业价值观应该在组织中占主导地位，用于对服务业的日常经营活动的指导和对员工业绩的衡量。

服务业发展战略多是关于服务业未来一段时期的发展谋略，对此，服务营销文化建设应尽早谋划，适时介入，为服务业发展营造有利的内外部环境。随着服务业参与国际竞争、国际商务交往的日趋频繁，这就要求服务营销文化具有兼容性和开放性。

2. 实施人本管理

在服务营销组合中，人员是关键要素。服务业员工不仅仅是一种生产要素、一种"经济人"，更是"社会人"和"文化人"，是服务业的主体。根据"公司—员工—顾客"的链条关系，在服务传递过程中，员工是联系服务业和顾客的纽带。顾客服务主要是依靠员工与顾客面对面的交流实现的，服务业服务质量的好坏直接取决于员工在服务过程中的表现。因此，服务业比其他行业更加注重人员的选择、培训与管理。

服务业实行人本管理，其核心就是以人为中心，理解人，尊重人，激发人的热情，满足人的合理需求，进一步调动人的积极性和首创精神，使员工积极参与企业事务，逐渐形成对服务业的归属感，为服务业发展贡献自身力量。服务营销文化建设的目的，就是要通过文化的培育和推进，帮助服务业员工寻求工作意义，使员工形成团结和谐的团队，让服务营销理念内化为员工共同的价值观和行为规范，使组织和个人得到最优的组合与匹配。

3. 倡导创新精神

服务业能否快速应对市场环境变化，事关服务业生存大计。顾客导向的服务理念是服务创新的方向和指导思想，服务创新的每一步都应当符合服务理念。事实上，要让一项新服务让顾客接受，首先要让服务业员工接受。提高员工对新服务接受率的途径可以是：鼓励员工参与新服务的构想和设计；加强服务机构的内部营销。可以说创新是服务业的生命内核，创新是服务文化，同样也是服务营销文化的精神内核。

因此，把创新这个内核植入服务业价值观，全方位融入服务营销文化诸要素和建设服务营销文化的全过程，培育全体员工的创新精神，使创新成为服务业的品质，是服务营销文化建设必须始终关注的焦点问题,也是所有成功服务业的共同经验。

4. 形成核心能力

所谓核心能力,是指服务业内部一系列互补的技能和知识的结合,它具有使一项或多项业务达到竞争领域一流水平的能力。核心能力理论认为,核心能力是企业的特殊能力,具有价值优越性、异质性、难模仿性、不可交易性、难替代性等特征。具有活的动态性质的核心能力是企业追求的长期战略目标,是企业持续竞争优势的源泉。依据核心能力,确立服务业的使命和目标,是服务营销文化建设应明确的方向。有特色的服务营销文化会产生具有异质性的营销、产品和服务,使服务业各种知识、技术和技能有机整合,实现顾客所看重的价值,并把这种竞争优势体现在服务业一系列的产品和服务中,最终形成服务业的竞争优势,形成服务业的核心能力。

10.4.3 掌握服务营销文化建设的步骤

服务营销文化的塑造是一项艰巨的系统工程。这项工程的顺利实施,需要有一个严密、科学的基本思路。总的来说,它包括以下一些必不可少的步骤。

1. 分析与规划

卓越的服务营销文化是在长期的营造过程中,不断地丰富、积累起来的,它是企业全体员工的汗水和心血的结晶,一旦形成,它就成为企业的一种号召力和鼓舞力,是一笔非常宝贵的精神财富。

(1) 分析内外因素。服务企业首先要了解本企业的历史,在此基础上分析企业现在的内外部环境。

① 内部环境。内部环境是企业文化生长的土壤,对服务营销文化的塑造具有直接的巨大的影响作用。对内部环境的分析,包括对企业性质、员工素质、企业管理制度、企业经营特色等多方面的分析。

② 外部环境。外部环境是企业不可控制的因素,但对企业的经营与员工行为影响极大。外部环境分析主要包括对市场状况、新的服务技术等方面的分析。企业可以根据外部环境的变化及时调节内部环境、回避风险、抓住机遇,以适应日益激烈的市场竞争。

(2) 规划未来。在分析企业过去、现在的基础上,服务企业对其服务营销文化进行总体规划。规划的内容主要包括:总体思想、实施重点、实施方法以及实施计划等。其中总体思想是核心,其他活动围绕总体思想展开。

2. 组织与实施

组织与实施是服务营销文化塑造的关键阶段,主要包括以下几方面措施。

(1) 调整现有的规章制度。首先优秀的服务营销文化要形成文字,制定科学的制度来落实这些优秀的理念。尤其对于人力资源制度,包括招聘、培训、考核、薪酬、任免、奖惩等,都应该深刻体现出公司的文化。当企业的规章制度与文化发生冲突时,最好调整规章制度。

(2) 全面提高员工的素质,强化员工的企业意识。服务营销文化并不是只让企业的中高层管理者认同,而是让所有的员工,甚至是临时的员工都认同。员工素质影响着企业服务营销文化的发展水平,是其实施的基础,故此要树立员工主人翁意识,增强员工对企业的忠诚感,最为关键。

(3) 以身作则,树立榜样员工。一些企业高层管理者总感觉企业文化是为了激励和约束员工,其实更应该激励和约束的,恰恰是那些企业文化的塑造者,他们的一言一行都对服务营销文化的形成和推广起着至关重要的作用。

在服务营销文化实施过程中,找出企业内部现在或者过去相应的先进人物、事迹进行宣传和表扬。按照服务营销文化的要求进行先进人物的评选,并在公司内部和相关媒体进行广泛的宣传,让全体员工都知道他们为什么是先进的,他们做的哪些事是符合公司的服务营销文化的,这样的榜样为其他员工树立了一面旗帜,同时也使服务营销文化的推广变得具体而生动。

(4)设计各种活动,加强宣传与沟通。服务营销文化要得到员工的认同,必须在企业的各个沟通渠道进行宣传和阐释,企业内刊、板报、宣传栏、各种活动、研讨会、局域网,都应该成为服务营销文化宣传的工具,要让员工深刻理解服务营销文化是什么,怎么做才符合公司的文化。同时,企业高层应有意识地宣扬服务营销文化,让顾客和客户认知本公司的文化,只有产生了对服务营销文化的认同,才能成为公司的忠诚客户。

知识窗 10-4
什么样的管理,能让员工死心塌地

● 实训课业

一、技能训练

(1)作为一名普通员工,领导把你想做的工作交给别人,把你不擅长的工作交给你来做,你如何与领导协商此事?

(2)调查学校中的不同餐饮企业,分析这些企业服务营销文化的差别是什么?

(3)从你未来想从事的行业出发,谈一谈未来你作为一名新员工,需要进行哪些入职培训?

二、实训项目

服务人员策略的应用

1. 实训内容

请同学们讨论"在服务企业中是员工为先,还是顾客为先",分成两组,每组可选出四名辩手,就此问题开展一场辩论赛。

2. 实训目的

掌握塑造服务企业营销文化的措施和服务人员的管理方式。

3. 实训要求

(1)辩论赛环节主要包括:主席开场;正方一辩首先发言;反方一辩发言;正方二辩发言;反方二辩发言;正方三辩发言;反方三辩发言;自由辩论反方四辩总结陈词;正方四辩总结陈词等。

(2)以寝室为单位选出辩论赛辩手,组织学生座谈和讨论。

第 11 章 服务过程策略

本章阐释

本章通过对服务过程的基本矛盾、服务业的生产率、服务质量管理的基本理论和实务的介绍,使学生了解服务过程的基本矛盾,理解提高服务业生产率的思路与对策,掌握服务质量评价的一般标准和方法以及提高服务质量的制度、方法和策略的理论,并能够将这些理论应用到企业的管理实践中,为提高企业的服务生产率和服务质量作出贡献。

能力目标

(1)能应用服务质量评价的一般标准和方法及服务质量差距管理的方法,对企业的服务质量进行分析和评价。

(2)能应用所学的提高服务质量的制度、方法、策略和服务补救的理论,针对企业服务质量管理工作中的实际问题提出解决问题的系统方案。

11.1 服务过程的基本矛盾

11.1.1 了解服务过程的含义

1. 服务过程的概念

 名词点击

服务过程是指与服务生产、交易和消费有关的程序、任务、日程、结构、活动和日常工作。

2. 服务过程与服务特点的关系

服务过程与服务特点的关系大致分为以下四类。

(1)服务过程之所以能作为服务营销的重要组成部分,首先是在于服务的不可分性,因为服务交易与服务生产、服务消费之间是融为一体的,服务不可能脱离这个整体过程。相反,服务只有经过这个整体过程才能完成。

(2)服务过程作为服务营销组合要素的合理性,在于服务的易变性。由于服务非机械化生产,难以将服务过程标准化,因此服务营销只有预先设计,特别是把握好"过程"才能把握好服务的易变性。

（3）服务的不可储存性也要求服务营销重视对"过程"的策划。服务营销只有对"过程"精心策划，才能有效地利用服务时间和调节服务的供求，从而把握好服务的不可储存性。

（4）服务过程还关系到服务消费者的参与感和责任感，设计和实施良好的"过程"有助于增强顾客对服务的参与感和责任感，从而满足服务消费者特殊的行为要求。

3．服务过程的分类

1）按过程形态分类

按过程形态可将服务过程分为三大类。

（1）线性作业。所谓线性作业，是指各项作业或活动按一定顺序进行，服务是依据这个顺序而产出的。在服务业，自助式餐厅就是这种作业顺序的标准形态。在自助式餐厅，顾客依顺序做阶段式的移动。线性作业的各种不同构成要素之间的相互关系，往往会使整体作业受到连接不足的限制，甚至因此造成停顿现象，比如自助餐厅的结账员动作迟缓，但这也是一种具有弹性的过程，过程中的工作项目，可经由专门化、例行化而加快绩效速率。线性作业过程最适合用于较标准化性质的服务业，并且有大量的持续性需求。

（2）订单生产。订单生产过程是利用活动的不同组合及顺序提供各式各样的服务。这类服务可以特别设计定制，以符合不同顾客的需要，并提供预订服务。餐馆及专业服务业的生产过程即属于订单生产过程。虽然这种过程形态具有弹性的优势，但仍然存在时间不易安排、资本密集不易取代劳动密集、系统产能不易估算的缺陷。

（3）间歇性作业。这是指各服务项目独立计算，做一件算一件，或属于非经常性重复的服务。比如，一个大型计算机系统装置的安装或制作一部大型影片等，都属于间歇性作业。这类项目的工作浩繁，规模及间断性与前两种方式都大不相同，对管理阶层而言，作业管理是复杂而艰巨的。这类项目最有助于项目管理技术的转移及关键途径分析方法的应用。

2）按接触程度分类

按接触程度可将服务过程分为两类：高接触度服务和低接触度服务。

与顾客接触程度不同的服务，在作业上差异较大，从而对管理者的要求也各不相同。高接触度服务业与低接触度服务业相比，具有以下特点。

（1）高接触度服务业比较难以控制，因为顾客往往成为服务过程中的一种投入，甚至会扰乱过程。

（2）在高接触度服务业中，顾客也会妨碍到需求时效，同时其服务系统在应付需求上，较难均衡其产能。

（3）高接触度服务业的工作人员，对顾客的服务印象有极大影响。

（4）高接触度服务业中的生产日程较不容易编制。

（5）高接触度服务业较难标准化，比如难以用技术取代人力。

（6）将服务系统中的高接触度构成要素和低接触度构成要素予以分开管理较为有利，同时可因此激励员工在各种不同功能中的技能专门化。

3）按复杂程度和差异程度可将服务过程分类

（1）复杂程度和差异程度都比较高的服务过程。如外科医生的手术过程，既比较复杂，又随病人的不同或医生的不同而出现比较大的差异。

（2）复杂程度比较高而差异程度比较低的服务过程。如酒店的服务过程，比较复杂，但比较标准化，一般不会因为顾客的不同产生很大的差异或出现很大的改变，而且酒店普遍重视对人员统一的培训,这也降低了服务过程的差异程度。

(3) 复杂程度比较低而差异程度比较高的服务过程。如理发、美容、照相等服务过程,不是很复杂,但差异程度比较高,不同顾客要求不同的发型,甚至要求同一发型但要有细微的差别,美容、照相等也是如此。而且理发师之间、美容师之间、摄影师之间手艺的差异也比较大。

(4) 复杂程度和差异程度都比较低的服务过程。如超市的服务过程,既不复杂,又没有多少差异。

11.1.2 了解服务过程的基本矛盾

1. 服务过程基本矛盾的内容

服务过程中普遍存在的一个基本问题是,企业缺乏服务的库存能力。不像制造企业,服务企业不能在需求淡季建立库存以备后来需求增加时使用。缺乏库存能力是由服务的时效性以及与消费的同时性决定的。特定轮船上没有销售出去的舱位不可能在第二天继续出售,这些舱位在这一班次提供服务的能力已经消失了。缺乏库存能力与市场需求波动共同导致了服务过程中的基本矛盾即供求矛盾的产生,这一矛盾几乎困扰了所有的服务企业。

在任何一个既定的时段,一个生产能力固定的服务组织都可能面对下列四种状况之一(见图11-1)。

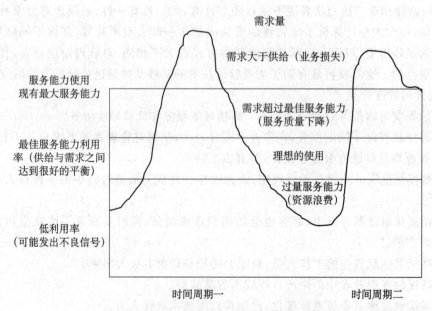

图 11-1 需求与相应服务能力之间的变化关系

(1) 需求过剩。需求水平超过最大服务能力,因此必须拒绝一些顾客,损失一些交易。对于接受服务的顾客来说,由于顾客过多或员工和设施超负荷运行,质量可能无法达到承诺的水平。

(2) 需求超过最佳服务能力。不会拒绝任何顾客,但是由于顾客太多或已经超出员工提供稳定质量的能力,服务质量依然会受到损害。

(3) 需求与供给在最佳服务能力水平上达到平衡。员工和设施都处于理想水平,没有人超负荷工作,服务设备得到了良好的维护,顾客可以获得高质量的服务而没有意料之外的等待。

(4) 供给过剩。需求低于最佳服务能力。劳动力、设备和设施等形式的生产资源未充分利用,导致生产力低下,利润减少。顾客可以获得质量相当高的服务,因为他们可以充分利用设施,不必等待,可以吸引员工的全部注意力。

由图11-1,图中的水平线代表服务能力,曲线代表顾客对服务的需求。在许多服务行业中,能力是固定的,所以在一定时间里可以用水平线表示。然而,服务的需求经常变化,如曲线所示。图11-1中最高的水平线代表最大能力。例如,针对某个酒店,这一水平线就代表它全部300间客房向顾客提供住宿的能力,或代表一个足球体育场中的大约5万个座位。客房和座位任何时刻都保持不变,但它们的需求是变化的。第2条与第3条水平线之间的区域代表最佳能力——从顾客和企业角度来看都是最佳能力使用。图11-1中不同的部分可划分为4种基本情形,代表能力与需求的不同组合。

2. 服务供求不平衡的原因

1) 服务需求具有波动性

在实际工作中,客户的需求量是不断变化的、波动的,这使服务机构在消费旺季或高峰期是车水马龙,在消费淡季则是门可罗雀。造成服务需求具有波动性的原因有以下四个方面。

(1) 有规律的需求波动。例如,由于文化、习惯以及作息时间的影响,人们在很多情况下产生了步调一致的需求,于是产生了用餐高峰、交通高峰、旅游高峰,用餐低谷、交通低谷、旅游低谷。

虽然人们的需求可能在一天的不同时间、一周的不同日子、一月的不同周或日子、一年的不同季节或日子都会发生差异,但这些需求大多还都有规律——它们往往出现在上班(开学)前、下班(放学)后、节假日的前后与节假日期间等。

对补习班、夏令营、冬令营的需求往往发生在长假期。对医院呼吸科的服务需求也与季节性的天气变化相关。风景区、住宿、游乐场、零售服务机构的需求与节假日密切相关,也与一年中的气候变化有关。例如,在"五一"黄金周,中国各地的著名景点,出游人数剧增。

总之,我们可以发现市场上有些需求是存在周期性、阶段性、季节性的,可能是每日循环(变化按时发生)、每周循环(变化按日发生)、每月循环(变化按周或日发生)、每季循环(变化按月或日发生)、每年循环(变化按季或月或日发生)。

(2) 无规律的需求波动。有时需求变化是与突发事件相关的,如疾病暴发、台风、暴雨、停电、停水、交通事故、食物中毒、火灾、地震等,这些突发事件可能在瞬间改变相应的服务需求水平。服务机构无法控制这些突发事件的发生,但可以采取相应措施,尽最大努力满足需求。

(3) 服务需求的弹性大。客户对服务的需求会因为服务价格的变动而波动——当价格低于客户愿意接受的范围时,服务需求就可能会增加;而当价格超出客户承受的范围时,服务需求就可能会减少。

(4) 服务与产品之间有着很强的相互替代性。一方面,人们在消费了某些服务后就可能不再购买相关的产品了。例如,人们花了钱修好了皮鞋,就可能在一段时间内不再购买皮鞋了。另一方面，人们在购买了某些产品以后可以减少或完全不用某些服务。例如，人们购买了小汽车后，就可能不再去乘坐公共汽车和出租车了。

2）服务供应具有刚性

尽管从长期来看，服务机构对服务的供应能力是有弹性的，但在一个特定的背景下，服务供给能力的弹性是小的，这是因为服务的供应能力受到时间、劳动力、设备、设施或这些要素的制约。一方面受到这些要素的质与量的限制；另一方面也会受到这些要素利用率的影响。所以，服务机构不可能随时调整接待能力来适应客户的需求。

例如，对于交通服务、超市、酒店、电影院、餐馆来说，设备和设施可能是约束服务供给能力的关键因素。运输服务机构的服务能力要受到交通工具及座位数的限制，超市结算服务能力要受到收银机数量的限制，酒店服务能力要受到房间数量和床位数量的限制，电影院里的座位也不能立即增加，餐馆里没有多余的空间可以增加座位和桌子。

另外，制约不同服务机构的服务供应能力的因素也可能不同，有的是"硬件"是关键的制约因素，有的则是"软件"是制约因素。例如，对于大学、医院、咨询公司、会计师事务所、律师事务所来说，时间和人员可能是制约服务供给能力的关键因素。即使时间的制约可以通过雇用更多的人员来弥补，但招聘到高质量的教授、医师、咨询师、会计师、律师并不是件容易的事。这里"人员"就是造成服务供应刚性的关键因素。

3）服务的易逝性

服务的易逝性即不可储存性，决定了服务不像有形产品那样提前生产后储存在仓库中以待未来的消费，使服务业不能用库存调节供需矛盾。

3. 平衡服务供求的策略

1）供过于求时的平衡策略

（1）减少、转移、调整供应。

① 减少服务供应。当供大于求时，减少或停止供应那些不能适应客户需求的服务；在需求不足的时间、地点、环节，根据实际情况，缩短服务时间、收缩服务网点、减少服务人手和设备的投入使用。

② 转移服务地点。当出现局部地区服务供大于求时，服务机构应考虑开辟新的市场，进入新的区域。例如，餐饮外卖和家庭病床的设立会刺激期待"上门服务"的消费，一定程度上缓解了供求矛盾。

③ 调整供应结构。服务机构一方面减少或停止不能适应客户需求的服务项目，另一方面可根据市场需求增设新的服务项目。这样一方面可利用闲置人员和设备，降低服务成本；另一方面可以为客户带来新的利益，从而刺激消费、平衡供需矛盾。例如，高档餐厅午间特设学生套餐；电影院在周一至周五将场地出租作为讲座、表演的场所，而在周末的时候用来放电影。

（2）刺激需求。

① 通过营销组合刺激需求。服务机构可通过服务创新、价格优惠及降价、广告促销等方法刺激需求，将需求从高峰期转移到非高峰期，从而使人员和设备得到均衡使用。

例如，电信公司在晚上9点以后和节假日为了促进"长途电话"的销售，推出各种优惠的价格，以使闲置的设备得到充分的利用；电影院用低票价鼓励观众在非周末看电影。

另外，服务机构可以针对一部分重要的目标客户给予优惠，实行VIP策略。VIP策略的优点是在淡季时争取和稳定市场,使淡季不淡,另外,可以吸引初次使用者的再使用。其缺点是旺季时也不得不给予优惠。

② 接受超额预约。预约系统的缺点是在于客户预约了服务,后来却没有履约。如果没有其他客户补上空缺,对服务机构来说是一种损失。因此,有的服务组织采取超额预约的做法,即预约出的数量大于实际可以提供服务的数量,以保证在一部分客户未履约的情况下,仍有较高的"上座率"。

超额预约决策的关键是确定超额预约的数量范围,即预约的数量以超过服务能力的多少为宜。有时候超额预约数量少,即使履约率很低,仍然可能造成服务设施的空闲,丧失获利的机会;有时候预约数量多,即使履约率很高,仍然可能出现供不应求的局面,这样不仅使服务机构的信誉受到损害,而且还因向客户支付补偿金而承受经济损失。所以,如果不能很好地预测不能到场的人数,超额预约是一种危险的策略,要谨慎使用。

(3) 余力管理。在供过于求的情况下,服务机构可以顺势而为,利用这段时间让员工进行休整,开展服务技能的培训,增强服务理念,提高员工素质,为消费高峰期的到来做好充分准备。此外,服务机构还可对设备和设施安排维修、保养和更换等,甚至出租设备、设施,从而提高资源利用率,降低服务成本。

2) 供不应求时的平衡策略

(1) 增加供应。

① 增加服务时间与频率。例如,超市在春节期间将服务时间延长;书店每逢周末会将营业时间延长;春运期间,铁路部门会增加相应的车次,航空公司也会增加飞机的飞行频次。

② 增加服务地点。例如,超市通过增加分店、增加收银台,流动餐车供应早点,流动邮局向居住在市郊的民工提供服务,来解决供不应求的局面。

③ 增加人手、交叉培训"多面手"。例如,酒店、餐馆、超市在供不应求时招聘季节工、半日制工和小时工等兼职服务人员;麦当劳的员工经过"多面手"的培训,使前台不同岗位的员工可以互相补充替换、互相增援。

④ 增加、租用或改造服务设备和设施。例如,医院增加病房、床位、诊断设备;快递公司在运输高峰期向外租用卡车;铁路运输部门可以调整一列火车的卧铺车厢和硬座车厢的比例,在春运高峰期间,由于旅客多,适当减少卧铺车厢的比例,增加硬座车厢的数量可以使一列火车能够运送更多的旅客。

⑤ 采用现代化的工具、设备、系统和流程来提高服务效率。例如,银行设置了自动柜员机、存折自动打印机、自动点钞机以提高服务效率;为了配合物流和信息流的大范围循环,沃尔玛不断改进管理信息系统和物流体系,建立起了世界范围内的卫星传送设备和物流配送系统。现在借助卫星、网络的商业化,沃尔玛得以在相对较低的成本下维系巨大的物流、信息流;麦当劳的整个系统是工程式的,并依照严格的技术原则作业:每个汉堡包的包装纸以颜色来暗示汉堡包的分类,汉堡包放置于加热的容器中,可供应急切的需求。麦当劳通过制定汉堡包的工艺标准,不但缩短了烤制时间,而且保证了质量,确保服务的迅速、清洁和可靠。

⑥ 外部合作互助。例如,在许多城市,医院之间分享设备和设施已经成为惯例,医院在诊断设备或床位出现紧缺时可以与另一家医院进行合作。

⑦ 简化或适当降低服务标准。例如，在保证服务质量的前提下，医生缩短给每个病人看病的时间，是为了给更多的病人看病；餐厅对在一定时间范围内结束用餐的客户给予折扣，可以达到鼓励客户加快用餐速度、提前结账的目的，以便为后来者提供餐位，避免等候时间过长。

（2）转移、分散、消化需求。

① 调高价格或减少优惠，将需求从高峰期转移到低谷期。例如，在黄金周的旅游高峰期，旅行社、宾馆、酒店及交通运输服务机构的服务适当提高价格，一方面可以获取高利润；另一方面又可以起到引导客户选择非黄金周出游的作用。

② 向客户告示高峰期，将需求从高峰期转移到低谷期。例如，旅游景区、酒店和城市交通管理单位提前发布高峰信息，有利于"削峰填谷"，而不会"雪上加霜"。

③ 采取预约制度有效地分散需求。预约之后，额外的服务需求就会被分配到同一组织内的服务时间或服务设施上，这种方法相当于存储需求、分散需求。在服务对客户具有高价值、稀缺性的情况下，这种策略用得最多。例如，举办婚宴要事先向酒楼预约，繁忙的律师事务所也要预约才能提供服务，而没有预约的、随机而来的则得不到服务保证。

④ 通过客户自助消化部分需求。例如，银行通过安装自动存取款终端为客户提供了方便；自选商场与超市里让客户自己选配商品；自助餐厅里顾客自己选菜、端菜、清理残留物，减少了服务人员。

（3）排队管理。

① 做好排队管理是服务机构的重要责任。排队管理，就是服务机构通过采取一系列措施，一方面缩短客户实际等待时间；另一方面缩短客户心理等待时间，从而使客户愿意加入到等待的队伍中，愿意忍受等候。排队管理本质上是一种为服务机构存储需求的行为，服务机构通过对排队等待的设计，可以更好地将客户需求存储起来，为服务供应到位赢得更多的时间，从而减少业务机会丧失的可能性。

② 缩短客户实际等待的时间。一般来说，排队方式有单列排队、多列排队、叫号排队和分类排队。

③ 单列排队。即等待的客户排成一列长队，其合理性是排在前面的先接受服务，其缺点是客户可能会感觉到排队时间长——"一眼望不到头"，另外，客户无法选择自己偏好的服务提供者，因为只有一列，别无选择。

④ 多列排队。即等待的客户可以排成几列队伍接受服务，其合理性是比单列排队让客户等待的时间短，因为有几个窗口可以同时、平行地提供服务。其缺点是客户必须选择排哪个队等待，站错队意味着要耗费较多的等待时间，另外，如果其他队列的等待时间变短，客户要决定是否换队等待。

⑤ 叫号排队。即按照客户到达的先后顺序而领取排队等候的号码，这样就可以比较好地解决排队中的公平性问题，而且客户知道了大约还要多长时间就轮到自己，因此他在等待期间可以到处转转、浏览、看报或与他人交谈。对于一些营业面积比较小的服务机构来说，也可以不使用排队叫号系统。比如，如果有两个服务窗口，就可以让客户排成一队，两个服务窗口轮流接待客户。

⑥ 分类排队。如果服务机构提供服务的类型比较多，不同类型的服务项目的办理时间差异性比较大，服务机构应尽可能采用分类排队、分别服务的队列方式，这样能够提高排队

系统的效率。

管理人员可根据各类客户所需的服务时间，为各类客户分别设置服务台，安排一部分员工从事费时的服务工作，另一部分员工从事简便的服务工作，各类客户按指示牌分别排队。这样，需较长服务时间的客户会比较耐心地等待，只需短暂服务时间的客户也可获得快速的服务。

分类排队可考虑按照下列标准来分。

a. 接受服务的紧急程度。例如，对急诊病人医院应提供专门的快捷通道，不用排队；对慢性疑难病症病人的医疗需要进行全面的检查和专家会诊，耗费时间比较长，对此类患者进行预约服务是可行的。

b. 服务交易时间的长短。服务交易时间短的采用快速通道，服务交易时间长的采用一般通道。

c. 客户的重要性。排队时总有一些客户选择离开，重要客户的离开比其他客户的离开会给服务组织带来更大的损失，因此，服务机构应该优先满足重要客户的需求。例如，银行单独开设大宗业务窗口，其重要客户可以直接来窗口办理业务；机场为头等舱和经济舱的乘客提供不同的通道，头等舱的客户可以比经济舱的客户早一点登机。

d. 购买价格的高低。有些客户为了节省时间和得到优先服务，常常愿意支付较高的价格。这样，服务机构就可以对支付不同价格的客户提供不同的队列，使支付较高价格的客户比支付较低价格的客户优先接受服务。

⑦ 缩短客户心理等待时间。美国专门研究排队管理的专家戴维·H. 迈斯特尔 (David H. Maister) 认为，当客户认为等待符合他们的预期时，客户会忍受等待，同时服务机构也能从中获得好处。他还将客户在排队过程中的心理感受进行了总结，并提出了相应的措施。

a. 充实的等待感觉比无聊的等待时间短。大家都有这样的体会，在长途火车上，如果我们无事可做，只是等，那我们可能会觉得时间过得非常慢。但是，如果我们看看书或打打扑克，则可能会觉得时间过得很快。因此，服务机构要努力填充客户的等待时间，为客户提供相关的服务，其目的是把客户的注意力从等待这件事转移到其他事情上。而且，"填充服务"越有价值，客户心理等待的时间就会越短。例如，许多酒店在需求高峰期把等待进餐的客户引进酒吧、咖啡屋、茶馆，这样既可以为酒店带来效益，还可以缓解客户焦急等待的心情，使他们愿意在此等待进餐，而不会不耐烦地走掉。

b. 轻松、愉快的等待感觉比焦虑、痛苦的等待时间短。为此，服务机构要在客户等候区安装空调，提供舒适的座椅、报纸，播放新闻或音乐，提供免费的饮料或茶饮等，为客户提供舒适、愉快的等候环境，使等候变得有趣。同时，要将等候区与服务区隔开，避免等待的客户受到刺激。

c. 确定长度的等待感觉比不确定长度的等待时间短。住在城市里的人大都有这样的经历，有时在路上遇到堵车，汽车排起了长龙，没有任何消息告知将要等待多长时间，司机会感到时间非常漫长。因此，服务机构在出现意外情况时应及时通报，以使客户心中有数，消除客户的焦虑感。而现在许多城市开播的无线广播交通台提供路况信息服务，以及机场及时提供延误航班的信息，就很值得推广。

d. 了解原因的等待感觉比不了解原因的等待时间短。例如，如果航空公司的飞机晚点,而航空公司不进行任何解释,而任由客户去等待,当等待时间过长的时候,一些客户就有可能联想到恐怖袭击方面,这会使等待更加不可接受,甚至引起恐慌。因此,服务机构要加强沟通,讲明原因。

e. 合理的等待感觉比不合理的等待时间短。合理的等待可取得客户的谅解,不合理的等待则会激怒客户。高效率的服务使等待容易被接受——客户一旦看到工作人员紧张忙碌,就会对等待有信心——很快就轮到我了。因此,服务机构要树立高效率的服务形象,营造紧张忙碌的气氛和景象。

f. 集体等待感觉比单独等待时间短。大家都有这样的体会,当一个人走一段比较长的路时会感到很漫长,而当与他人,特别是与自己的亲人或好朋友边说笑、边走路时,会感觉同样长的路很快就到了。因此,在设计等待环境时,应该给客户创造便于相互进行沟通交流的条件,如将等待的客户安排在一起,把集体等待服务时间变成集体娱乐时间或社交活动时间,这样就可以缩短客户心理等待时间。

g. 公平的等待感觉比不公平的等待时间短。如果排队秩序混乱,后来的人通过插队先得到服务,那么排在后面的客户会产生极大的不公平感,因而会感到排队时间很长。在实际工作中,很多服务机构都对一些客户有着优先措施,对此,服务机构应该尽可能地使这种优先权准则透明、公道、合理。例如,对军人、对学生、对重要客户的优先权容易被其他客户认同和理解。这样,客户就不会产生不公平感。

卓越实践 11-1
零售银行缩短
顾客等候时间

11.2　服务业的生产率

11.2.1　了解服务业生产率的含义和影响因素

1. 服务业生产率的含义

生产率的含义通常是一种生产过程的产出相对于投入总值的比率。传统的生产率观念包含两项重要假设:第一,产出与各种生产要素都有完整的定义,具有同质性并可以计量。据此标准,那么,生产的每项要素贡献率,以及因使用这些要素的改变而造成投入—产出比率的改变也都可以计算出来。第二,产出的效用毋庸置疑。同时假设:产出产品的消费不会发生满足以外的副作用,换言之,传统观念中的生产率是把生产过程和社会背景因素全然分开,将生产率看作一种封闭体系的性质。

2. 影响服务业生产率衡量的因素

衡量服务业生产率的问题,可以说是传统计算方式的沿用。所谓的传统方式,基本上是为制造业而不是为服务业设计的。因此,有必要设计一些新的衡量方式,并应考虑会影响到生产率评估的某些重要的服务业特性及营销方式,如下所述。

(1) 服务是被表现而不是被产出的。

(2) 服务设备必须存在于被使用之前。

(3) 服务不能储存。

影响生产率衡量的因素还包括以下内容。

(1) 许多服务业属于会受外来因素影响的开放系统而非封闭系统。

(2) 在传统式生产率衡量方式中,质量被视为是一种常数,但事实上,服务业部门在质量方面变化极大。

(3) 许多服务业,其生产率往往有一部分依赖于消费者的知识、经验和动机。

(4) 消费者在服务生产过程中通常扮演一定角色,此项投入的质量也会影响到服务的生产率。

消费者在服务业生产率方面会扮演一定的角色,这主要包括以下原因。

(1) 物品是被产出的而服务是被表现的,顾客可能需要参与并且在服务被表现时必须在场。

(2) 营销在交易过程中的位置不同。

物品是从被产出、销售然后到被消费,而服务则是先被销售,然后被表现与被消费才会同时进行。物品营销的买主和卖主之间,只有一个层次的互动关系,而服务业的买主和卖主之间的互动关系则包括了两个层次,即营销和生产。

服务业生产率衡量,应该从数量层次和质量层次两方面加以探讨。事实上,对许多服务业而言,服务产品(如餐厅、企业顾问等)的质量层次是探讨其生产率的基本。

服务业衡量生产率的最后一项困难是:某些服务业的需求和其他厂商或机构的产出的需求具有相关性。比如,一家顾问公司或教育机构的生产率,受到被服务影响到的其他个人和机构对服务价值观的影响。

11.2.2 理解服务业生产率偏低的原因

服务业与制造业的生产过程及提供的产品等具有明显的差异,但是,服务业工资增长率与产品部门一样快,因而工资问题尤为严重。服务公司一直面临成本不断攀升,而又不能以增加产出来抵消劳动力成本升高的压力。因此,服务业生产率偏低现象可能会形成整体物价水平的通货膨胀压力。

服务业生产率比制造业低的原因大致有以下三点。

1. 服务业大都为劳动密集型产业

一般来说,服务业为劳动密集行业,要增加产出就需要更多的劳动力。而制造业一般是资本密集型产业,欲增加产品的产出,所需要的是更多的资本。通常,在资本密集产业,要降低每单位产出的成本,比在劳动力密集产业容易。

2. 服务业节约劳动力的方式较少

(1) 服务业的技术变迁较为缓慢,也比制造业的资本投资少。

(2) 获得经济规模的机会较少,尤其是小型的服务业。

(3) 劳动力专门化的机会也较少。

(4) 有些服务业是完全依赖人的,如顾问咨询服务业。

3. 许多服务业规模较小

许多服务业公司都很小,雇用人员也少,因此无法使用器械设备、加强职位专门化或得到分工的利益。此外,有些服务业,如技艺、保健和政府服务机构,对于良好的管理似乎并不注重。

11.2.3 理解提高服务业生产率的措施

提高生产率对于各种服务营销公司都是一项重要的工作。利润是服务业公司经营的目标,服务企业必须改善生产率维持市场地位,避免因价格过高而失去市场;公共行政机关也有必要改善生产率,以确保赤字增高不致导致服务水准下降。

服务生产率的提高是否有限度?目前有两种不同的意见。

有一种看法认为,服务生产率总会落后于制造业,服务业生产率的缓慢提高可以说是一种成本疾病。制造业的工资水平往往在一定范围内,因为生产率与工资直接挂钩。但对于服务业,工资水平即使与生产率密切关联,其工资仍占总成本的绝大部分,一旦成本增高,价格必然也会跟着上升。在政府机构,尤其是地方政府,较高的成本往往造成服务质量的变坏或服务量的减少。例如,对于艺术业,生产率改进的有限性即意味着高成本经营和增加竞争劣势。事实上,这些问题不局限于地方政府或艺术事业,它可能发生在生产率难以改善的服务业上(如教育、老人照顾和公园维护等)。

另一种看法则相反,认为服务业的生产率有可能提高,他们提出了几种提高服务生产率的方式。

1. 提高服务员工的素质

利用更好的招聘、训练、发展和激励制度,对有关服务递送与表现的新、旧员工,在知识、技能、态度和行为方面进行改进,特别要使之与顾客接触,将处理有形服务要素的员工,训练成可以处理疑难和抱怨,拥有产品的有关知识,并会操作内部系统的员工。采取兼顾产出与利益分享的生产率保证方案,作为奖励提高生产率的方法。换言之,可以用激励方式使员工工作更努力。

2. 采用系统化与科技

在服务业方面多利用一些制造业的方式是必要的。一般而言,一提到服务业的改善问题,就往往拘泥于从改善服务员工的技术和态度上去解决,而从不考虑其他改善的可能性,这可以说是一种自我限制。因此,欲改善服务的质量效率,服务业公司必须采取科技化思维方式,采取此方式的许多其他行业,往往可以把高成本、精确度不够的手工技术,用低成本、质量可预知的大规模制造来取代。

以麦当劳为例,每个汉堡包的包装纸以颜色来暗示汉堡包的佐料,汉堡包放置于加热的容器中,可供应急切的需求。整个系统是工程式的,并依照严格的技术原则作业,不但能确保服务的迅速、清洁和可靠,同时,可以产生一种让待遇不优厚的员工感到荣誉和尊严的环境气氛。麦当劳成功的关键之处,不只是它开发了一种高度精密的技术,还因为它引用制造业的观念适用于人员密集的服务业。

所以,服务业公司要想在生产率增进方面有所收获,只要它们能采用更系统化和技术的方法,把任务视为一个整体来看,即寻找出关键性作业及其他可选的表现方法配合使用,去除不必要的做法,改善整个体系内的合作方式,变换陈设布局、改善设计,并考虑系统整体成本,就能体现系统化管理的特色,取得良好的服务效果。

服务业系统化管理的应用有三种方式:采用硬件技术、软件技术和混合式技术。

(1)硬件技术是指以器械和工具取代人力(如自动洗车、机场 X 光检验设备、自动停车场、自动销售设备、视听设备和计算机)。

(2) 软件技术是指预先计划系统,它通常包括利用某些科技,但其基本的特点是系统本身是为获得最佳成效而设计的。

(3) 混合式技术是指硬件技术和软件技术相结合,以使服务过程更合理、更快速及更有效率(如限额服务、快速汽车轮胎修理设备及刹车器修理)。

这种应用方式对于服务业的生产率将有很大影响。尤其是分工制度和服务业工业化的结合,可以为许多已有的问题提出新的解决办法。

要使服务生产标准化不太容易,因为在有些情况下,顾客需要个人化照顾,而有时工作的性质是属于高度个性化的,如专业服务业。

另外,硬件技术应用于服务业,在程度上也有一定限制。限制科技方法在服务业中的运用有许多原因。

第一,许多服务业都是由小型劳动力密集的公司所提供的。

第二,小型的服务业公司根本没有足够的资源去考虑,更不用说去实际采用资本密集式的服务表现及服务递送方式。

第三,在某些情况下,以资本取代人力并不见得更划算,要视所涉及各种生产要素的关联成本而定。

第四,即使是服务人员与顾客接触较少的行业,也必须凭借某种接触度才能使顾客对服务产品有所认知。对高接触度服务,服务人员与顾客间的互动性是顾客对服务产品产生认知的主导性因素。有些服务业由于其所涉及各种问题的性质不同,并不能完全借助科学技术予以解决。

第五,虽然科技对服务业生产率的改善作出了很大贡献,但也带来了相关的人性问题。

第六,技术解决手段必须考虑采用时的大环境,如社会、组织和程序等条件的配合。

3. 降低服务水平

服务生产率的改进,也可通过减少服务数量或者降低服务质量来实现,但这种方式具有一定的危险性,尤其是对于过去曾经承诺递送较高水平服务的公司。此外,竞争者也往往以其服务数量和质量的扩充与升级来差异化其服务产品。

4. 用产品代替服务

生产率也可以通过以产品代替服务的方式而获得改善。

5. 引入新服务

设计一套更有效率的服务来消除或减少对效率较低服务的需求。例如,目前的横跨大西洋旅行,几乎已由航空飞行取代航海;信用卡也取代了以前的银行透支的方式。

6. 顾客互动性

改变顾客与服务提供者之间的互动性,也可以改进服务业生产率,尤其是高接触度服务业。在生产过程中,需要顾客的分量越多,越要了解顾客行为及其背后的种种原因。因此,必须发掘更多的方法,以能更好地掌握顾客。由于消费者主动或被动地参与服务递送过程,因此,可以利用服务递送产生的利益来引导及说服其转变行为,争取并保持消费者在生产过程中的合作与配合,从而激励其购买服务的种种利益。

7. 减少供需间的错位

许多服务业公司的一大问题是其供需之间往往存在错位现象。服务业营销上的目标是:更有效地控制供给与需求,使二者之间趋于均衡。服务营销者面临以下问题:增高需求

(如用尽备用产能)、减少需求(如存在超额需求情况)、取得更均衡的服务供给(即符合波动需求形态)。

科特勒曾经使用"低营销"一词来说明一种消极策略,即一家公司主动采取暂时或永久减少顾客的行动。另外,他又使用"同步营销"来说明这个问题,同步营销是指服务业公司主动使供给和需求更均衡的一种策略。

11.3 服务质量管理

服务是服务营销的精髓,而服务质量则是服务营销的关键和核心。无论是生产有形产品的生产企业,还是生产无形产品的服务业,服务质量都是企业在竞争中制胜的法宝。服务质量对服务企业做好市场营销活动有重要意义。第一,加强服务过程的质量管理有利于增强服务性企业的竞争力。第二,加强服务过程的质量管理是防止服务差错、提高顾客感觉中的整体服务质量的有利举措。第三,加强服务过程的质量管理有助于树立企业良好的市场形象,增强顾客"认牌"购买的心理倾向。

11.3.1 服务质量的含义、特点与基本属性

1. 服务质量的含义

 名词点击

世界标准化组织 ISO 对质量的定义:质量是反映产品或服务满足或隐含需要能力的特征和特性的总和。根据上述的质量定义,可以将服务质量定义为:服务质量是产品生产的服务或服务业满足规定或潜在要求(或需要)的特征和特性的总和。特性是用来区分不同类别的产品或服务,例如,旅馆具有能让消费者休息和睡觉的特性,而旅游则具有陶冶人的性情、给人以愉悦的特性;特征则是用来区分同类服务中不同规格、档次、品位的服务,例如,飞机和轮船用舱位的等级来表示服务的规格和档次,而酒店则用星级标准来说明其服务质量的基本特征。

1) 服务质量的内涵

(1) 服务质量是顾客感知的对象。

(2) 服务质量可以依靠客观方法加以界定和衡量,但更多地要按顾客主观的认识加以衡量和检验。

(3) 服务质量是发生在服务生产和交易过程中。

(4) 服务质量是在服务企业与顾客交易的真实瞬间实现的。

(5) 服务质量的提高需要内部形成有效管理和支持系统。

2) 服务产品与有形产品在质量内涵上的差异

从以上内容可以看出,服务产品与有形产品在其质量内涵上是有差异的,主要表现在以下几个方面。

(1) 顾客评价服务质量时的主观标准(预期服务质量)更多一些,评价难度更大。

(2) 顾客对服务质量的认识主要取决于他们预期与实际所感受到的服务水平的对比。

(3) 顾客对服务质量的评价不仅看服务的结果,更注重服务的过程。

3) 服务质量的构成

服务质量是由技术质量、职能质量、形象质量和真实瞬间四个要素构成,它是顾客感知质量与预期质量差距的具体体现。

(1) 技术质量(也叫结果质量)是指服务过程的产出,也就是顾客从服务过程中所得到的东西。例如,饭店为顾客提供的饭菜和饮料,旅馆为旅客休息提供的房间和床位,航空公司为旅客提供的飞机和座位等。对于技术质量,顾客容易感知,也便于评价。

(2) 职能质量(也叫过程质量或功能质量)是指服务推广过程中顾客所感受到的服务人员在履行职责时的行为、态度、着装和仪表等给顾客带来的利益和享受。这种利益和享受很难有一个非常客观的评价标准来说明给消费者带来的满足。那种先入为主而存在于消费者头脑中的主观标准,往往起着决定性的作用。同样的服务,由于服务对象不同,获得的服务质量评价会有很大的差异。这是因为服务过程的质量不仅与服务时间、地点、服务人员的仪态仪表、服务态度、服务方法、服务程序、服务行为方式有关,而且与顾客的个性特点、态度、知识和行为方式等因素有关,人们难以对它进行客观而公正的评价,职能质量完全取决于顾客的主观感受。

技术质量和职能质量构成了感知服务质量的基本内容。

(3) 形象质量是指服务企业在社会公众心目中形成的总体印象。企业形象是通过视觉识别系统、理念识别系统和行为识别系统多层次体现的。顾客可以从企业的资源利用、组织结构、市场运作、企业行为方式等多个侧面来认识企业形象。这种总体印象在顾客与企业的第一次接触中就已经获得,并在多次的接触中不断清晰,最后形成一个思维定式。到一个信誉非常好的企业中去享受服务,人们很少担心服务质量问题,而是更多地关注如何去享受企业所提供的服务。

一个优良的企业形象,是一笔巨大的无形资产。企业形象好比是"过滤器",通过它,人们看到的技术质量、职能质量将大不相同。形象良好,它就成了一项保护伞,即使是服务过程中偶有瑕疵也会赢得顾客的谅解;如果失误频繁发生,则必然会破坏企业形象;如果企业形象不佳,则企业任何细微的失误都会给顾客造成很坏的印象。

(4) 真实瞬间是指在特定的时间和特定的地点,服务供应者抓住机会向客户展示其服务质量的过程。它是一种真正的机遇,一旦时机移逝,服务过程就结束了,企业也就无法改变顾客对企业提供的服务质量的感知水平,在这个过程出现的服务质量问题是无法补救的。因为时间和地点都是特定的,所以这个时机并不是在任何时间和地点都可能出现的,时机是有限的。

由于服务产品的不可储存性和服务过程的不可重复性,要求企业在提供服务产品的过程中应计划周密,执行有序,防止棘手的"真实瞬间"出现。因此,企业的服务质量应从小事抓起,抓好服务过程中的每个细小的环节,给消费者一个美好的印象,使他们高兴而来,满意而归。

4) 预期服务质量与感知服务质量

服务质量有预期服务质量与感知服务质量之别。预期服务质量是顾客对服务企业所提供的服务预期的质量水平。感知服务质量是顾客对服务企业所提供的服务实际感知的质量水平。如果顾客对服务的感知水平符合或高于其预期水平,则顾客获得较高的满意度,从而认为企业具有较高的服务质量;反之,则会认为企业的服务质量较低。从这个角度看,服务质量是顾客的预期服务质量与感知服务质量的比较。

预期服务质量是影响顾客对整体服务质量的感知的重要前提。如果预期服务质量过高,不切实际,则即使从客观的角度来看他们所接受的服务水平是很高的,他们仍然会认为企业的服务质量较低。预期服务质量受四个因素的影响,即市场沟通、企业形象、顾客口碑和顾客需求。

市场沟通包括广告、人员推销、公共关系以及促销活动等,直接为企业所控制。这些方面对预期服务质量的影响是显而易见的。例如,在广告活动中,一些企业过分夸大自己的产品及所提供的服务,导致顾客心存很高的预期服务质量,然而,顾客一旦接触企业却发现其服务质量并不像宣传的那样,感知服务质量就会大打折扣。

企业形象和顾客口碑只能间接地被企业控制,它们虽然受许多外部条件的影响,但基本表现为与企业绩效的函数关系。

顾客需求则是企业的不可控因素。顾客需求的千变万化及消费习惯、消费偏好的不同,决定了这一因素对预期服务质量的巨大影响。

2. 服务质量的特点

(1) 服务质量是一种主观性极强的质量。这与有形产品的质量存在较大差异,有形产品的质量可以采用许多客观的标准来加以度量,如对一部汽车,其耗油量、时速、刹车性能等即使对于不同的顾客,也存在一个客观的标准,这些标准不会因为产品提供者的不同或购买产品的消费者不同而发生变化。但服务质量并非如此,不同的顾客可能对同一种服务质量产生不同的感知。例如,服务过程中的可靠性常常被视为一个非常重要的服务质量维度,但不同文化背景的顾客对这个问题的感知存在较大差异。对中国顾客和外国顾客关于这个问题感知情况的调查表明,中国顾客比外国顾客更重视服务的可靠性。对于其他服务质量维度,也存在类似的情况。即使是同一个顾客,在不同的时段,可能对质量的要求也会发生变化,这是我们在研究服务质量时必须注意的一个问题。

(2) 服务质量是一种互动质量。有形产品质量是在工厂里生产出来的,在没有出厂之前,质量就已经形成了,在整个质量形成过程中,消费者基本上是没有"发言权"的,当然,企业必须根据市场调查的结果,按照消费者的期望来提供产品,但在质量形成过程中,顾客的作用是微弱的。而服务质量不同,服务具有生产与消费的同时性,服务质量也是在服务提供者与顾客互动的过程中形成的,如果没有顾客的紧密配合,或是顾客无法清晰地表达服务要求,那么,服务过程也将失败,服务质量也将是低下的。正是由于这个原因,有些学者将服务营销称为互动营销。

(3) 过程质量(即职能质量或功能质量)在服务质量构成中占有极其重要的位置。正因为服务质量是一种互动质量,所以,服务过程在服务质量形成过程中起着非常重要的作用。过程质量是服务质量极其重要的组成部分,当然,这并不是说结果质量即技术质量不重要。服务结果是顾客购买服务的根本目的所在,如果没有服务结果,或者服务结果很差,那么,再好的服务过程也是无法弥补的。同样,即使服务结果很好,但服务传递过程很糟,最后形成的顾客感知服务质量也可能是低下的。忽视结果或忽视过程,在服务质量管理中都是错误的。

(4) 对服务质量的度量，无法采用制造业中所采用的方法。在制造业的质量度量中，我们可以将视野聚焦于内部效率，即可以通过检验来证明产品与事先制定的产品标准是否吻合，如果吻合或者超过，则说明质量是合格的或者是优异的。但在服务业中，不但要考虑服务质量与服务标准的吻合问题，更重要的是，还要衡量质量的外部效率，即对顾客关系质量的影响。也就是说，这种服务质量对服务提供者与顾客建立持久的关系具有什么样的影响作用。明确这一点，对于提高服务质量管理水平，具有非常重要的意义。

3. 服务质量的基本属性

(1) 可感知性。可感知性是指服务产品中的"有形部分"可以为顾客所感知。如图书馆的计算机检索系统、汽车维修专业化的设备与厂房以及服务人员仪态、仪表等。尽管从本质讲，服务产品并不是某种实物，而是一个行为过程，具有无形性的特征，但是顾客可以借助这些有形的、可视的部分去感受服务质量的基本水准。一方面，这些可视的部分提供了有关服务质量的有形线索；另一方面，它们又直接影响到顾客对服务质量的感知程度。例如，五星级酒店清洁、典雅的人文环境、规范而完善的服务设施、服务人员大方自然而彬彬有礼地为顾客提供周到的服务等，这些既可以显示出五星级的服务水准，又能使顾客在其感受服务质量时给予较高的评价。

(2) 可靠性。可靠性是指企业准确无误地完成自己的承诺服务。许多以优质服务著称的企业都是通过"可靠"的服务来建立自己的声誉。例如，麦当劳的顾客会发现，在去除文化背景因素之外，无论在美国还是在中国，你都能够吃到具有相同质量水平的汉堡包。可靠性实际上是要求企业避免在服务过程中出现差错，因为服务差错给企业带来的不仅是直接意义上的经济损失，而且可能意味着会失去大量的潜在顾客。例如，"五一黄金周"对许多人来讲，是旅游的好时机。但是，某旅行社在此期间因某种原因没有按照事先承诺的线路组织游客旅游观光，从而导致了游客向消费者协会投诉，并将此事刊登在当地的报纸上。旅行社不仅要赔偿游客的经济损失，更严重的是损害了企业的形象，导致了游客的大量流失。

(3) 反应性。反应性是指服务企业随时准备为顾客提供快捷、有效的服务。企业能否及时而有效地满足顾客的要求，体现了企业经营的指导思想，即是否把顾客利益放在第一位，一切以满足顾客需求为出发点。服务效率的高低是服务质量的一种具体表现，它将直接影响到顾客对服务质量的评价。例如，顾客在银行、超市、饭店等服务企业等候服务的时间是一个关系到服务企业形象、服务质量水平和顾客满意度的重要因素，因此，服务企业应该采取措施尽可能地缩短顾客的等候时间、提高服务的传递效率，进而提高服务质量。

(4) 保证性。保证性是指服务人员的友好态度和胜任工作的能力。它能增强顾客对企业服务质量的信心和安全感。礼貌、友好、和蔼的服务态度是顾客与服务人员进一步交往与沟通的基础，而服务人员高超的专业技能则是服务质量的可靠保证。前者给顾客带来可信任感，后者则给顾客带来享受服务的安全感。很显然，二者缺一不可，缺了前者，会让顾客产生不愉快的感觉，而缺了后者，服务人员不能提供优质的服务，从而使顾客产生不满足感。在服务产品不断推陈出新的今天，服务人员更应该努力提高自己的知识水平和专业能力。

(5) 移情性。移情性是指企业要真诚地关心顾客，了解他们的实际需要并予以满足，要求服务人员站在顾客的角度,想顾客所想,急顾客所急,使整个服务过程具有"人情味"。

服务质量的上述五个基本属性也称为服务质量的五个维度,研究服务质量维度问题必须注意以下三个问题。

一是对于不同的行业来说,服务质量维度有可能是不同的。在度量顾客感知服务质量时,很多学者针对研究对象的特点,在研究过程中采用了不同的质量维度。

卓越实践 11-2
曼谷酒店的
情感式服务

二是对于不同的服务业,质量维度的重要性可能会存在差异。高接触度的行业和低接触度的行业,服务质量维度的重要性肯定是不同的;以设备为主的服务和以人为主的服务,其服务质量维度的重要性也会存在差异。

三是不同的顾客,特别是不同文化背景的顾客,对服务质量维度的理解也会存在差异。

11.3.2 掌握服务质量评估的方法

1. 服务质量体系

国际标准化组织 1991 年颁布的 ISO 9004-2：1991(GB/T 19004.2—1994)《质量管理和质量体系要素第 2 部分：服务指南》,在其质量体系原则中,将服务质量体系的关键方面用一个"三角四圈"图来表示,如图 11-2 所示。图 11-2 表示出顾客是质量体系三个关键方面的焦点,只有当管理职责、人员和物质资源以及质量体系结构三者之间相互配合协调时,才能保证顾客满意。图 11-2 是服务质量体系中最重要、内容最丰富、最深刻的一个框图,人们称为"服务金三角",其核心就是顾客。

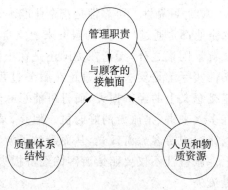

图 11-2　服务金三角

服务业与生产制造业的最大区别在于,制造业的产品生产过程和消费过程是分开进行的,顾客不直接参与产品的生产过程,顾客见到和接受的是企业生产出来并经过检验的产品。因此,制造企业一般只考虑企业内部员工的劳动管理,机器设备的维护和改造,生产工序的严格控制,产品半成品、成品的层层检验等提高产品质量的各项措施。而在服务业,由于服务的生产和消费在时间和空间上是不能分离的,因此,服务业提供的服务过程与顾客的消费过程是在同一时间和空间里进行的。顾客不仅直接接触到服务人员,还会直接接触到服务设施和设备及服务的环境气氛,与此同时,顾客也在营造或影响服务的环境气氛。所以,服务行业必须以顾客为核心,以满足顾客的需求为服务的目的。

"服务金三角"的三个顶端圆表示了服务质量体系的三个关键方面——管理职责、人员和物质资源、质量体系结构。管理者的首要职责是制定服务企业的质量方针和目标,以便全体员工理解和掌握,充分调动全体员工的积极性。管理者还要建立一个完善的质量体系,实施对所有环节的服务质量的控制、监督、评价与改进。人员和物质资源都是企业的资源,没有良好的人力资源和物质资源,企业就不能提供优质的服务。当然,如果企业没有建立起有效的质量体系,再好的人员和物质资源也不能得到合理的配置,也难以充分发挥作用。三个关键方面必须最大限度地面向顾客这一"服务金三角"的核心与焦点。

2. 服务质量评估模式

现代市场经济的竞争特性要求企业必须为顾客提供优质服务,以获取较大的竞争优势。然而,"优质"对服务来讲,却是一个相对的而又难以把握的概念,它既要符合企业制定的服务标准,又要较好地满足顾客的需要;既要考察服务的结果,又要评估服务的过程。而服务标准的制定又必须以顾客满意为指导。因此,现实生活中顾客对服务质量的评估是一个相当复杂的心理判断过程,如图11-3所示。顾客感受到的整体服务质量不仅与顾客所接触到的服务经历有关,而且与顾客对服务质量的

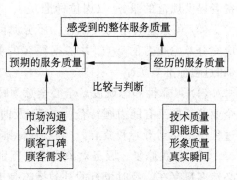

图 11-3　顾客感受到的服务质量

期望有关。顾客实际经历的服务质量符合或超过他们的期望,他们感受到的整体服务质量就好;反之,如果顾客实际经历的服务质量达不到他们的期望,他们感受到的整体服务质量就差。

预期服务质量是影响顾客对整体服务质量的感知的重要前提。如果预期质量过高,不切实际,则即使从某种客观意义上说他们所接受的服务水平是很高的,他们仍然会认为企业的服务质量较低。预期质量受四个因素的影响:市场沟通、企业形象、顾客口碑、顾客需求。

3. 服务质量评价的方式、准则和一般标准

1)服务质量评价的方式和准则

服务质量的评价有两种基本方式:一是由鉴定、批准、注册、认证或认可机构给出的质量评价,这种质量评价是:"对实体具备的满足规定要求能力的程度所作的有系统的检查"(见 ISO/DIS 10014《全面质量管理经济效果指南》)。由于质量要求是对需要的具体表述,所以这种质量评价的目的是落实在满足需要上。二是由顾客给出的质量评价,它存在于顾客的主观感觉中,反映在市场的变化中,标准只有一个,即是否满足顾客的需要。所以,两种质量评价的准则只有一个,即满足顾客需要。

作为企业家,既要关心第一种质量评价,更要关心第二种质量评价。关心第一种质量评价的目的在于确定产品和品牌乃至企业的知名度和信誉度,从而提高产品的市场占有率。关心第二种质量评价的目的在于提高顾客的满意度,从而从根本上提高产品的市场占有率。

显然,如何提高顾客的满意度,这对于一个企业来说,是一个很重要的问题。顾客的满意度纯粹是一个顾客的主观感觉的问题,顾客的需要满足与否只能由顾客的主观感觉——满意度来确定,组织无法进行精确的预测。

2)服务质量评价的一般标准

根据服务质量的四个基本构成要素,并考虑服务管理的自身特点,一般认为一项优质服务至少应满足以下标准。

(1)规范性和技能化。服务提供者具有一定专业知识和技能,并达到了一定的行业或国家或国际通用的等级标准。在提供服务的过程中,能运用专业知识和技能规范作业,解决

顾客疑难问题,为消费者提供满意的服务。(参见有关行业技能标准)

(2) 态度和行为。服务人员以和蔼可亲的服务态度,文明规范的行为举止,为每一位消费者提供规范的服务。(岗位标准)

(3) 可亲近程度与灵活性。服务时间、服务地点、服务人员和服务系统的安排与设计,应充分考虑顾客的特点,并依据顾客的要求能够进行灵活的调整,以取得最满意的服务。(和过程标准有关)

(4) 可靠性和忠诚度。全心全意为顾客服务,最大限度满足顾客的利益是企业的宗旨,企业及其员工有能力履行企业承诺,及时为顾客解决各种疑难问题。让顾客在享受服务的过程中感受到舒心和放心。(和过程标准有关)

(5) 自我修复。服务对象是千差万别的,服务过程也有不同程度上的差异,差错和意外必然客观存在。及时可行的补救措施是提高服务满意度的有效方法之一。无论发生什么情况,服务供应者有能力并能有效地采取行动,控制局势,寻找新的切实可行的补救措施。(和过程标准有关)

(6) 名誉与可信度。良好的企业业绩和较高的品牌价值,为企业创造良好的声誉。业绩属于企业,价值却属于顾客。企业的经营活动可以信赖,顾客的投资是物有所值。(和形象标准有关)

在以上六个标准中,规范化和技能化与服务的技术质量相关,名誉和可信度与形象有关,可充当过滤器的作用。而其余四个标准——态度与行为、可亲近程度和灵活性、可靠性和忠诚度、自我修复,都显然与过程有关,代表了职能质量。这六个优质服务标准是在大量实证和理论研究基础上提出来的,对我们一般的服务过程管理具有一定的实用价值和指导意义。各个不同的服务行业都有自己特定的服务内容和服务对象,因此,还有一些专业化很强的质量标准可能会出现在这六个标准之外。即使是采用这六个标准,不同的行业或企业也会有主次之分。例如,修理行业通常将规范化和技能化标准放在第一位,养老院和福利院对服务人员的态度和行为标准要求就很高。

4. 服务质量评估的一般方法

服务质量评估一般采取评分量化的方式进行,基本程序如下。

(1) 依据行业的特点,确定服务质量的评价标准。

(2) 根据每条标准的重要程度确定其权数。

(3) 针对每条标准设计相关的具体问题(4~5题)。

(4) 问卷制作。

(5) 发放问卷进行市场调查,请顾客逐条评分。

(6) 问卷结果统计。

(7) 依据消费者期望值模型对统计结果进行数学分析,获得评价结果。消费者期望值模型的数学表达式为

$$服务质量 = 预期服务质量 - 感知服务质量$$

值得注意的是,根据消费者期望值模型所获得的服务质量,反映的是感知的服务质量距离预期的服务质量的差距。如果差距值越大,表明服务质量越差;反之,则服务质量越好。下面举例说明评价方法的运用。

现在有五家酒店,通过市场问卷调查统计,获得的感知服务质量值如表11-1所示。

表 11-1　五家酒店市场调查统计表

属性＼酒店	A	B	C	D	E	权重
安全性	100	90	90	80	80	0.3
声誉	100	80	70	60	80	0.3
价格	90	100	100	100	100	0.2
客房及浴室的设备	100	100	90	80	70	0.1
地理位置	90	90	100	60	100	0.1

根据表 11-1,可计算出消费者对上述五家酒店的感知服务质量的评分值。计算过程如下:

$A=100\times0.3+100\times0.3+90\times0.2+100\times0.1+90\times0.1=97$
$B=90\times0.3+80\times0.3+100\times0.2+100\times0.1+90\times0.1=90$
$C=90\times0.3+70\times0.3+100\times0.2+90\times0.1+100\times0.1=87$
$D=80\times0.3+60\times0.3+100\times0.2+80\times0.1+60\times0.1=76$
$E=80\times0.3+80\times0.3+100\times0.2+70\times0.1+100\times0.1=85$

假设消费者对这五家酒店的预期服务质量分别为

$A=98$　$B=95$　$C=92$　$D=85$　$E=90$

那么,预期服务质量与感知服务质量的比较结果为

$A=98-97=1$　$B=95-90=5$　$C=92-87=5$　$D=85-76=9$　$E=90-85=5$

上述结果表明,A 酒店服务质量最好,其感知服务质量也最高。B、C、E 三家酒店的服务质量差不多且比 D 酒店要好,D 酒店服务质量最差。

5. 服务质量差距管理

美国营销学家巴拉苏罗门等学者通过对不同服务行业的考察,在认真分析了服务传递过程中所涉及的各主体的沟通差距的基础上,于 1988 年系统地提出了一种服务质量差距模型,并用它来评估企业的服务质量。他们认为,企业服务质量低下的原因在于服务过程中存在五个差距,这些差距共同决定了顾客对服务质量的满意程度,如图 11-4 所示。

首先,模型说明了服务质量是如何形成的。模型的上半部涉及与顾客有关的现象。期望的服务质量是顾客的实际经历、个人需求以及口碑沟通的函数。另外,也受到企业营销沟通活动的影响。

实际经历的服务质量,在模型中称为感知的服务质量,它是一系列内部决策和内部活动的结果。在服务交易发生时,管理者对顾客期望的认识,对确定组织所遵循的服务质量标准起到了指导作用。

当然,顾客亲身经历的服务交易和生产过程是作为一个与服务生产过程有关的质量因素。生产过程实施的技术措施是一个与服务生产的产出有关的质量因素。

一般来说,无论公司作了多大的努力,顾客感受到的服务质量与其期望之间总是不可避免地存在着差异。为什么呢?是否公司对此就无能为力了呢?图 11-4 所示的服务质量差距模型有助于辨别顾客所得到的、感觉到的服务质量和他们所期望的服务质量之间的差距。

差距 1:顾客期望的服务质量与管理者对顾客期望的服务质量认知的差距。

差距 2:管理者对顾客期望的服务质量的认知与服务质量标准的差距。

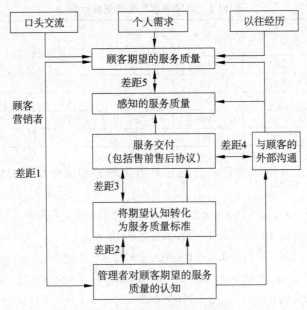

图 11-4　服务质量差距模型

差距 3：服务质量标准与实际交付的服务质量的差距。

差距 4：服务交付与顾客的外部沟通的差距。

差距 5：顾客所期望的服务质量与感知的服务质量的差距。

差距 5 是顾客看到的服务质量的不足，而差距 1 至差距 4 是服务机构内的不足，这些差距存在的最后结果，集中反映为差距 5。可以看出，质量差距存在是由质量管理前后不一致造成的。最主要的差距是期望服务质量和感知服务（实际经历）质量差距（差距 5）。五个差距以及它们造成的结果和产生的原因分述如下。

1）管理者理解的差距（差距 1）

差距 1 表现为顾客期望的服务质量与管理者对顾客期望的服务质量认知的差距。研究显示，金融服务机构通常认为隐私和保密性相对不太重要，而顾客则认为它们非常重要。当受到不好的服务时，更多的顾客不善于投诉，而是一走了之，使公司丧失了大量的顾客。这种差距是管理者对顾客期望质量的感觉和认知不明确造成的，因此缩短这一差距的正确方法是管理者要更新观念，重新认识顾客对服务质量的期望。

2）质量说明的差距（差距 2）

差距 2 是管理者对顾客期望的服务质量的认知与服务质量标准的差距。管理者设置的服务质量标准是以他们所确信的顾客需求为依据的。但是这并不一定准确。因此，许多企业都把重点更多地放在技术质量上，而事实上顾客感觉到有关交付服务的职能质量、形象质量和过程质量等方面的问题更加重要。特别是在某些服务行业标准比较成熟和统一的情况下，这种现象会更加突出一些。

理想的状况是，服务质量标准除得到规划者和管理者的同意外，还要得到服务生产者的理解和顾客的认同。这就需要服务企业的管理者在通过市场调查认识到顾客期望后，将他们对顾客期望的理解转化为具体的服务规范或标准。然而，由于资源限制、企业的短期行为、市场不利或管理不当等因素的存在，使管理者对顾客期望的认识无法充分地体现在所制定的具体服务质量标准上,从而引起差距 2 的出现。

3) 服务交易的差距(差距 3)

差距 3 是指服务质量标准和所交付的实际服务质量之间的差距。在实际服务过程中,服务人员可能会由于这样或那样的原因而无法使所提供的服务符合质量标准。由于这类差距是在服务过程中形成的,所以又称为"服务交易差距"。

可能出现的问题是多种多样的,通常引起服务交易差距的原因是错综复杂的,很少只有一个原因在单独起作用,因此缩小差距的措施并不是那么简单。差距原因粗略分为三类:管理和监督;职员对标准规则的认识和对顾客需要的认识;缺少生产系统和技术的支持。

(1) 管理与监督。与管理和监督有关的问题相对要多一点。例如,管理者的方法不能激励和支持员工的质量行为,或者管理控制的制度可能与优质服务标准甚至是质量标准发生冲突。控制和奖惩制度与质量标准的实施相脱节的组织并不少见,它们都存在引发交易差距的隐患。故缩小差距的措施应包括改变管理者对下属的态度和管理体系中控制和奖惩制度实施的方式。而且,管理者必须注意与企业文化和内部营销有关的重大问题。一个与监督相关的问题是,服务标准与控制和奖惩制度相矛盾。当顾客对服务生产者行为所提出的要求与现行标准截然相反时,他就会处于非常尴尬的境地。提供服务的人员知道顾客的合理要求没有得到满足,尽管他可能做到,但管理制度又不允许他采取相应的行为,这肯定会逐渐扼杀员工追求卓越的动机。对此应采取的措施是消除员工中所有模棱两可的因素。限时改革监控制度,使之与质量标准统一起来。

(2) 员工的技能和态度。服务企业实际提供的服务质量的高低,往往取决于服务第一线人员的专业素质。许多服务企业对一线员工的专业素质认识不足,招聘员工时对其素质要求不高,上岗前也未进行专门的岗前职业培训,员工缺乏必要的服务技能(包括心理学知识和语言沟通技能等),因而不可能提供高质量的服务。针对这种现状,一方面要求服务企业建立、健全人事选拔培养体系,将此项工作制度化、规范化,并保证在这方面的资金投入。另一方面要按照企业所经营的项目及岗位对各类服务人员的素质要求,严格选拔服务人员,并对他们进行岗前和岗位中的定期与不定期的服务知识的讲授与技巧的培训,使他们具有从事该服务岗位应有的知识与技巧。员工的服务态度是很难用硬性指标进行衡量的,但服务态度的好坏直接影响到员工所提供的服务质量。对此,人性化管理就显得特别重要。通过人性化管理使企业员工深刻地认识到,良好的服务态度对顾客评价他的工作质量高低的重要性。有一些过于自信的员工往往会陷入这样的误区:只要自己的服务技术好,不愁没人找我服务。然而,事实上有许多的服务项目是非常讲究工作环境和氛围的。服务人员的工作态度则是营造良好的工作环境和氛围的主要因素。因工作态度恶劣而导致服务质量差的例子在我们的生活中屡见不鲜。

(3) 管理的技术或制度。包括决策和其他日常工作,可能不适合员工。当然,问题可能出在员工身上,但更大的可能是,向员工介绍技术与生产和管理制度的方法不正确。技术和制度不完善,当然无益于质量改进。或者,尽管它们可能是完善的,但是如果没有正确地介绍给员工同样会产生质量问题。解决办法是改进技术和管理制度以使质量标准得以执行,或者是加强培训,重视内部营销。

4) 营销沟通的差距(差距 4)

差距 4 是指服务企业在营销沟通过程中所做出的承诺与实际提供的服务不一致。引起这一差距的原因首先是服务企业内部各职能部门之间的横向沟通不够。企业内部有许多部门，各有不同的职能活动，但他们都是围绕提高服务质量这一主题而展开的。良好的沟通是部门间相互协作的基本前提。如果沟通不到位，就会形成各部门协调上的差异，从而导致顾客对企业整体服务质量的质疑。尤其是在推出一项新的服务项目时，决策、广告策划与公关宣传等部门应与实际销售部门、服务第一线的人员做好协商，统一服务标准，统一宣传口径，按既定的原则推出自己的服务项目。这样既可使顾客形成正确的期望，又可使服务人员按照营销宣传的要求做好服务准备，使实际服务水平与对外宣传的质量水平相吻合。其次是服务企业与顾客之间的纵向沟通出现了偏差。在激烈的市场竞争中，企业为了获取竞争优势，急于推出新的服务项目，而决策者和管理者并没有考虑到本企业实际提供相关服务的能力，在促销宣传活动中做出了夸大的宣传，或过多的承诺，误导顾客对服务质量的期望而在实际提供的服务过程中又没有达到承诺的标准，这势必会引起顾客感受服务质量的负面影响。缩小差距4的方法是要千方百计保持企业内外信息渠道的畅通，加强企业部门与部门之间、企业与市场之间的沟通，使企业的外部营销沟通的计划和执行与服务生产统一起来；同时在广告宣传中实事求是地介绍企业和服务项目与标准，防止虚假、夸大和存在过多承诺的倾向；加强与改善企业的软硬件设施建设，努力提高企业实际服务水平。

5）可感知服务质量的差距（差距5）

差距5是指顾客感知或经历的服务质量与顾客期望的服务质量的差距。这是上述四种差距的综合反映。在不同的环境下，顾客对服务质量的期望是不同的。如果服务人员不注意这种区别，刻板地运用通常的服务标准，就会使自己认为的"标准服务"与顾客所期望的服务之间存在差距。例如，一对热恋的情侣，平常都忙于工作，难得相聚，周末来到餐馆用餐，期望在一个安静舒适、没有外人干扰的环境下倾诉相思之情。可服务人员没有注意到这一点，而是根据热情周到的服务标准，不断地询问他们的需求。显然服务人员过分热情的举动，一次又一次地打扰了他们所期望的温馨气氛。顾客对这种"标准化"服务是不会认同的，他们会认为服务员没有礼貌。

对服务质量的主观判断受许多因素影响，所有这些都可以改变对已经交付服务的感受。一位顾客在酒店的整个停留过程中都享受到了出色的服务，除了糟糕的结账设施以外。这最后的经历可能破坏了他之前对该酒店全部的良好感受，也导致了他对该酒店服务质量偏低的评价。

服务的实际质量如果达不到顾客的期望，必然会引起顾客的不满，带来消极的质量评价，损害了企业的形象。如果企业不努力改进自己的服务质量，顾客肯定会重新作出选择，其结果是客户的流失，业务量的减少。

差距分析模型指导管理者发现引发质量问题的根源，并寻找适当的消除差距的措施。差距分析模型的意义正如一些西方学者总结的那样："差距分析是判定服务活动中厂商与顾客之间不协调性的一种直接和合适的途径。分析这些情况是制定使预期与实际相一致的战略战术的一种逻辑基础，这样做可以提高顾客满足感和正面质量评价的合理性。"差距分析模型是一种直接而有效的分析工具，利用它可以发现服务提供者与顾客之间对服务观念存在的差异。明确这些差距是制定战略、战术以及保证期望质量和现实质量一致的理论基础。这会使顾客给予质量积极评价，提高顾客满意程度。

6. 影响服务质量的因素分析

质量的四个来源，即设计、生产、交易及与顾客的关系——这些方面的管理方法也影响着顾客感知服务的质量。服务的技术质量、与买卖双方有关的职能质量都会受到这些因素的影响。

产品或服务的设计影响着技术质量。这是职能质量的一个来源。例如，顾客或潜在的顾客可能参与设计过程。这可以改进技术质量，但对职能质量也有影响。顾客会认为卖主对他们非常重视，能够尽力解决他们的问题。这就是相互作用过程中职能质量的作用。

就服务业而言，生产是质量的一个来源，产出的技术质量是全部生产过程的结果。参与这个过程中的顾客可以观察到大部分过程。于是买卖双方的相互作用就产生了生产对职能质量的影响，这对制造业也是如此。当然，生产还决定着技术质量。然而，顾客可能只是偶然地接触生产过程，例如生产设备和生产过程可能向顾客演示。对顾客与生产、生产资源、生产设备、生产过程的相互作用的认识方式，对职能质量也会产生一定的影响。

同时，在许多情况下很难区分交易和生产。交易或多或少是全部生产过程的一部分。因而上面提到的有关生产质量的各个方面也适用于服务业的交易。对产品制造企业来说，交易可以形成一个独立的职能，当然，交易的结果是买者得到了产品。这样，顾客通过产品的交易感受到了产品的技术质量。除此之外，还有与过程有关的因素，即交易的方式。

最后，买卖双方的关系在制造行业和服务行业都是质量形成的原因，这种关系对质量的影响主要是与职能过程方面有关。职员在与顾客关系中越是具有顾客意识和服务导向，买卖关系对质量的影响就越有利。

顾客对质量的期望的产生是在自己经历企业所提供服务之前。顾客对企业的形象可以有多种认识。企业的形象对质量的作用就像一个过滤器。一个声誉良好的形象是一个遮掩物，即使有一些消极的方面，它们也不会显得那么突出。顾客感知的质量是对期望和实际经历比较的结果，它必须考虑组织的形象问题。

管理者必须研究和理解企业各种职能对质量的影响。质量来源涉及方方面面，生产只是其中之一。在设计、生产、交易以及计划和管理组织中参与买卖交易的员工，对技术和职能两方面都不能顾此失彼。

(1) 质量是顾客感知到的对象。
(2) 质量离不开生产交易过程。
(3) 质量只是在买卖双方相互作用的真实瞬间实现。
(4) 每个员工都对顾客感知的质量作出了贡献。
(5) 外部营销必须与质量管理融为一体。

11.3.3 掌握提高服务质量的制度、方法与策略

1. 提高服务质量的制度

1) 服务承诺制度

服务承诺又称服务保证，是一种以顾客为尊，以顾客满意为导向，在服务产品销售前对顾客许诺若干服务项目以引起顾客的好感和兴趣，招徕顾客积极购买服务产品，并在服务活动中忠实履行承诺的制度和营销行为。

(1) 服务承诺通常包括以下几方面内容：①服务质量的保证；②服务时限的保证；③服

务附加值的保证;④服务满意度的保证。

服务承诺制的实行有利于企业提高服务质量,满足消费者需求并令其满意,改善企业自身的形象。承诺服务的优化设计及顾客满意理念引发的经营革命触及行销导向、社会性导向两个层次,将触角深入且广泛深入市场及整个社会,企图通过种种努力,掌握顾客爱好和市场需求这种由微而巨、抽象而复杂的层次。例如,美国的汉普敦连锁旅馆,1993年全部退款高达110万美元,但汉普敦连锁旅馆的大胆保证,却为其带来了1100万美元的额外收入。尤其让人惊讶的是,员工士气因此大振,他们开始主动发现、积极回应各种服务质量问题。服务承诺的实质是保持与顾客的联系与沟通,并着眼于为顾客谋利。"与顾客保持的联系多5%,便可使企业多赢利50%。"获得新顾客与保持现有顾客相比,前者的成本比后者多56倍,对内部顾客的无知导致成本猛增。一个错误发现得越晚,其代价就越高。质量专家认为在这里有一种所谓的十倍规则:一个错误到顾客手中才发现,要花去1000马克;在产品出厂最终检验时消除这一错误,只需花100马克;如果一开始就查出问题,消除它只用10马克。德国一家生产热塑成型部件的公司经理卡尔也认识到了这一点,他的企业整体的运作过程都着眼于为顾客谋利的宗旨。专业部门基本上被解散,每一笔订货都交由尽可能小的项目小组管理,在生产线上称王称霸的头头退位了,完成各项订货的项目负责人代替了车间主任。从这些案例中我们可以看出,服务承诺直接影响着一个企业的成功或失败,而服务保证能落到实处就会拥有顾客的信任,同时,企业也会获得意想不到的收入。

(2) 实行服务承诺制度可以采取以下措施。

① 制定高标准。可以是无条件的满意度保证,也可以是针对例如运送时间等的单项服务提供高标准保证。无条件保证的好处是,不论时间如何变化,顾客所期待的与实际得到的服务都能保持一致。

② 不惜付出相当的赔偿代价。不管提出什么保证,赔偿代价都要有相当的意义,才能吸引心存不满的顾客主动前来抱怨,有效地挽回失望的顾客,刺激企业吸取失败的教训。不痛不痒的保证,等于没有保证。

③ 特别情况特别处理。美国波士顿一家餐厅的员工,在客人食物中毒之后,拿着免费餐券要补偿对方,结果是更严重地得罪了客人。可想而知,餐厅如果还想跟这些火冒三丈的客人重修于好,需要的当然是比免费餐券更有意义的东西。这时,应通知较高层次的主管部门处理,他们一方面可采取适当措施;另一方面更可以借此机会,实际了解顾客所遭受的不幸。

④ 提供简洁的保证。企业的服务保证,必须言简意赅,让顾客一看便知。

⑤ 简化顾客申述的程序。提供服务要多花一些心思与代价,尽量减少申述过程的不便,才不致既流失顾客,又失去从申述中学习改善的机会。

⑥ 将服务满意度列入企业发展的经济指标。在现代服务营销活动中,由于人们的价值观、时间观念的进步,企业推行服务承诺的必要性更强烈,服务承诺成为企业提高服务质量不可分割的组成部分。

2) 服务质量认证制度

(1) 质量认证。质量认证是产品或服务在进入市场前,依据国际通行标准或国家规定的标准和质量管理条例,由第三方认证机构进行质量检查,合格后发给合格证书,以提高企业及其产品、服务的信誉和市场竞争力的行为。质量认证包含以下要点。

① 质量认证的对象是产品或服务。
② 标准化机构正式发布的标准是认证的基础。
③ 证明批准认证的方式是合格证书或合格标志。
④ 质量认证是第三方从事的活动。
⑤ 质量认证与安全认证统称为合格认证或综合认证、全性能认证。通常对安全认证实行强制性认证制度,对综合性认证实行自愿认证原则。

实行服务质量认证制度的重要作用表现为：指导消费者选购自己满意的服务；帮助服务企业建立、健全高效的质量体系；给服务企业带来信誉和更多的利润；节约大量的社会检验费用；提高服务企业及其产品的国际竞争力；国家通过质量认证有效地促进服务企业提高服务质量,保护使用者的安全、健康和利益。

(2) 质量认证制度——ISO 9000。质量认证制度最早的雏形为1903年英国工程标准委员会首创的世界第一个用于符合标准的标志,即"BS"标志或称"风筝标志",用于铁道钢轨的认证标志。20世纪30年代开始形成受法律保护的认证标志,至50年代基本普及所有工业发达国家,60年代起苏联和东欧国家陆续采用,70年代发展中国家相继实施。

服务合格认证与商品合格认证一样,在国际上是由政府或非政府的国际团体进行组织和管理的国际通行的认证制度。各国为进行认证工作都制定了一整套程序和管理制度。国际合格认证是消除国际营销活动中贸易壁垒的重要手段。

质量认证包括服务质量认证、质量体系认证、检查(审核)人员及评审员认可等。它是涉及生产、贸易、检验、标准、计量等部门的一项综合性工作。目前国际上已有60多个国家和地区开展了质量认证工作。为了统一质量标准,简化质量认证程序,国际标准化组织(ISO)于1987年发布了《ISO 9000标准系列》。这个标准系列包括五个独立标准。

①《ISO 9001标准》,即《选择和使用指南》,含三种模式、八种形式。
②《ISO 9002标准》,即《质量体系——开发、设计、生产、安装、服务模式》。
③《ISO 9003标准》,即《生产和安装的质量保证模式》。
④《ISO 9004标准》,即《质量体系——最终检验和试验质量保证模式》。
⑤《ISO 9005标准》,即《质量成本核算要素指南》。

《ISO 9000标准系列》认证包括以下内容。
① 产品：原材料、零件、部件和整机。
② 过程：工艺生产和全部加工过程。
③ 服务：洗染、商业、出租车、旅馆等第三产业。
④ 管理：技术人员素质、水平等。

国际标准化组织ISO是在1991年8月正式颁布的世界上第一套针对服务业开展质量管理的国际标准——ISO 9004。依据ISO 9004,全国质量管理和质量保证标准化技术委员会于1994年正式颁布GB/T 19004.2—1994《质量管理和质量体系要素第2部分：服务指南》,并在其引言中明确指出：质量管理的成功应用为服务业提供了以下重要机会：提高服务业绩和使客户满意；提高生产率、效率和降低成本；提高市场占有率。我国开展质量体系认证采用ISO 9000系列的国际标准,有利于各国评审机构与我国评审机构的相互认证,有利于我国质量认证与国际质量认证对接。

质量认证的表示方法。质量认证的目的不在于"证明符合标准",而是有关方面"提供证明服务",使企业能够放心地利用已被认证的可靠的质量,将第三方认证机构公正地证明产品或服务的质量符合规定的标准,准确无误地传递给消费者、用户、生产者、政府机构、贸易机构等有关方面。研究质量认证的表示方法就是要解决质量认证的质量信息的传递方式。根据不同的用途,质量认证有两种表示方法。

① 认证证书。认证证书即合格证书,是由认证机构颁发给企业的一种证明文件,证明某种产品或服务符合特定标准和技术规范。认证证书不等于企业的产品合格证。前者是第三方认证机构签发的,更具权威性;而后者是企业自己签发的,属于企业自我声明合格的性质。

认证证书的内容包括:证书编号;认证依据的法规文件和编号;企业名称;服务产品的名称、特色或等级;采用标准的名称和编号;有效期;认证机构名称、印章;颁发日期。

认证证书一般在做广告、展销会、订货会或促销活动时加以宣传、展示,以提高企业的声誉和认证产品或服务的信誉。

② 认证标志。认证标志即合格标志,是由认证机构设计并发布的一种专用标志,用以证明某产品或服务符合特定的标准或技术规范,经认证机构批准后在产品或服务载体上使用。认证标志不同于商标。商标是某种商品品牌的法律化的标志,不同企业的不同产品或服务,各有不同的商标。而认证标志则不分企业或产品服务的品种,只要是按认证管理办法的规定,都使用同样的标志。认证标志是质量信得过的识别标志。

3) 全面服务质量管理制度

全面服务质量管理是指由企业所有部门和全体人员参加的,以服务质量为核心,从为顾客服务的思想出发,综合运用现代管理手段和方法,建立完整的质量体系,通过全过程的优质服务,全面满足顾客需求的管理活动。

(1) 全面服务质量管理的内容。

① 全企业的服务质量管理。每个企业的服务质量管理都可以分为上层、中层和基层管理,涉及整个企业。上层管理侧重于服务决策,并统一组织,协调各部门、各环节的服务质量管理活动;中层管理则要实施领导层的服务决策,对基层工作进行具体的业务管理;基层管理则要求员工按标准进行操作,严格检查实际操作情况。

② 全员性的服务质量管理。顾客在与企业接触的过程中,会把对某一员工的负面印象不明智地用于企业及企业的其他员工。这虽然不公平,但顾客就是这么想的。我们把这种思维称为"顾客逻辑"。在顾客看来,员工不是个体,而是集体中的一员,他代表的是整个企业。

随着科学技术的发展和现代生活水平的提高,顾客对服务有越来越多和越来越高的要求,使服务工作向综合性发展,这种综合性表现为组织每一项服务工作都需要企业各职能部门通力协作,共同完成。其中既有直接提供服务的业务部门,也有提供服务支持的资源保障部门。因此服务绝不仅仅是销售部门的事,它要求企业的生产、技术、采购、保管、财务、人事等部门人员都关心服务质量,参与服务质量管理。

③ 全过程的服务质量管理。服务产品的质量是在其过程中体现的,服务质量管理要求从设计、制造、成套供应、安装、调试到使用过程中故障的排除、维修等,为用户提供从售前到售后的长期服务。实施服务质量管理,必须把服务质量产生的全过程管理起来,才能保证和提高服务质量。

(2) 做好全面服务质量管理,提高服务质量,必须要加强和健全各项服务管理工作,要重点做好以下几个方面的工作。

① 建立服务的计划制度。计划制度是实现营销服务工作正常化、制度化的重要手段。企业每年要制订年度的各项服务计划,如技术服务计划,顾客访问计划,顾客技术培训计划,备品、配件供应计划等,以保证服务工作有目的、有节奏地进行。

② 建立服务质量责任制。服务质量责任制是企业各部门、各岗位和个人在服务质量管理工作中为保证服务质量所承担的任务、责任和权利。建立服务质量责任制使企业内部各管理部门间明确职责范围、工作或服务标准,把服务的各项工作同员工的积极性结合起来,形成严密的质量体系,保证服务质量的提高。

③ 制定服务工作标准。制定服务工作标准就是根据服务质量责任制的要求,制定各项服务工作标准,如接待顾客工作标准,访问顾客工作标准,检修、安装、调试服务工作标准,质量"三包"服务工作标准,技术培训工作标准等,以便根据标准来检查、考核服务工作质量,根据工作质量来决定服务人员的奖惩。

④ 建立服务的信息管理制度。顾客信息的收集和反馈,对提高产品质量,发展新产品,提高服务质量具有重要作用。因此,要建立服务信息管理制度,如顾客档案制度、产品档案制度、顾客服务信息传递等,以利于实现服务工作的连续性和为营销决策提供依据。

⑤ 做好服务决策工作。服务决策是整个服务工作的基础。服务项目、服务水平、服务形式决策的优劣决定着服务质量的高低。企业领导者必须在顾客意见和本企业服务质量与竞争者的服务质量相比较的基础上作出最佳决策。在服务项目决策中,由于售后服务是最重要的服务工作,所以要特别注意建立什么样的售后服务体系,既要满足顾客要求,又要考虑到经济性,尽量降低企业的服务成本。在此原则下决策是否提供送货上门、安装调试、人员培训、维修保养、事故处理、零配件供应、产品退换等售后服务项目。

⑥ 建立服务的统计和分析制度。对服务工作的情况要进行分类统计,定期进行认真分析,写出分析报告,以供企业领导和有关部门作为检查服务计划执行情况的依据和改善经营管理的参考。

(3) 建立和完善营销服务组织。服务在现代市场竞争中显露出的综合性、全面性、快速性、重要性要求企业必须建立一个配备有各种技术、业务力量的精干高效的服务组织。服务组织的建立要根据企业规模、产品类型、市场范围以及竞争对手的情况来决定。一般来讲,大中型企业设服务部,部下面按服务项目设组,如顾客接待、访问组,技术培训组,设备安装调试组,质量、信息反馈处理组等,形成既有分工又有相互协作的服务系统。小型企业可以在销售部门下设服务组织。如果服务工作量很小,可临时组织服务小组,服务工作结束后,随即解散。服务组织机构一般要求配备知识水平较高、技能精熟、经验丰富并善于交际的服务人员。除配备级别较高的技术工人外,根据情况应配备一定数量的工程师和公关人员。他们能及时、准确地回答顾客提出的各种疑难问题;能迅速、熟练地为顾客进行技术服务;能认真听取和收集顾客对产品质量的意见和要求,具有及时处理和反馈能力。

卓越实践 11-3
海尔新的质量管理
理念与实践

服务人员直接面对顾客,代表着企业形象,企业要重视对服务人员的选拔、培养和考核,加强服务质量意识教育和服务技能教育,提高服务人员的综合素质,把为顾客服务的思想真正落到实处。

2. 提高服务质量的方法

近年来,研究人员和实业界人士曾提出许多方法和技巧来提高企业服务质量。在这里主要介绍两种常用的方法,即标准跟进和蓝图技巧。

1）标准跟进法

企业提高服务质量的最终目的是在市场上获得竞争优势,而获得竞争优势的简捷办法就是向自己的竞争对手学习。标准跟进法即是指企业将自己的产品、服务和市场营销过程等,同市场上竞争对手尤其是最好的竞争对手的标准进行对比,在比较和检验的过程中逐步提高自身的水平。施乐公司是较早采用这种方法的公司之一。20世纪80年代初期,施乐公司面临严重的竞争压力和财务危机。在不到十年的时间内,该公司市场份额由80%下降到20%,产品的成本和质量也出现了很大问题。后来,该公司采用了标准跟进法,很快就扭转了被动局面,不仅重新获得了较高的市场份额,而且降低了生产成本,提高了产品质量。

尽管标准跟进法最初主要应用于生产性企业,但它在服务行业中的应用也是显而易见的。服务企业在运用这一方法时可以从策略、经营和业务管理等方面着手。

（1）在策略方面,企业应该将自身的市场策略同竞争者成功的策略进行比较,寻找它们的相关关系。比如,竞争者主要集中在哪些细分市场,竞争者追求的是低成本策略还是价值附加策略？竞争者的投资水平如何？他们在产品、设备和市场开发等方面是如何分配的？等等。通过一系列的比较和研究,企业将会发现过去可能被忽略的成功的策略因素,从而制定出新的、符合市场条件和自身资源水平的策略。

（2）在经营方面,企业主要集中于从降低竞争成本和提高竞争差异化的角度了解竞争对手的做法,并制定自己的经营策略。

（3）在业务管理方面,企业应该根据竞争对手的做法,重新评估那些支持性职能部门对整个企业的作用。比如,在一些服务企业中,与顾客相脱离的后勤部门,缺乏适度的灵活性而无法同前台的质量管理相适应。学习竞争对手的经验,使二者步调一致无疑是企业提高服务质量的重要保证。

2）蓝图技巧法

服务企业要想提供较高水平的服务质量和顾客满意度,还必须理解影响顾客认知服务产品的各种因素。而蓝图技巧（又称服务过程分析）法为企业有效地分析和理解这些因素提供了便利。蓝图技巧法是指通过分解组织系统和架构,鉴别顾客同服务人员接触点,并从这些接触点出发来改进企业服务质量的一种方法。它最先由萧斯塔克引入服务市场营销学中。

蓝图技巧法借助流程图的方法来分析服务传递过程的各个方面,包括从前台服务到后勤服务的全过程。它通常涉及四个步骤。

（1）把服务的各项内容用流程图的办法画出来,使服务过程能够清楚、客观地展现出来。

（2）把那些容易导致服务失败的点找出来。

（3）确立执行标准和规范,而这些标准和规范应体现企业的服务质量标准。

（4）找出顾客能够看得见的服务证据,而每一个证据将被视为企业与顾客的服务接触点。

在运用蓝图技巧的过程中,甄别和管理这些服务接触点具有重要意义,因为在每一个接触点,服务人员都要向顾客提供不同的职能质量和技术质量。而在这一点上,顾客对服务质量的感知好坏将影响到他们对企业服务质量整体的印象。

比如，一家航空公司提供服务的过程中至少涉及以下几个接触点：顾客向航空公司寻求信息；顾客预订机票；顾客到达机场大厅；顾客排队等候；顾客办理登机手续；顾客寻找登机门；乘务人员验证顾客的登机牌；顾客登机；顾客寻找座位；顾客摆放行李以及顾客落座等。其中的任何一个环节出现问题，都可能会导致顾客认为该家航空公司的服务质量较差。

此外，由于服务产品的不可感知性、不可分离性等特征的存在，顾客在购买服务产品时往往显得犹豫不决，因为产品质量可能不符合顾客期望水平的风险很高。而服务企业若能消除或减少这种风险，则对于提高服务产品质量也有莫大裨益。企业减少顾客"质量风险"的顾虑，可以从以下几个角度考虑。

(1) 集中强调质量。这就要求服务企业的高层管理人员真正投资于质量管理的活动中，包括履行承诺保证，在资源配置上支持质量管理活动，建立以质量为核心的服务企业文化，使各个管理层次都能自觉为维持良好的产品质量作出贡献。如果顾客感到企业内部各员工皆能认识到质量的重要性，竭尽全力提供优质服务，则质量不符的风险自然会逐渐消除。

(2) 加强员工培训。仅有"提供优势服务"的意识是远远不够的。为避免"眼高手低，力有不足"，企业必须进行员工培训，让员工接受新的服务技巧，改善服务态度，丰富服务产品的知识。

(3) 广告的重点是"质量"。顾客心目中对服务产品质量多有怀疑，企业在设计广告宣传时应针对这一心理状态，形象地突出有关产品的质量特征与水平。例如，利用现有顾客做广告模特儿，说出个人使用此产品后的心理感受，有利于增强顾客购买产品时的信心。

(4) 利用推广技巧。站在顾客的立场上，产品质量不佳意味着他们在金钱或面子上的损失。如果顾客认为金钱损失的重要性较大，则企业可充分利用销售推广技巧，例如免费试用等，鼓励顾客勇于尝试。这些销售诱因会使顾客认为金钱损失的风险降低。很多信用卡公司以低价入会或免收入会费的方式，鼓励顾客申请使用信用卡便是最好的例证。

(5) 善用口碑。不少研究发现，在选购服务产品时，顾客容易听取曾经使用过类似服务的朋友或亲人的意见。因此，善用已有顾客的口碑也能增强顾客的信心。

3. 提高服务质量的基本策略

(1) 服务公司要在对目标市场和顾客需求的深入调查和透彻分析的基础上，制定正确和明确的公司战略并尽力满足顾客的需求，以赢得顾客的长期信赖。

(2) 公司的最高管理者要高度重视服务质量工作，亲手抓质量工作，负质量管理之责任，建立符合公司实际的质量检查、审核和监督制度，确保服务工作质量水平。

如麦当劳、迪士尼等公司的最高管理者对质量完全负责，这些公司的管理者不仅按月查核财务成绩，而且也查核服务成绩。

(3) 制定高标准。例如，花旗银行的目标是电话铃响 10 秒钟之内必须有人接听和顾客来信必须在两天内作出答复。建立标准应有适当的高度。区别一个公司，就在于它是提供"最起码"的服务还是"有突破"的服务，即瞄准 100% 的无缺点服务。

(4) 建立服务绩效监督制度。通用电气公司一年发出 70 万张调查卡给许多家庭，请他们对公司服务人员的绩效进行评比。花旗银行在 ART，即准确性（accuracy）、反应性（responsiveness）和时间性（timeliness），这几项标准上不断进行检查。它作"佯装购买"，以发现其雇员是否提供良好服务。

(5) 使顾客不满意变为满意的系统。经营有方的企业都对顾客的抱怨作出随和友善的反应。一家汽车经销商,第一次没有把车修好,于是便开着一辆拖车到顾客家把汽车拉回去重修,并免收任何费用。当该顾客的小汽车修复后,他还同时收到了一件表示问候的礼物。

(6) 通过开展把内部员工当作顾客,尽力满足员工需求,提高员工满意度和综合素质的内部营销,创造出一种能够得到员工支持并对优良服务绩效给予奖赏的环境,提高员工的工作积极性,从而达到使员工和顾客都满意的目的。

管理当局应经常地检查员工对工作是否满意的情况。过去,花旗银行规定顾客满意度为90%和雇员满意度为70%。然而,如果有30%的雇员不高兴,怎么会有90%的顾客满意呢?卡尔·阿尔布雷克特观察到不高兴的雇员是"恐怖"的。在《顾客是第二位》中,罗森布拉和彼得走得更远,他们说,如果真正希望使顾客满意,那么,公司雇员,而不是公司的顾客,雇员必须是第一位的。

(7) 创造良好的服务环境。服务环境对顾客感觉的整体服务质量有很大影响。在服务消费过程中,顾客不仅会根据服务人员的行为,而且会根据服务环境中的有形证据评估服务质量。因此,服务企业应根据目标细分市场的需要和整体营销策略的要求,做好每一项服务工作和有形证据管理工作,为顾客创造良好的消费环境,以提高顾客感觉中的整体服务质量。

知识窗 11-1
定义与测量电子服务质量的新思考

卓越实践 11-4
德国"奔驰"行天下

11.3.4 掌握服务补救的实施对策

1. 理解服务补救的意义

任何一家服务机构在提供服务的过程中都难免会出现失误。有时候员工会犯错误,系统会出现故障,一些客户的行为会给另外一些客户造成麻烦等。

研究结果表明,服务失误是服务提供者提高客户感知服务质量的第二次机遇。在出现服务失误之后,如果服务人员能够作出积极的响应,往往会给客户留下深刻的印象,将不利因素转化为有利条件。

2. 掌握服务补救的实施对策

1) 服务质量的监控

服务质量的监控是指服务机构为了及时发现服务失误,而依据服务理念和服务标准,建立有效的服务质量监控体系,对服务活动及其质量进行全面监控所采取的措施。

(1) 开通客户投诉和建议的渠道,据西方市场营销专家调查统计,95%的不满意客户不会投诉,大多数人仅仅是停止购买。所以,服务机构要主动向客户征求意见,了解服务失误的原因和客户不满意的原因等。服务机构必须给客户提供投诉的方便条件,鼓励客户投诉。现在有些服务机构开设了800免费客户热线,客户拨打投诉电话或反映自己的需求由服务机构支付话费。这一做法体现了服务机构倾听客户意见的诚意,服务机构会因此收集到很多宝贵意见。

(2) 经常进行客户满意度调查。服务机构可采取抽样调查和重点调查的方法进行客户满意度调查,也可以利用网络技术的各种网上信箱、投诉专区和自由论坛等客户互动方式获取客户意见,及时发现服务中存在的问题,采取措施加以解决。

(3) 成立或委托质量监督机构到服务第一线进行监督检查。国内外的很多公司为了使考核督导能够尽量真实、客观、全面地反映网点服务状况,委托第三方机构对本公司所属网点进行严格客观的检查,与此同时,为克服基层应付定期检查临时"抱佛脚"易于失真的弊端,有些公司还推出了"神秘客户"的检查机制,对网点随机、随时进行检查,有力地促进了营业网点服务的长效化、常态化。

所谓神秘客户制度,是指安排隐藏身份的调查研究人员,或者聘请社会上的人员装扮成客户去各门店体验特定服务,并完整记录整个服务流程,以此测试整个公司的服务水平和销售状况等。

例如,肯德基公司的品控部门从社会上招募一些素质较高,但与肯德基无任何关系的人员(除了敏锐的观察力外,还必须"相貌平平",以免引人注目),对他们进行专业培训,包括理论和实践培训,使他们了解肯德基食品的温度、重量、色泽及口感标准,以及对每位客户的服务时间应该是多少等。这些检查人员在接受培训后,开始以一般客户的身份不定期地到各个餐厅购餐,并按全世界统一的评估表要求进行打分。

这些"神秘客户"来无影、去无踪,而且没有时间规律,使分店经理及职员每天战战兢兢,如履薄冰,丝毫不敢疏忽,不折不扣地按总部的标准去做。此外,这些神秘客户的调查结果,直接关系到员工及管理人员的奖金水准,因此,没有一个人员抱有侥幸心理来对付一天的工作,而是脚踏实地地做好每一项工作。

2) 服务质量的补救

(1) 避免服务失误,争取在第一次做对。服务质量的第一条规则,就是在第一次就把事情做对。如果能这样,补救就没有必要了。迪克·蔡斯(Dick Chase)是著名的服务运作专家,他建议采用防故障程序来防止服务失误。

例如,在医院经常采用防故障程序来防止出现潜在的危及生命的失误。例如,外科手术工具托盘上每一件工具都有对应的凹槽,并且每一件工具都放在与其外形一致的凹槽内,这样一来,外科医生及其助手们在缝合病人的伤口前,可以清楚地知道是否所有的工具都在它的位置上。

对于服务机构而言,形成一种零缺陷的文化来保证第一次就把事情做对是至关重要的。

(2) 以真诚的态度面对客户,提供及时充分的解释。服务机构要主动解决服务失误问题,而不要等客户提出来再被动地去解决。客户还希望看到服务机构承认服务失误并且正在采取措施解决这一问题。

在许多服务失误中,客户尝试着去了解为什么会发生失误,客户希望被诚实、细心和有礼貌地对待。因此,服务提供者要在解决服务失误的过程中,使客户处于知情状态,特别是当不能立刻解决问题时,更应坦诚地告诉客户"我们正在努力,请给我们一些时间"。

研究表明,只要公司能够提供充分的理由,就可以减少客户的不满情绪。为了使客户感知到提供的解释是充分的,首先,服务机构给出的理由和解释的内容必须是正当的。其次,服务机构的解释风格,即接受者的信用度和真诚度要能够让客户感知是诚实的、真诚的。

(3) 培训并授权给一线员工,以使其能及时有效地进行服务补救。服务补救的及时性影响顾客的感知,因此,应该注重培训并授权给一线员工,使他们具备服务补救的能力并及时解决服务补救问题。服务人员要对客户表示同情和关心,要具有在一定范围内不需要事先请示就可直接处理问题的权力。

(4) 了解顾客期望,实施恰当的补偿。合理的经济补偿是必要的,它能弥补因服务失误给客户带来的损失,可以避免客户散布服务机构不好的口碑。

服务机构的补偿方式包括道歉、折扣、免费赠送优惠券等多种方式,对于在何种情况下应采取何种补偿方式并无通用的标准,服务机构要了解客户的期望,和客户友好协商,才能有效消除客户的不满情绪,重新获得客户的忠诚。

3) 跟踪客户对服务补救的满意程度并吸取教训

服务机构要对客户进行追踪调查,了解他们对服务补救的满意程度,不断改进服务工作,直至客户对服务补救表示满意。

服务机构要认真从组织、员工等各个方面查找服务失误的原因,总结经验教训,防止此类事情的再度发生。

通过对服务过程、人力资源、服务系统和客户需要等多方面的详尽分析,服务机构可以找到服务失误的"高发地带",并采取措施加以预防。

实训课业

一、技能训练

(1) 选择一家星级酒店,以客户的身份去参观考察,感受其服务的流程,然后对服务流程进行评价,并提出改进建议。

(2) 选择一家健身中心去参观考察,感受和评价其服务的质量并提出改进建议。

(3) 假如你是一家百货公司的经理,请谈一谈要想提高百货公司的服务质量,一般来说应该采取哪些服务营销策略?

(4) 假如你是一位出租车司机,一天 17 点你开的车在途中突然出现机械故障而不能行驶了,这种现象在服务营销学里叫作服务失误,作为司机,你应该怎样处理这种服务失误情况?出租车汽车公司怎样才能减少或杜绝这种服务失误现象呢?

二、实训项目

服务过程质量管理的应用

1. 实训内容

组织学生对某一商业企业进行调研,学习、了解和分析企业的服务质量管理工作。

2. 实训目的

利用服务过程管理和服务质量管理的理论,分析、研究和解决企业存在的实际问题,提高学生的实践应用能力。

3. 实训要求

(1) 采取多种教学形式。一是聘请水平较高的企业高级管理人员到学校做专题讲座;二是组织学生以 6~8 人为一组,由导师负责,利用实训课时间到企业去考察和学习。

(2) 以小组为单位座谈讨论,分工协作撰写调研报告。报告的主要内容包括:企业服务的基本内容和过程有哪些?对服务过程是如何管理和控制的?企业的服务质量如何?服务存在的问题和原因是什么?解决问题的方法和策略有哪些?

第 12 章

服务有形展示

本章阐释

本章通过对服务有形展示的基本理论和实务的介绍,使学生了解服务有形展示的含义、类型和效应,掌握对服务有形展示进行有效管理的方法,了解服务环境的功能和影响因素,掌握创造良好服务环境和服务形象的方法。

能力目标

(1) 能熟练应用有形展示管理方法的理论,对某一服务型企业的服务有形展示工作的现状进行分析和评价,并制订出改进方案。

(2) 能应用影响服务环境和服务形象形成的关键性因素的理论,对某一服务型企业的服务环境现状进行分析和评价,并制订出改进方案。

12.1 服务有形展示概述

● 案例导入

肯德基的有形展示

肯德基采用的是精品化、标准化、人性化的品牌经营策略,店面的规模一般都不大,但很紧凑,每一个细节都精雕细刻,每一个流程都标准化。肯德基曾在全球推广"冠军计划",具体内容是保持美观整洁的餐厅、提供真诚友善的接待、确保准确无误的供应、维持优良的设备、坚持高质稳定的产品、注意快速迅捷的服务。肯德基采用品牌连锁经营的模式,这也适用于社区卫生服务的发展。品牌就是独特性,就是质量保证,就是社会信誉,就是高附加价值,就是精品。

将入口设置为半封闭式,店门大,玻璃明亮,顾客从大街上可以比较清楚地看到店内的情境,既能吸引顾客又利于保持店内的适当隐秘性。似透实围,把墙面刷成色彩淡雅、层次丰富、透视感强的偏冷色调的布景墙,能在感觉上后退,从而增添空间的景深感,使整个空间在感觉上更为开阔。微笑不仅是一种仪表,一种职业的需要,而且是员工对顾客服务心理的外在体现,同时也是客人对餐厅服务形象最直观的第一印象。笑意写在脸上,客人挂在心上是一种服务品质。按照服务质量,分发蓝、黄、红三种微笑牌,并对优质服务的店员进行表彰。肯德基员工的头发长度、首饰、化妆和其他修饰都有严格的规定，并且，所有迎接顾客的员工都身着统一制服。

思考与分析

肯德基是如何设计服务场景的？

12.1.1 理解有形展示的含义

 名词点击

所谓有形展示，是指在服务市场营销管理的范畴内，一切可传达服务特色及优点的有形组成部分。在产品营销中，有形展示基本上就是产品本身，而在服务营销中，有形展示的范围比较广泛。

根据环境心理学理论，顾客利用感官对有形物体的感知及由此所获得的印象，将直接影响到顾客对服务产品质量及服务企业形象的认识和评价。消费者在购买和享用服务之前，会根据那些可以感知到的有形物体所提供的信息而对服务产品作出判断。比如，一位初次光顾某家餐馆的顾客，在走进餐馆之前，餐馆的外表、门口的招牌等已经使他对之有了一个初步的印象。如果印象尚好，他会径直走进去，而这时餐馆内部的装修、桌面的干净程度以及服务员的礼仪形象等，将直接决定他是否会真的在此用餐。对于服务企业来说，借助服务过程的各种有形要素一定有助于其有效地推销服务产品的目的的实现。因此，学者们提出了采用"有形展示"策略，以帮助服务企业开展营销活动。

【小问答 12-1】 有形产品展示和服务产品展示的主要区别是什么？

答：二者的主要区别是：①有形产品可以利用产品实体本身来对产品进行有形展示，也可以借助一些消费者看不见的抽象的无形的联想来推广自己的产品。服务产品无法用服务产品本身和另外一些无形的联想来推广服务产品，但它可利用环境和所有用以帮助生产服务和包装服务的一切实体产品和设施来展示服务产品。②服务产品的形象在很大程度上取决于人，所以人就必须被适当地包装。

12.1.2 了解有形展示的类型

有形展示可以从不同的角度作不同的分类，不同类型的有形展示对顾客的心理及其判断服务产品质量的过程有不同程度的影响。

1. 根据有形展示能否被顾客拥有进行划分

根据有形展示能否被顾客拥有可将其划分成边缘展示和核心展示两类。

（1）边缘展示是指顾客在购买过程中能够实际拥有的展示。这类展示很少或根本没有什么价值，比如电影院的入场券，它只是一种使观众接受服务的凭证；在宾馆的客房里通常有很多包括旅游指南、住宿须知、服务指南以及笔、纸之类的边缘展示，这些代表服务的物的设计，都是以顾客心中的需要为出发点，它们无疑是企业核心服务强有力的补充。

（2）核心展示与边缘展示不同，在购买和享用服务的过程中不能为顾客所拥有。但核心展示却比边缘展示更重要，因为在大多数情况下，只有这些核心展示符合顾客需求时，顾客才会作出购买决定。例如，宾馆的级别、银行的形象、出租汽车的牌子等，都是顾客在购买这些服务时首先要考虑的核心展示。因此,我们可以说,边缘展示与核心展示加上其他现成服务形象的要素(如提供服务的人),都会影响顾客对服务的看法与观点。当一位顾客判断某种服务的优劣时,尤其在使用或购买它之前,其主要的依据就是从环绕着服务的一些实际性线索、实际性的呈现所表达出来的东西。

2. 根据服务展示的内容进行划分

根据服务展示的内容进行划分,可以将有形展示分为物质环境展示、信息环境展示和人文环境展示三个层面。

1) 服务的物质环境

服务的物质环境主要包括服务机构的建筑物、设施、工具、用品,以及内部装饰、场地布局与陈列设计等。

(1) 建筑物。建筑物的规模、造型、使用的材料以及与邻近建筑物的区别,都是塑造客户观感的因素,因为它们往往会令人联想到牢靠、永固、保守、进步等。有人说"建筑是空心的雕塑、建筑是凝固的音乐"。建筑物对塑造服务机构形象起着重要的作用,在不同情况下,可传达威严、安全感、老练沉稳、效率、现代精神或传统等风貌。例如,星巴克在中国的一些门店融入了许多本土的元素,北京的前门店、上海豫园店、成都宽窄巷子店等,既透着浓厚的中国传统文化,又保持着原汁原味的美式风情,二者并行不悖,结合得天衣无缝;位于城隍庙的星巴克,外观就像座现代的庙宇;而濒临黄浦江的滨江分店,则表现出花园玻璃帷幕和宫殿般的华丽。

(2) 设施。服务机构可以利用服务设施来传递服务能力、服务质量和服务形象,展示为客户提供优质服务的条件。例如,经济型酒店如家舍弃了传统星级酒店过多的豪华装饰及娱乐设施,不设豪华气派的大堂,也舍弃了投资巨大、利用率低的康乐中心、KTV、酒吧等娱乐设施。但空调、电视、电话、磁卡门锁、标准席梦思床具、独立卫生间、24小时热水等设施一应俱全。

(3) 工具、用品。工具、用品是指服务机构对客户实施服务的媒介、载体或客户自助工具,如零售商场的手推车、饭店的菜单等,它们也是影响客户感受的环境因素。例如,麦当劳餐厅使用的桌椅款式通常都比较简洁、时尚,设计尺寸舒适,符合人体工程学。就普通的麦当劳餐厅来说,桌椅主要包括以下分类:软包卡座、固定餐桌、活动餐桌、单椅、固定椅、快餐桌、固定凳、高吧凳、吧台、连体桌椅、儿童椅等。

(4) 内部装饰。恰到好处的内部装饰可以加强客户对服务机构的印象和好感。例如,如家酒店的客房装潢十分讲究色彩和空间的运用:墙面以淡粉色、淡黄色为主,挂着法国风格的艺术画;地毯的色彩与墙面协调,小巧的高圆桌代替了写字台和茶几,木质的床头柜简洁到极点。简洁、温馨、方便是客人最直接、最深刻的印象,在这里每一个人都会感受到家的温暖。

(5) 场地布局与陈列设计。场地布局与陈列设计是指对服务场所内的服务设施、装饰物件、行走路线等进行战略性的设计,通过严谨的布局和独特的摆设突出服务机构的服务宗旨和服务特色,展示服务质量和管理水平。例如,医院通过门诊大堂的咨询台、方便病人的自动扶梯、敞开式的收费窗口、为急救开辟的绿色通道等来改善与病人的关系。

2) 服务的信息环境

服务的信息环境主要包括品牌标志与指示、价格、目录、票据、宣传品、图片、照片、题词、橱窗、录像、影视、证明、荣誉、表彰、理念、口号等。

(1) 品牌标志与指示。服务机构的品牌标志和指示可以传达服务机构的服务信息。例如，麦当劳取其英文名称 McDonald's 的第一个字母"M"为其品牌标志，并将其设计成象征双扇打开的双拱门，表示着欢乐与美味，像磁石一般不断地把客户吸进这座欢乐之门，拱形的大门还给人以家的感觉。据研究发现，黄色和红色在任何天气情况下都最容易识别，所以麦当劳餐厅的形象设计以红色和黄色为主色调，无论在何处人们只要见到金色拱门标志，一眼便能识别出这是麦当劳的标志。

(2) 价格、目录、票据。在服务行业，正确的定价特别重要，因为客户往往把价格看作评价服务优劣的一个线索——价格过低，实际就暗中贬低了他们提供给客户的价值；价格过高，又会给客户以不关心客户，或者"宰客"的形象。因此，价格能培养客户的信任，同样也能降低这种信任，制定正确的价格不仅能获得稳定的收益，而且也能传达适当的信息。

目录展示是宜家促销策略的重要组成部分，每年9月初以及新的年度开始时，宜家都要向广大客户免费派送制作精美的目录。这些目录上不仅仅列出产品的照片和价格，而且经过设计师的精心设计，从功能性、美观性等方面综合表现宜家产品的特点，客户可以从中发现家居布置的灵感和实用的解决方案，很多人都把宜家的目录当作装修指导来使用。

票据也承载着传达服务信息的作用，例如，我国香港地铁票分别设计有旅游纪念票和生肖纪念票两款，旅游纪念票为游客设计，以香港风光、名胜为主题，具有纪念价值，票值20元，售价25元；生肖纪念票票值20元，票价30元，可作纪念且会升值（据说龙年纪念票可卖到1000元）。全世界的地铁只有香港不亏损且有赢利，票据的设计立下了汗马功劳。

(3) 宣传品、图片、照片、题词。服务机构通过宣传品、图片、照片、题词来展示服务设备的数目和先进程度、分店或连锁系统的数量、员工的人数和素质结构等，展示自己的服务能力。例如，医院通过文字、数字和图片来介绍专家履历、治愈率，通过展示成功开展的医疗项目案例、先进的医疗设备等来显示自己的医疗技术和实力；还可以运用某些辅助事物，如利用石膏或挂图，展示手术前后的变化，帮助患者看清医疗服务的效果。

(4) 橱窗。橱窗是连接服务内外环境的重要部分，可将内部过程透明化，使客户对服务过程心中有数。服务机构可将一部分后台操作工作改变为前台服务工作，透过橱窗向客户展示服务工作情况，提高服务工作的透明度，提高客户对服务的信任感。例如，全聚德烤鸭店现场切烤鸭，锋利无比的刀具，眼花缭乱的刀法总能赢得客户的称赞。

(5) 录像、影视。服务机构可以通过录像、影视等来展现服务特色、服务水平。例如，人们通常不能看到外科手术治疗过程，而医院通过放映录像、影视或视频展示手术全过程，这样就能使人们对外科手术有个基本的感知。

(6) 证明、荣誉、表彰。服务机构可以通过已证实的成功的历史资料或政府、行业协会等权威机构或第三方评审的结果，如行业排名、获奖证明、荣誉、被确定的等级，以及客户、领导或政府的表彰、奖励和重视等方面的信息来进行宣传，以反映其服务规模、质量和水平。例如，学校将办学资源和办学成果，包括学生的学习成果、教师的教学科研成果等用图片、文字等在玻璃橱窗里或在学校网站上展示出来，可以吸引学生及其家长对学校的青睐。

(7) 理念、口号。服务机构可以通过服务理念、服务口号来展示自己的服务宗旨，使客户认识到服务机构的真诚，增强客户对服务机构的信心。

服务理念是指服务机构用语言文字向社会公布和传达自己经营的思想、管理哲学和服务文化,主要包含机构或公司的宗旨、精神、使命、原则、目标、方针、政策等。

在服务理念中,"宗旨"和"精神"的思想层次较高,但较抽象,较难操作,"目标""方针"和"政策"较具体,较易操作,但思想层次相对较低,而"使命"和"原则"的思想层次、操作性介于上述两组之间。例如,国航的服务理念是"放心、顺心、舒心、动心",远景和定位是"具有国际知名度的航空公司",其内涵是实现"竞争力世界前列、发展能力持续增强、客户体验美好独特、相关利益稳步提升"的四大战略目标。服务精神强调"爱心服务世界、创新导航未来",使命是"满足客户需求,创造共有价值",价值观是"服务至高境界、公众普遍认同"。

3) 服务的人文环境

服务的人文环境主要包括服务场所的气氛、服务机构的文化、服务人员和其他客户的形象等,也包括服务过程的舒适程度、文明程度、和谐程度等。

知识窗 12-1
信息沟通的方法

(1) 服务场所的气氛。气氛是指特定环境中给人以强烈感觉的景象或情调,气氛是影响服务质量的重要因素,优雅、舒适、轻松、愉快的气氛能够提高客户的满意度。影响服务场所气氛的因素除设计、装饰、布局外,还包括气味、声音、色调、灯光、温度、湿度等。

① 气味。气味会影响服务场所的气氛。例如,新鲜而芳香的店堂空气能够使客户感到产品更新程度较高。零售商店,如咖啡店、面包店、花店、香水店等,都可使用香味来提示相关服务,从而吸引客户接受其服务。

② 声音。声音往往是气氛营造的背景,音响效果也会影响客户的感受。例如,不同的餐厅要选择不同风格的音乐,在快餐厅可能适合于播放节奏性较强的流行音乐,而格调高雅的餐厅则更适合旋律优美、速度缓慢的古典音乐等。

③ 色调。不同的色调会给服务场所带来不同的气氛。例如,一个餐厅的标准用色如果选择暖色调的红色和黄色,这样的色彩组合有两个功能:一是可以增进食欲;二是长时间在大面积的红、黄色的氛围中会让人血液循环、心跳加速,人会变得急躁,不愿在此地久留,从而会加速用餐速度。反之,如果选用冷色系则会让顾客感到凉意。

④ 灯光。灯光明暗度对客户影响很大,强烈的灯光使客户感知到热情、豪爽的服务态度,柔和的灯光使客户感到温情,而昏暗的灯光,则很可能使客户感到沮丧、没精打采。

例如,高级西餐厅需要制造柔和的气氛,所以灯瓦数在 60~80 瓦。日本料理店为了使生鱼片显得更新鲜,灯瓦数在 130~160 瓦。咖啡店的灯瓦数则在 40~60 瓦。

⑤ 温度、湿度。室内温度、湿度会影响客户对服务的感受。例如,百货公司冬天温暖宜人的温度使客户感到温暖,夏天凉爽的温度又使人感到舒畅。

(2) 服务机构的文化。服务机构的文化就是服务机构在长期的对客户服务过程中所形成的价值取向的总和,是服务机构的灵魂,是凝聚服务机构成员的精神力量,以此形成全体员工共同遵循的最高目标、价值标准、基本信念以及行为规范。一个没有文化的服务机构是没有生命力的,也是缺乏核心竞争力的。

例如,北京同仁堂已走过三百余年的历程,始终没有放弃"炮制虽繁必不敢省人工,品味虽贵必不敢减物力"的规训,坚持传统的制药特色,以质量优良、疗效显著使其品牌延绵流传。

(3) 服务人员和其他客户的形象。对客户来说,服务场所中出现的人,除服务人员外还有其他客户。一方面,服务人员的数量、服务态度和服务技能会影响客户的认知和感受。另一方面,客户之间有很多的接触机会,如饭店、剧院、医院服务等都是在其他客户也在现场的情况下发生的。在这些多客户并存的服务中,其他客户的行为、数量会影响客户的认知和感受。因此,服务机构一方面要通过内部营销,加强对服务人员的培训、激励等方面的管理,提高其综合素质和服务水平;另一方面要加强对顾客需求的调研、市场秩序的维护等方面的管理。

例如,当客户之间是志趣相投、和谐共处的,就会对客户产生积极的影响;相反,周围客户相互之间的破坏行为、过度拥挤、彼此冲突,则会产生消极影响。

12.1.3 理解有形展示的效应

有形展示的首要作用是支持公司的市场营销战略,在建立市场营销战略时,应特别考虑对有形因素的操作。有形展示是服务企业实现其产品有形化、具体化的一种手段,在服务营销过程中占有重要地位,其主要效应如下。

1. 影响顾客对服务产品的第一印象

对于新顾客而言,在购买和享用某项服务之前,他们往往会根据第一印象对服务产品作出判断。既然服务是抽象的、不可感知的,有形展示作为部分服务内涵的载体无疑是顾客获得第一印象的基础,有形展示的好坏直接影响顾客对企业服务的第一印象。例如,参加中国国际旅行社组织的新加坡、马来西亚和泰国七日游的旅客,当抵达他国时,若接旅客去酒店的专车是陈年旧物,便马上会引起乘客的不快,甚至有一种可能受骗、忐忑不安的感觉。反之,若接送的专车及导游的服务能让人喜出望外,则顾客会觉得在未来随团的日子里将过得舒适愉快,进而也增强了对旅游公司服务质量的信心。

2. 通过感官刺激让顾客感受到服务给自己带来的利益

消费者购买行为理论强调,产品的外观是否能满足顾客的感官需要,将直接影响顾客是否真正采取行动购买该产品。同样,顾客在购买无形的服务时,也希望能从感官刺激中寻求到自己所需要的东西。努力在顾客的消费经历中注入新颖的、令人激动的和娱乐性的因素,从而改善顾客的厌倦情绪。例如,顾客期望五星级酒店的外形设计能独具特色,期望高格调的餐厅能真正提供祥和、愉悦的气氛。因此,企业采用有形展示的实质是通过有形物体对顾客感官方面的刺激,让顾客感受到无形的服务所能给自己带来的利益,进而影响其对无形产品的需求。

3. 引导顾客对服务产品产生合理的期望,消除负面影响

顾客对服务是否满意,取决于服务产品所带来的利益是否符合顾客的期望。但是,服务的不可感知性使顾客在使用有关服务之前,很难对该服务作出正确的理解或描述,他们对该服务的功能及利益的期望也是很模糊的,甚至是过高的。不合乎实际的期望又往往使他们错误地评价服务,以及作出不利的评语,而运用有形展示则可以让顾客在使用服务前能够具体地把握服务的特征和功能,较容易地对服务产品产生合理的期望,以避免因顾客期望过高而难以满足所造成的负面影响。

4. 促使消费者对优质服务作出客观评价

服务质量的高低是由多种因素决定的,有形展示是服务产品的组成部分,也是最能够传达企业形象的工具。有形展示如同物质产品的包装,好的包装能使顾客对物质产品产生优质的感觉,完美的有形展示也可使顾客对服务产品产生优质的感觉。服务企业要根据市场需要改变企业形象,这种形象的改变不仅是在原来形象的基础上加入一些新的东西,有时更需要打破陈旧观念。服务中有形产品作为新设计形象的中心载体,形象的改变必须是消费者可见的信息,消费者通过这些信息感知企业形象的改变。例如,服务设施、服务设备和服务人员的仪态仪表,都会影响顾客感觉中的服务质量。有形展示及对有形因素的管理也会影响顾客对服务质量的感觉。优良的有形展示及管理能使顾客对服务质量产生"优质"的感觉。因此,服务企业应强调使用适用于目标市场和整体营销策略的服务展示。

5. 帮助顾客识别和改变对服务企业及其产品的印象

有形展示是服务产品的组成部分,也是最能有形地、具体地传达企业形象的工具。企业形象或服务产品形象的优劣直接影响消费者对服务产品及公司的选择,影响企业的市场形象。形象的改变不仅是在原来形象的基础上加入一些新的东西,而且要打破现有的观念,所以它具有挑战性。要让顾客识别和改变服务企业的市场形象,更需要提供各种有形展示,使消费者相信本企业的各种变化。

6. 协助企业培训服务员工

从内部营销的理论分析,服务员工也是企业的顾客。由于服务产品是"无形无质"的,从而顾客难以了解服务产品的特征与优点,那么,服务员工作为企业的内部顾客也会遇到同样的难题。如果服务员工不能完全了解企业所提供的服务,企业的营销管理人员就不能保证他们所提供的服务符合企业所规定的标准。所以,营销管理人员利用有形展示突出服务产品的特征及优点时,也可利用相同的方法作为培训服务员工的手段,使员工掌握服务知识和技能,指导员工的服务行为,为顾客提供优质的服务。

知识窗 12-2
在服务设计中用音乐来规范顾客的行为

12.2 有形展示的管理

🔵 **案例导入**

海底捞是如何通过有形展示开拓市场的

四川海底捞餐饮股份有限公司成立于 1994 年,是一家以经营川味火锅为主、融各地火锅特色为一体的大型跨省直营餐饮品牌火锅店,创始人张勇。

截至 2019 年 6 月 30 日,海底捞已在中国 118 个城市,以及新加坡、韩国、日本、美国、加拿大、英国、越南、马来西亚、澳大利亚等国家经营 593 家直营门店,拥有 4380 万会员和 88378 名员工。经过 20 多年艰苦创业,不断进取,团结拼搏,海底捞从一个不知名的小火锅店起步,逐步发展成为今天拥有一批食品、饮食、营养、工程、仓储、管理方面专家和专业技术人员,四个大型现代化物流配送基地和一个底料生产基地(获得 HACCP 认证、QS 认证和 ISO 9001 国际质量体系认证)的股份有限公司。公司曾先后在四川、陕西、河南等省荣获"先进企业""消费者满意单位""名优火锅"等十几项称号和荣誉,创新的特色服务赢得了"五星级"火锅店的美名。2019年4月获中国烹饪协会颁发的"2018年度中国火锅百强企业",2019年获评艾媒金榜发布的《2019国产食品品牌排行榜》第5名。

1. 服务态度特别好

因为食客很多,经常要排队,餐厅就为等待的顾客提供免费美甲和手护;免费皮鞋擦拭清理;免费饮料、零食和水果。海底捞服务员来自五湖四海,顾客可以找老乡服务,态度很热情。服务周到,甚至在卫生间里都会有专人服务,包括开水龙头、挤洗手液、递擦手纸等。

2. 味道地道,特色突出

海底捞火锅有10多种锅底,如牛油火锅、鸳鸯火锅、番茄火锅、菌汤锅等。价格方面,地区不同,略有差异。大部分店有自助调料台,有20余种调料,顾客可根据自己的口味喜好,任意调配。另外,还有免费水果,季节不同,水果也有所不同,如圣女果、哈密瓜、西瓜等,还会有免费小米粥或银耳汤等。

3. 物美价廉

海底捞所有菜品都可以要半份,半份半价。这样就可以品尝更多种类的食品,而且价格不高。

思考与分析

"海底捞"的服务有形化表现在哪些方面?如何评价?

12.2.1 理解有形展示管理的意义

成功市场营销活动的关键是管理与无形服务相关的有形因素,通过服务展示管理向顾客传送适当的线索,这样能帮助顾客更好地理解购买何种产品,以及为何购买。

鉴于有形展示在服务营销中的重要地位,服务企业应善于利用组成服务的有形元素,突出服务的特色,使无形无质的服务变得相对有形和具体化,让顾客在购买服务前,能有把握判断服务的特征及享受服务后所获得的利益。因此,加强对有形展示的管理,努力借助这些有形的元素来改善服务质量,树立独特的服务企业形象,无疑对服务企业开展市场营销活动具有重要意义。

服务企业之所以要采用有形展示策略是因为服务产品具有不可感知的特性,而对"不可感知性"则可以从两个方面理解:①服务产品不可触及,即看不见、摸不着;②服务产品无法界定,难以从心理上进行把握。因此,服务企业要想克服营销方面的难题,采用有形展示策略,也应以这两个方面为出发点,一方面使服务有形化;另一方面使服务易于从心理上进行把握。

1. 服务有形化

服务有形化主要针对服务的无形性这一特点,因为服务产品很多是看不见、摸不着、不可触及的,所以对服务产品的有形展示管理的任务之一就是使服务有形化,使服务的内涵尽可能地附着在某些实物上。服务有形化的典型例子是银行信用卡。虽然信用卡本身没有什么价值,但它显然代表着银行为顾客所提供的各种服务,以至只要"一卡在手,便可世界通行"。

2. 使服务在心理上较容易把握

除了使服务有形化之外,服务企业还应考虑如何使服务更容易为顾客所把握。通常有三个原则需要遵循。

1) 把服务同易于让顾客接受的有形物体联系起来

由于服务产品的本质是通过有形展示出来的,所以,有形展示越容易理解,则服务就越容易为顾客所接受。运用此种方式要注意以下两点。

(1) 使用的有形物体必须是顾客认为很重要的,并且也是他们在此服务中所寻求的一部分。如果所用的各种实物都是顾客不重视的,效果往往适得其反。比如,雪白的床单、明亮的床几是病人感受住院治疗服务质量的主要着眼点,而地板的质地、窗帘的图案等也许让设计者耗费心思,但病人却很少关注。

(2) 必须确保这些有形实物所暗示的承诺,在服务被使用时一定要兑现,也就是说,各种产品的质量,必须与承诺中所载明的相符。如果以上的条件不能做到,那么所创造出来的有形物体与服务之间的联结,必然是不正确的、无意义的和具有损害性的。当然,有些服务广告明显是通过夸张手法来进行创意的,顾客能轻而易举地辨识出来。例如,广告语"今年20,明年18"强调了美容服务的效果,但并没有人把这作为一种切实的服务承诺。但对过去的服务成果、服务质量认证、顾客服务感受反馈等有形展示,必须遵守"展示平均质量,保留最高质量"的原则,否则,高期望下的低满意会使有形展示招致适得其反的营销效果。

2) 重视发展和维护企业同顾客的关系

服务的有形展示并不仅仅为了让顾客对服务产生明确的认同,对服务相关信息实现系统了解,而是要通过有形展示在顾客与服务企业之间建立持久的联系。例如,顾客对某服务人员专业技术的欣赏,对恬静舒适的服务气氛的认同,对服务设备精密准确的首肯等。这条有形线索的存在是培养品牌忠诚、发展长期顾客关系的基础。服务业的顾客,通常都被鼓励去寻找和认同服务企业中的某一个人或某一群人,而不只是认同于服务本身。服务企业的员工直接与顾客打交道,他们的言谈举止、衣着打扮会影响顾客对于服务质量的认知和评价,而且员工与顾客之间的关系将直接决定顾客与整个企业之间的融洽程度。如在广告代理公司的客户经理,管理研究顾问咨询公司组成的客户工作小组等。所有这些都强调以人表现服务。因此,服务企业必须注意培训员工,使员工保持良好的服务形象,并与顾客保持友好的关系。

3) 有形展示必须易于使顾客在服务空间内定向

定向是顾客进入一个服务环境的第一个行为需要,包括地点定向(如"我在哪里?")和功能定向(如"这个组织是怎样工作的,我应该怎么做?")。当进入某一服务环境时,顾客可以利用企业的有形展示以及以往的经验,来确定我在哪里、将要去哪里以及我需要做什么。如果有形展示不能满足顾客的这些需求,就会降低企业整体的服务水平。通过有形展示的统一管理和设计,可以消除定向问题,消除顾客对企业的不良印象。

12.2.2 了解有形展示效果的形式

克伦特勒在一项报告中,将有形展示的效果分为三种。

(1) 能唤起顾客想到该服务的利益。

(2) 可以强调服务提供者和消费者之间的相互关系。

(3) 可以连接非有形产品性服务和有形物体而让顾客易于辨认。

在报告中,克伦特勒采用焦点小组访谈的方式,研究了三种消费者服务业的展示效果:

储蓄账户、干洗和美发。这些服务展示效果的测定，是用"利用这些展示的广告所能产生说服消费者相信服务利益"的能力来衡量的。该报告的结果显示：有形展示的效果，往往因所考虑的利益不同而不同。至于服务提供者与客户相互之间的展示效果，根据提供者和客户之间对于服务利益的个人信任程度而定。也就是说，服务企业有形展示的类型必须与顾客寻求的利益相关，如果顾客没有考虑这些利益，企业就不应该使用该类型的有形展示。服务业营销最重要的问题是找出这些利益点，然后利用企业现有资源，采用适当的有形展示去表现。服务业公司所能利用的展示方式有很多，从环境到装潢、设备、文具、颜色和照明等，都是服务企业形成与塑造环境气氛的一部分。

12.2.3 了解有形展示管理的执行方法

服务展示管理不仅是营销部门的工作，每个人都有责任传送有关服务的适当线索，下面列出的是一份行动问题清单，所有的管理人员都应定期考虑这些问题。

（1）我们有一种高效的方法来进行服务展示管理吗？我们对顾客可能感觉到的有关服务的每一件事都给予了充分的重视吗？

（2）我们是否积极地进行了服务展示管理？是否积极地分析了如何使用有形因素来强化我们的服务概念和服务信息？

（3）我们对细节进行了很好的管理吗？我们是否关注"小事情"？举例来说，我们保持了服务环境的一尘不染吗？如果我们的霓虹灯忽然坏了，我们是立即换呢，还是过后再换？我们作为管理人员有没有举例向员工说明没有任何细节小到不值得管理？

（4）我们将服务展示管理和市场营销计划结合起来了吗？例如，当我们作出环境设计的决定时，是否考虑到这一设计能否支持高层营销策略？我们作为管理人员，是否熟知展示在市场营销计划中的作用，进而对计划做了有益的补充？作为管理人员，我们知道在营销计划中什么是首要的吗？

（5）我们通过调查来指导我们的服务展示管理了吗？我们有没有寻找来自员工和顾客的有价值的线索？我们预先有没有测定我们的广告向顾客传递了什么样的信息？在服务设备设计过程中，我们征求过顾客和员工的意见吗？我们有没有雇用"职业顾客"按照清洁度、整齐度、营销工具的适用性等标准，对我们的服务环境作出评价？我们作为管理人员，在提高公司整体形象过程中，是如何运用环境设备和其他展示形式的？

（6）我们将服务展示管理的主人翁姿态扩展到整个组织范围了吗？在服务营销中，我们向员工讲授了服务展示管理的特点和重要性吗？我们是否向组织内的每个人提问，让他们回答个人在展示管理中的责任？

（7）我们在服务展示管理过程中富有创新精神吗？我们所做的每件事都有别于竞争者和其他服务提供者吗？我们所做的事有独创性吗？我们是不断地提高展示水平使之合乎时尚呢，还是跌入沾沾自喜、自鸣得意之中？

（8）我们对第一印象的管理怎么样？和顾客接触早期的经历是否给我们留下了深刻印象？我们的广告、内部和外部的环境设备、标志物，以及我们员工的服务态度对新顾客或目标顾客是颇具吸引力呢，还是使他们反感？

（9）我们对员工的仪表进行投资了吗？我们有没有向员工分发服装并制定符合其工作角色的装扮标准？对于负责联系顾客的员工，我们考虑到为其提供服装津贴了吗？我们考虑过提供个人装扮等级津贴吗？

（10）我们对员工进行服务展示管理了吗？我们有没有使用有形因素使员工对服务不再感到神秘？我们是否使用有形因素来指导员工完成其服务角色？我们工作环境中的有形因素是表达了管理层对员工的关心呢，还是缺乏关心？

12.2.4 掌握有形展示策略的引导方法

使服务组织更有效地运用有形展示策略的具体引导方法如下。

1. 充分认识有形展示的战略影响

有形展示在决定顾客期望和感觉方面起着重要的作用。对某些服务组织而言，认识有形展示仅仅是第一步，之后它们可以利用有形展示的潜力，进行战略计划。

有效的有形展示策略一定要和组织的总体目标或愿景相一致。因此计划者一定要知道组织的战略，然后决定有形展示如何提供支持。两者必须相互匹配。如果有形展示策略不能很好地配合组织战略，将会对组织经营和发展造成严重影响。

2. 画出服务有形展示图

实际上，每个人都能见到服务的过程和有形展示中的因素。有效地描述服务展示的方法是应用服务图或蓝图，因此，这一步是要画出服务图。服务图有多种用途，从视觉上抓住有形展示的机会时，它们就特别有用。人、过程和有形展示在服务图上可以很容易地看出来。从图中可以看到服务传递的过程、所涉及的行为、顾客和员工以及员工之间交互作用的点，这些点提供了展示的机会和每一步的表示方法。

3. 有形展示机会的确认和评定

设计者通过了解现有的有形展示，结合服务图、外部环境以及组织战略，可以清楚地看到现有展示的优点和需要改进的地方。设计者面临的问题是：组织有没有错过提供服务展示的机会？要开发一种有效的策略以提供更多服务展示，向顾客明确表明他们为什么东西付钱。

如果设计者发现现有展示向外部传递了无效信息，这种信息不能增强公司形象和目标，也不适合目标市场的需求和选择，就需要对现有展示做相应调整。例如，一家餐厅发现其高价位定位和餐厅的设计不一致，而设计原本建议以家庭用餐为方向。这样，按照餐厅的总体战略，价格和设备的设计都要改变。

4. 做好展示更新和现代化的准备

展示的某些方面，特别是服务场景要求经常变化，至少要做到周期性更新和现代化。即使愿景、目标和公司的物品不变，时间本身也会对有形展示产生损害，因此有必要进行更新和现代化。这涉及一个很时尚的因素，随着时间的推移，不同的颜色、设计、款式表示不同的信息。因此，有必要根据外部环境的变化，来调整组织的有形展示，使之更适应目标市场的需求。

5. 跨职能部门合作

组织在把自己展示给顾客时，其关注的是传播期望的形象，通过各种形式的展示传递一致的、相互协调的信息，提供目标顾客想要的并能够理解的服务有形展示类型。然而，展示的决策经常是在一段时间内由多个职能部门作出的。例如，有关员工制服的决策由人力资源部门作出，服务场景设计的决定由设备管理部门作出，加工设计决定主要由业务经理作出,广告和定价决定由营销部门作出,这样,服务有形展示有时就会不一致。因此,组织内部不同职能部门就需要进行沟通,使组织的有形展示保持一致,向目标顾客传递一致的信息。

12.3 有形展示与服务环境

● 案例导入

古竹度假村酒店包厢名称及环境的差异化

古竹度假村是一个以竹子来命名酒店的包厢和楼层名称的度假村,集中体现了"古竹"这一酒店名称中包含的古典意蕴与自然风情,以竹为主的酒店文化概念,更能够为酒店的整体设计带来一定的特色和主题性。众所周知,"竹"乃中国本土植物,具有悠久的历史和较强的观赏性并赋予了"高洁"的特质和文化气息,以竹子命名,紧扣一个"古"字,很自然地把清新与高雅结合在一起。当顾客前来度假村就餐,不但会欣赏到优美的古典音乐,就餐环境内处处设有竹子建筑,竹子流水般的声音,包房的布置、图案等都体现了以"竹"为主题的特色,并且在每一道菜的设计和餐具的使用上也都别具匠心……

思考与分析
1. 古竹度假村酒店服务环境的特点是什么?
2. 有形展示在古竹度假村酒店经营中起到什么作用?

12.3.1 了解服务环境的功能

在实施有形展示策略的过程中,服务环境的设计往往是企业营销努力的重点,因为,顾客在接触服务之前,他们最先感受到的就是来自服务环境的影响,尤其是对于那些易先入为主的顾客而言,环境因素的影响更至关重要。

🔍 名词点击

所谓服务环境,是指企业向顾客提供的服务的物理场所、信息及人际关系的各个方面,它包括服务的物质环境、服务的信息环境和服务的人际环境。

服务环境在整个服务营销管理中具有贯穿性的作用,顾客的服务期望、服务调研、服务标准、服务人员、服务承诺、服务定价等都直接与服务环境有关。服务环境内的各组成部分实际上可被视为有形实据,在服务过程中具有服务包装、服务使用、服务关系和服务特色四大功能。

1. 服务包装

服务环境就是服务包装。一家服务机构的服务是无形的、不容易被感知的,因此需要用环境对服务进行包装,让顾客根据环境包装感知和判断"里面"的服务质量,这有助于强化服务在顾客脑海中的印象和促进建立服务机构的形象。包装是服务环境的首要功能。

2. 服务使用

服务生产及消费的不可分性和服务过程顾客的参与性,需要顾客使用服务环境,并在环境的使用中感知服务质量。让顾客通过使用服务环境如服务场所为生产和消费服务,是服务环境的一个重要功能。这类似于产品包装的使用功能。如香水瓶,不仅是香水的包装,而且在使用香水时具有喷雾的功能。服务环境也是存放服务"香水"的"瓶",不仅能包装和提示里面的服务"香水",而且能在顾客享受服务时发挥各种功能。尤其在顾客自助服务中,服务环境的使用功能更加明显。如零售超市、仓储店、便利店的内部环境,包括货架的设计、布局、商品的陈列、商品的标牌、各种信息或促销指示牌、室温、灯光、行走路线、食品冷藏条件、手推车、篮筐等,都具有明显的使用功能。

3. 服务关系

服务环境可以用来建立和发展顾客关系,即用来开展关系营销。比如,关系营销的一项策略是开展社交活动,而开展社交活动需要提供活动场地或环境。又如,结构型关系营销策略要运用结构性整合手段,而许多结构性整合手段都涉及服务环境。例如,健身房向顾客提供免费培训是一种结构性整合手段,而提供免费培训需要场地、健身器材和培训手册等,这些都属于服务环境的内容。

4. 服务特色

服务环境还具有明显的展示服务特色的功能,许多服务特色是通过服务环境的各方面来体现的。如智利首都圣迭戈有一座造型别致的双蜗牛商场,就是靠环境设计来体现特色的。这家商场的建筑是连在一起的两只"蜗牛"——顾客走进其中一个商场,沿着坡面,在选购商品的过程中,不知不觉地从顶层走到底层;然后经过通道,走到另一个蜗牛商场,又在不知不觉中从顶层走到底层。由于它建筑形式新颖、独特,顾客不必走回头路,便于流通。既免除了乘电梯的烦恼,又满足了部分顾客逛商场的心理需求。

12.3.2 了解服务环境的特点

对大多数服务业公司而言,环境的设计和创造并不是件容易的工作。虽然对于在顾客处所或家庭中提供服务的服务业,这个问题并不很重要,但它们也应该注意到器械装备的设计、制服、车辆、文具以及可能会在顾客心目中形成对服务公司印象的类似事项。

从服务环境设计的角度看,环境具有以下特点。

(1) 环境是环绕、包括与容纳。
(2) 环境往往是多重模式的。
(3) 边缘信息和核心信息总是同时展现。
(4) 环境的延伸所透露出来的信息总是比实际过程的更多。
(5) 各种环境均隐含有目的和行动以及种种不同角色。
(6) 各种环境包含许多含义和许多动机性信息。
(7) 各种环境均隐含有种种美学的、社会性的和系统性的特征。

因此,服务业环境设计的任务,关系着各个局部和整体所表达出的整体印象,影响顾客对服务的满意度。

12.3.3 掌握理想服务环境的创造方法

设计理想的服务环境并非一件容易的事情,除了需要大量的资金花费外,一些不可控制的因素也会影响环境设计。一方面,我们现有的关于环境因素及其影响的知识及理解程度还很不够,例如,空间的大小、各种设施和用品的颜色与形状等因素的重要性如何?地毯、窗帘、灯光和温度等因素之间存在怎样的相互关系?诸如此类的问题具有较强的主观性,很难找到一个正确的答案。另一方面,每个人都有不同的爱好和需求,他们对同一环境条件的认识和反应也各不相同。因此,设计满足各种类型人的服务环境,如旅馆、大饭店、车站或机场等,存在一定的难度。尽管如此,服务企业如果能深入了解顾客的需求,根据目标顾客的实际需要进行设计,仍可以达到满意的营销效果。例如,虽然顾客之间需求各异,但某些顾客群体却具有需求共性,如同一年龄段的顾客、处于同一社会阶层的顾客或者是其他群体等。企业根据他们的需求共性来设计服务环境,无疑将拥有更多的顾客。

以一家餐厅为例,其环境的设计应该考虑以下几个方面。

1. 适当的地点

适当的地理位置容易吸引更多的顾客。不过,适当的地点主要是指使餐厅接近于目标顾客集中的地区,并非单纯指餐厅应处于客流量较多的繁华商业区或交通便利的地方。这说明,了解各种地段的特点,了解顾客的消费需求是有效地推广服务产品的前提。

【小问答 12-2】 为什么一些高档健身中心选择在邻近市区的郊区开办健身会馆?

答:因为停车方便。

2. 餐厅的环境卫生状况

环境卫生是餐厅经营的最基本条件。顾客选择餐厅前,首先要看的就是餐厅是否清洁卫生。从外部看,它要求招牌整齐清洁、宣传文字字迹清楚、盆景修剪整齐;从内部看,要求顾客座席、餐厅摆设和陈列台、厨房、备餐间以及洗手间等整齐清洁。

3. 餐厅的气氛

餐厅的气氛是影响餐厅服务质量的重要因素,因而,无论餐厅外部还是内部的设计与装饰,都要烘托出某种气氛,以便突出餐厅的宗旨和强有力地吸引现有的和潜在的顾客。餐厅的设计、装饰、布局、照明、色调和音响等都会影响餐厅的气氛。比如音响,餐厅中通常都要播放音乐,音量适中的音乐能使顾客心情愉快,增加食欲;反之,音量过大则可能影响顾客的交谈,使人感到厌烦。不同的餐厅也要选择不同风格的音乐,在快餐厅可能适合于播放节奏性较强的流行音乐,而格调高雅的餐厅则更适合旋律优美、速度缓慢的古典音乐等。

环境设计如此重要,但不能错误地认为,只有环境设计,尤其是室内设计才是可供利用的,应配合全套营销组合的有形展示策略。很多中小企业虽然认识到有形展示的战略性作用,却碍于缺乏资金改善环境设计,而视有形展示为一种奢侈的投资。事实上,正如前面所指出的,有形展示除了环境与气氛因素以及设计因素之外,还有社交因素。社交因素代表服务员工的外观、行为、态度、谈吐及处理顾客要求的反应等,它们对企业服务质量乃至整个营销过程的影响不容忽视。社交因素对顾客评估服务质量的影响,远较其他两类因素显著。因为根据对社交因素的观察,顾客可以直接判断服务员工的反应性、能否诚心诚意地处理顾客的特殊要求、能否给顾客一种对企业服务质量颇具信心的感觉以及服务员工是否值得信赖等。

卓越实践 12-1
万达集团是如何营造购物模式的

12.3.4 掌握影响服务形象形成的关键因素

一家服务业公司所要塑造的形象,受很多因素的影响。营销组合的所有构成要素,如价格、服务本身、广告、促销活动和公开活动,既影响顾客与当事人的感觉,又成为服务的实物要素。影响服务环境形成的关键性因素主要有以下两点。

1. 实物属性

服务业公司的建筑构造设计,有若干层面对其形象塑造产生影响。如零售场所的外形、颜色、商品陈列、灯光等因素都是影响形象的因素,其中任何一项都会影响其他各项的个别属性的表现。换言之,这些属性可能对形象的创造与维持有帮助。

服务业公司的外在有形表现会影响其服务形象。一栋建筑物的具体结构,包括其规模、造型、建筑使用的材料、其所在地点的位置以及与邻近建筑物的比较,都是塑造顾客感观的因素。至于其相关因素,诸如停车的便利性、可及性、橱窗门面、门窗设计、招牌标示等也很重要。因为外在的观瞻往往能联想到牢靠、保守、进步或其他各种印象。而服务业公司内部的陈设布局、装饰、家具、材料使用、空气调节标记,视觉呈现如图像和照片等,所有这一切合并在一起往往就会创造出"印象"和"形象"。从更精细的层面而言,内部属性还包括记事纸、文具、说明小册子、展示空间和货架等项目。

能将所有这些构成要素合并成为一家服务公司"有特色的整体个性",需要具有相当的技术性和创造性。有形展示可以使一家公司或机构显示其"个性",而"个性"在高度竞争和无差异化的服务产品市场中是一个关键特色。

2. 气氛

服务设施的气氛也会影响其形象。"氛围"原本就是指一种借以影响买主的"有意的空间设计"。此外,气氛对于员工以及前来公司接洽的其他人员也都有重要的影响。所谓的"工作条件",是指它会影响到员工对待顾客的态度。就零售店而言,每家商店都有各自的实物布局、陈设方式,有些显得局促,有些宽敞。每家店都有其"感觉",有的很有魅力、有的豪华典雅、有的朴素大方。商店必须保有一种规划性气氛,适用于目标市场,并能诱导购买。

许多服务业公司似乎都已认识到气氛的重要。餐馆的气氛和食物同样重要是众所皆知的,大型饭店、旅馆应该让人感觉温暖与亲切,零售商店也应注意尊重顾客,进而增添一些魅力气氛;有些广告公司细心地下功夫做气氛上的设计;此外银行、律师事务所和牙医诊所的等候室,往往由于是否注意气氛的缘故,而使顾客产生"宾至如归"或"望而却步"的差别。影响"气氛"的一些因素如下。

(1) 视觉。零售商店使用"视觉商品化"一词来说明视觉因素会影响顾客对商店观感的重要性。视觉与形象的建立和推销有关,零售业的视觉商品化,旨在确保无论顾客在搭电梯,或在等待付账时,服务的推销和形象的建立仍在持续进行。照明、陈设布局和颜色,显然都是"视觉商品化"的一部分,此外,服务人员的外观和着装也是如此。总之,视觉呈现是顾客对服务产品惠顾的一个重要原因。

形状这种视觉符号可以产生巨大的营销效果,CK ONE 的香水瓶利用瓶子形状的价值来谋取超额的利益。形状也是独特的标志中的主要要素,并且容易跨越文化差异。圆形等同于柔和、持续甚至完美;对称消除紧张,不对称带来忧虑,对称和少许的不对称放在一起又产生平衡的感觉。

红、橙、黄是暖色,给人以热情温暖的感觉,而蓝、绿、紫是冷色,宁静而平和。比如,红色强有力、令人激动,但具有保护性,黄色令人愉悦,绿色和蓝色给人以宁静、放松、悠闲的感觉。黑、白和金、银色是有影响力的颜色。黑与白通常代表着浓度与亮度的两个极端,金、银等金属色具有灿烂的形象,给人以明亮、豪华和优雅的感觉,使之联想到富裕和贵金属。

(2) 气味。味觉主要来源于嗅觉,嗅觉是最强烈的感觉。气味会影响形象、建立识别,但通常不太引人注意。不同成分组成的气味产生各异的感觉。零售商店,如咖啡店、面包店、花店和香水店,都可使用香味来推销其产品。面包店可巧妙地使用风扇将刚出炉的面包香味吹散到街道上;餐馆、牛排馆、鱼店或洋芋店,也都可以利用香味达到良好的效果;至于那些服务业的办公室、皮件的气味和皮件亮光蜡或木制地板打蜡后的气味,往往可以发散一种特殊的豪华气派。

人类具有优秀的辨别各种气味的能力,对气味的记忆可能是其所具有的最强烈记忆,因此通过气味来建立企业所期望的认知和感觉非常有效。

(3) 声音。音乐是一种强大的感情和行为暗示,许多服务业者,酒店、饭店、超市、百货商店、美发厅、机场,以及专业服务提供者,如医生、律师、会计师等,经常利用听觉刺激来加强与顾客的联系,从而得到顾客的认可、令人愉快的联想、各种感觉,以及较高的评价。在电话服务、销售大厅、候客室,以及其他任何顾客可能会访问的地方,都会存在音乐。

音乐往往是气氛营造的背景。服务业可以根据其细分市场确定目标顾客最喜欢的音乐和曲调。电影制造厂商很早就觉察其重要性,即使在默片时代,配乐便被视为一项不可少的气氛成分。青少年流行服装店的背景音乐,所营造出的气氛当然与大型百货店升降梯中听到的莫扎特笛音气氛大不相同,也和航空公司在起飞之前播放给乘客们听的令人舒畅的旋律的气氛全然迥异。若想营造一种"安静气氛",可以使用隔间、低天花板、厚地毯以及销售人员轻声细语的方式。这种气氛在图书馆、书廊或皮毛货专卖店往往是必要的。最近对于零售店播放音乐的一项研究指出,店里的人潮往来流量,会受到播放音乐的影响,播放缓慢的音乐时,营业额度往往会比较高。例如,多年来,联合航空公司一直将乔治·格什温的《蓝色狂想曲》作为创建识别的一种风格。《蓝色狂想曲》已经成为公司的一个特点,顾客在打免费订票电话时,或者在各个航班进行安全演示时,都能听到它。格什温的音乐是现代的动态音乐,也是一首美国的经典乐曲。音乐是伍迪·艾伦的电影《曼哈顿》中的主要特色,这加强了顾客对纽约大都市的联想;同时也表达了联合航空公司的定位,即一家现代的美国国际航空公司,它能将商务旅行者送到他想要去的世界上的任何目的地。

(4) 触觉。材料可以使顾客产生对产品的某种"感受",材料的质地可以成为非常好的感觉来源。厚重质料铺盖的座位的厚实感、地毯的厚度、壁纸的质感、咖啡店桌子的木材感和大理石地板的冰凉感,都会带来不同的感觉,并发散出独特的气氛。某些零售店以样品展示的方式激发顾客的购买欲,但有些商店,如精切玻璃、精制阀瓷店,古董店、书廊或博物馆,就禁止利用触感。但不论何种情况,产品使用的材料和陈设展示的技巧都是重要的因素。能使人产生与温暖、力量和自然有关的联想。皮革温暖和柔软;花草树木能使人们放松,融入大自然中;砖块被认为冷且硬,但由于其红色色调,仍然可以体现出温暖的感觉,适用于壁炉、内墙、露台等。表面粗糙的纸质材料配上皮革表面,适于做西餐厅与酒吧的菜单;光滑洁白的信纸唤起顾客写上漂亮文字的欲望。

美国北卡罗来纳的夏洛特 Bank America 公司与当地艺术团体合作,共同对一个价值 2000 万美元、有 1600 个车位的停车场的正面进行重新设计。该墙除了外饰彩色反光玻璃、每小时鸣钟外,当用手触摸墙壁时,它还能发出现代音乐的声音。参观者被"触摸我的建筑物"吸引而至,故其也被称作互动雕塑。

卓越实践 12-2
在色彩的情调中沉醉

实训课业

一、技能训练

(1) 作为某一快餐店经理,你将采取哪些有形展示为消费者营造良好的就餐氛围?

(2) 作为一名月子中心的管理人员,根据服务有形展示的理论,应该重点从哪些角度宣传月子中心并扩大其影响力?

(3) 参观一所高校,并设计出一张该校的有形展示项目参观示意图。

(4) 为干洗店制定出切实可行的有形展示策略。

二、实训项目

服务有形化管理的应用

1. 实训内容

组织学生到知名的企业或商场参观学习并进行有目的的调研活动,了解企业或商场是如何将服务有形化的。

2. 实训目的

通过对服务有形化管理的理论分析与研究,解决企业存在的实际问题,从而提高学生的实践应用能力。

3. 实训要求

聘请企业高层管理人员到学校做专题讲座,并结合实际组织学生到企业参观;以小组讨论形式进行分工,撰写调研报告,内容主要包括以下几点。

(1) ××企业是如何使服务有形化的?

(2) ××企业的服务有形化存在哪些问题?

(3) 针对××企业的服务有形化存在的问题,你有哪些对策和建议?

参 考 文 献

[1] 李文国,夏冬.市场营销[M].北京:清华大学出版社,2018.
[2] 约亨·沃茨,克里斯托弗·洛夫洛克.服务营销[M].韦福祥,等译.8版.北京:中国人民大学出版社, 2018.
[3] 苏朝晖.服务营销管理[M].北京:清华大学出版社,2018.
[4] 徐岚.服务营销[M].北京:北京大学出版社,2018.
[5] 蔡艳鹏.海底捞的经营哲学[M].北京:北方文艺出版社,2017.
[6] 郭国庆.服务营销[M].4版.北京:中国人民大学出版社,2017.
[7] 王言鹏.企业文化建设[M].北京:中国人民大学出版社,2017.
[8] 保罗·格默尔,巴特·范·路易,罗兰·范·迪耶多克.服务管理:整合的视角[M].陈福军,曹婷,译. 3版.北京:清华大学出版社,2017.
[9] 王慧娟,陈旭.情绪感染理论分析及其在服务营销领域的应用[J].现代商业,2017.
[10] 王梦秋.新战略背景下企业服务营销转型研究[J].中国市场,2017.
[11] 中华人民共和国国家统计局.中国统计年鉴2017[M].北京:中国统计出版社,2017.
[12] 于木.支付宝运营[M].北京:电子工业出版社,2016.
[13] 菲利普·科特勒,凯文·莱恩·凯勒.营销管理[M].何佳讯,于洪彦,等译.15版.上海:格致出版 社,2016.
[14] 张淑君.服务管理[M].2版.北京:中国市场出版社,2016.
[15] 陆剑清,丁沁南.营销心理学[M].北京:清华大学出版社,2016.
[16] 张旭.浅析市场营销中的服务营销策略[J].商业现代化,2016.
[17] 叶万春.服务营销学[M].北京:高等教育出版社,2015.
[18] 王健林.万达哲学[M].北京:中信出版社,2015.
[19] 许晖.服务营销[M].北京:中国人民大学出版社,2015.
[20] 郑玉香,范秀成.市场营销管理理论与实践新发展[M].北京:中国经济出版社,2014.
[21] 陆剑清.现代营销心理学[M].北京:首都经济贸易大学出版社,2014.
[22] 陈钠.服务营销[M].成都:四川大学出版社,2012.
[23] 新川义弘.服务的细节:新川服务圣经[M].北京:东方出版社,2012.
[24] 克里斯托弗·洛夫洛克,约亨·沃茨.服务营销[M].6版.北京:中国人民大学出版社,2012.
[25] 李先国,曹献存.客户服务管理[M].北京:清华大学出版社,2011.
[26] 刘金章.服务营销[M].北京:中国水利水电出版社,2011.
[27] 里斯,特劳特.定位:有史以来对美国营销影响最大的观念[M].谢伟山,苑爱冬,译.北京:机械工业 出版社,2011.
[28] 格罗鲁斯.服务管理与营销:服务竞争中的顾客管理[M].韦福祥,译.3版.北京:电子工业出版社, 2008.
[29] 邱华.服务营销[M].北京:科学出版社,2007.
[30] 广通.经典营销故事全集[M].北京:地震出版社,2005.